強い武将ほど恨んでいた！

裏切り合戦図鑑

著者 YUKIMURA
監修 小和田哲男

KADOKAWA

はじめまして。YUKIMURAと申します。

私は歴史学者でも考古学者でもありません。
ただ、子どもの頃から
戦国時代の歴史系ゲームにハマり、
戦国武将にハマり、城巡りを始め、
気付けばYouTubeで
独自の合戦解説を
発信するようになっていました。
現在もSNSでの発信を中心に、
歴史を研究する日々を送っております。

「裏切り」と聞くと、みなさんは
「下剋上」という言葉を連想すると思います。
鎌倉時代に中国から入ってきた用語で、
下位の者が上位の者を
殺害したり追放したりして
のし上がるという意味合いです。
その理由の多くは野心や保身によるものです。
しかし、それだけではなく、

本書は、
戦国時代から安土桃山時代の
およそ150年の間に発生した、
そんな〝裏切り合戦〟を厳選して掲載。
裏切った武将の生い立ちや裏切りの理由を軸に、
それにより発生した合戦を、
通説ベースに私独自の考察も踏まえ紹介しております。

父親にバカにされたから、
娘を政略結婚ばかりさせることが許せないから、
自身のメンツを潰されたからなどなど。
実に人間的な理由もたくさん存在するのです。

歴史に〝絶対〟はない。

なぜなら、信憑性の高いといわれる一級資料でさえも、
その合戦をリアルに見て書いた書物ではないからです。
ましてや、時の戦国武将の本心なんて誰も分かりようがありません。
しかし、だからこそ歴史は面白いのです。ぜひこの本を通して、
みなさんそれぞれの〝裏切りの真相〟を想像してみてください。
そこがスタート地点となり、
歴史や戦国武将に興味を持つきっかけとなれば幸いです。

目次

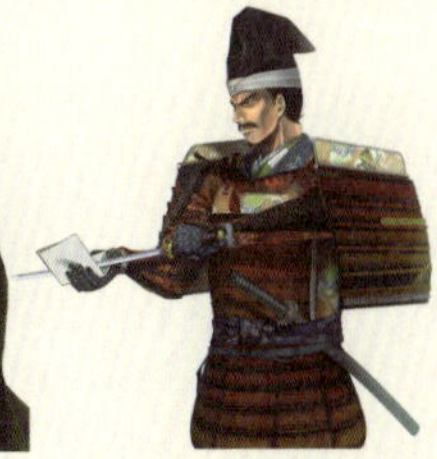
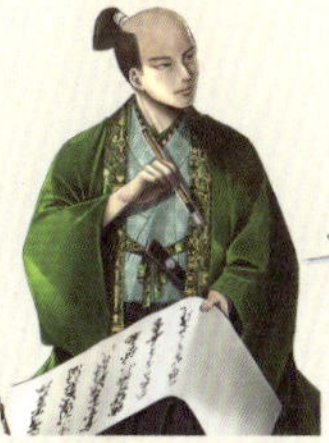
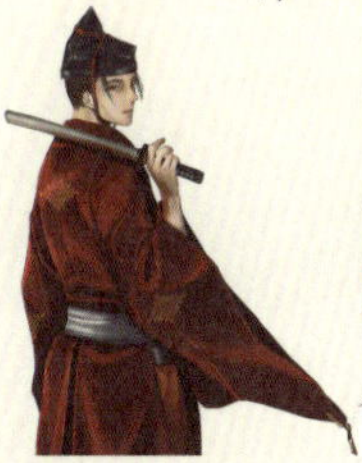
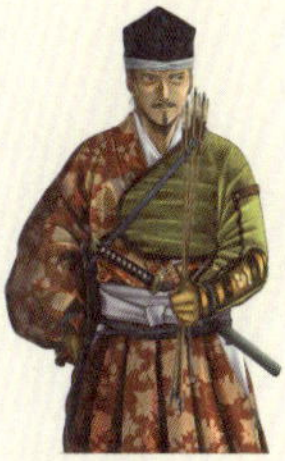

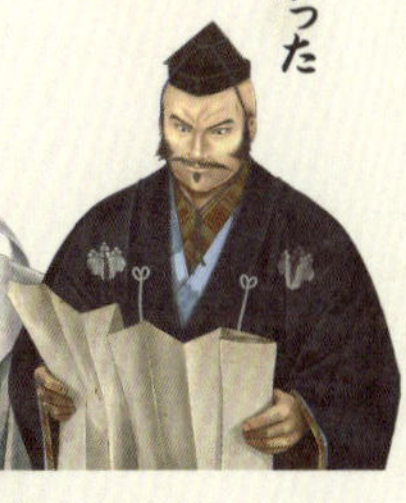
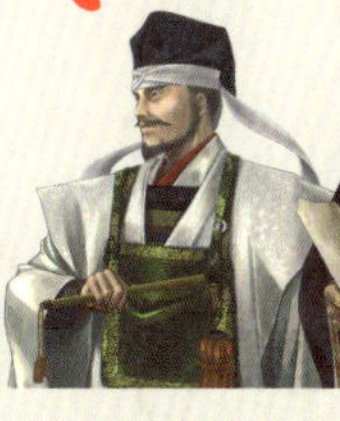
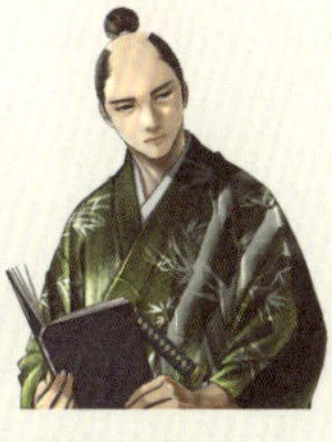
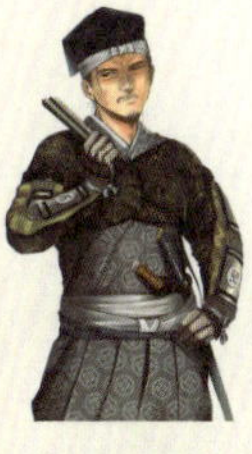
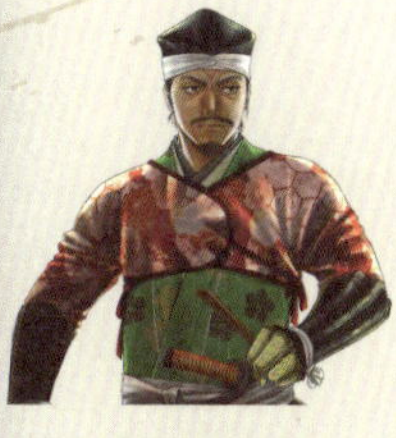

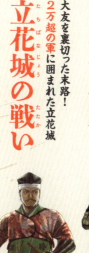

一人の裏切りを機に織田・徳川・北条が武田の討伐へ

160 本能寺の変
巨星落つ！信長父子が裏切られて時代が変わる

168 沼尻の合戦
反北条派が立ち上がる！関東の大決戦の幕開け

174 第一次上田合戦
徳川を裏切って真田の名を日の本に轟かせた一戦

182 COLUMN 5 金山・銀山

184 九戸政実の乱
九戸家の壮絶な最期！そして秀吉は天下統一を決める

190 庄内の乱
父の仇討ち！頼れる家臣が起こした薩摩国の大乱

194 関ケ原の戦い
15万を超える兵が集結した天下分け目の大決戦!!

STAFF LIST
- ◆カバー&本文イラスト（裏切り合戦図鑑）史環
- ◆本文イラスト（コラム）菅幸子
- ◆アートディレクション&デザイン 柴田ユウスケ（soda design）
- ◆デザイン 三上隼人（soda design）
- ◆DTP 狩野 蒼（ROOST Inc.）
- ◆MAP 荒木久美子
- ◆校正 ぴいた
- ◆編集協力 初野正和、久保 愛、office delta
- ◆編集 伊藤甲介（KADOKAWA）
- ◆Special Thanks
  TEAM YUKIMURA、ケヴィンコスガー、石忠

※本書に掲載している情報は2024年12月現在のものです。
※歴史には諸説あることを前提として、本書では通説をベースに著者の考察を記しております。あらかじめご了承ください。

知るとより楽しめる！

戦国豆知識

年表や日本地図、官位と役職、組織図。これらの戦国豆知識を一緒にチェックすれば、本編がより楽しくなる！

年表

戦国時代に起きた主な出来事や合戦などをチェック。

※主要な出来事をまとめたものです。天皇や将軍はその年の人物を記載しています。当時の天皇や将軍をすべて記載しているわけではありません

時代 年	当時の帝(天皇)	当時の将軍	出来事
明徳3(1392)	後小松天皇	足利義満	第3代将軍・足利義満が**南北朝を統一**。
永享元(1429)	後花園天皇	足利義教	**琉球王国**が建国。
嘉吉元(1441)	←	←	**「嘉吉の乱」**で第6代将軍・足利義教が暗殺される。
応仁元(1467)	後土御門天皇	足利義政	**「応仁・文明の乱」**が発生。約11年に及ぶ内乱で、幕府勢力が東西に分かれて争い合う。
文明9(1477)	←	足利義尚	「応仁・文明の乱」が終わる。
享禄4(1531)	後奈良天皇	足利義晴	**「大物崩れ(両細川の乱)」**(P018)が起こる。
天文3(1534)	←	←	**「勢福寺城の戦い」**(P026)が起こる。
天文11(1542)			**「諏訪侵攻」**(P030)が起こる。 **「大桑城の戦い」**(P036)で斎藤利政(道三)が土岐家を追放して美濃国の領主となる。 **「第一次月山富田城の戦い」**(P042)が始まる。 **「天文の乱」**(P050)が始まる。

室町時代

天文12(1543)			種子島に鉄砲が伝来する。
天文18(1549)		足利義輝	「江口の戦い」(P056)で三好長慶が勝利し、京を掌握する。 フランシスコ・ザビエルが来日してキリスト教布教が始まる。
天文19(1550)			「二階崩れの変」(P062)で大友義鎮が家督を守る。その後、大友宗麟となって九州最大の戦国大名になる。
天文20(1551)			上杉謙信が越後国を統一する。「大寧寺の変」(P068)で西国随一の戦国大名だった大内家が事実上、滅亡する。
天文22(1553)			武田信玄と上杉謙信による「川中島の戦い」が始まる。三好長慶が第13代将軍・足利義輝を京から追放する。
天文24(1555)			「厳島の戦い」(P074)で毛利元就が陶 晴賢を討つ。その後、毛利家は中国地方の大大名へと出世していく。
弘治2(1556)			「長良川の戦い」(P082)で斎藤道三が斎藤義龍に討たれる。
永禄元(1558)	正親町天皇		第13代将軍・足利義輝が三好長慶と和睦して京に戻る。
永禄2(1559)			織田信長が尾張国を統一。
永禄3(1560)			「唐沢山城の戦い」(P088)が始まる。
永禄7(1564)			「竹中重治の乱」(P094)が起こる。
永禄8(1565)			「永禄の変」で第13代将軍・足利義輝が三好三人衆らによって殺害される。
永禄10(1567)			「明善寺合戦」(P098)が起こる。
永禄11(1568)		足利義栄 足利義昭	「立花城の戦い」(P102)が起こる。織田信長が第15代将軍・足利義昭を擁立して上洛。 「本庄繁長の乱」(P106)が始まる。
元亀元(1570)		足利義昭	「金ケ崎の退き口」(P110)で織田信長は危機に陥るも、無事に京へ撤退する。 「姉川の戦い」で織田・徳川連合軍が浅井・朝倉連合軍を粉砕する。
元亀2(1571)			「石川城の戦い」(P116)が起こる。 織田信長が「比叡山焼き討ち」を行う。
元亀4(1573)			「三方ケ原の戦い」で徳川軍が武田軍に完敗。

安土桃山時代

時代	年	当時の帝（天皇）	当時の将軍	出来事
安土桃山時代	元亀4 天正元（1573）	正親町天皇	足利義昭	武田信玄 死去。 織田信長が足利義昭を京から追放する。事実上、**室町幕府は滅亡**する。
	天正3（1575）			**「長篠・設楽原の戦い」**で織田・徳川連合軍が武田軍に勝利。
	天正4（1576）			**「三瀬の変」**（P122）が起こる。
	天正5（1577）			**「信貴山城の戦い」**（P126）が起こる。 織田信長が羽柴秀吉に中国攻めを命じる。羽柴軍が毛利家の領土である中国地方へ侵攻を開始する。
	天正6（1578）			**「三木合戦」**（P132）が始まる。 上杉謙信が死去。上杉家の家督争い**「御館の乱」**（P138）が始まる。 **「有岡城の戦い」**（P144）が始まる。
	天正7（1579）			安土城の天主が完成して織田信長が拠点を移す。
	天正10（1582）			**「甲州征伐」**（P152）により、武田家が滅亡する。 **「本能寺の変」**（P160）で織田信長・信忠父子が自害する。
	天正11（1583）			**「賤ケ岳の戦い」**で羽柴秀吉が柴田勝家に勝利。
	天正12（1584）			羽柴軍と織田・徳川軍による**「小牧・長久手の戦い」**が勃発。徳川家康が局地戦で勝利。 **「沼尻の合戦」**（P168）が起こる。
	天正13（1585）			豊臣秀吉が**「四国平定」**に成功。長宗我部元親らに勝利し、四国は豊臣政権下に完全に組み込まれる。 **「第一次上田合戦」**（P174）が起こる。
	天正15（1587）	後陽成天皇		豊臣秀吉が**「九州平定」**に成功。島津義久らに勝利し、西国をほぼ平定する。

江戸時代

年	天皇	将軍	出来事
天正16（1588）	←	←	豊臣秀吉が「**刀狩り**」を実施。
天正18（1590）			豊臣秀吉の号令で「**小田原攻め**」が開始。関東の北条家が事実上、滅亡。豊臣秀吉が天下統一を成し遂げる。
天正19（1591）			「**九戸政実の乱**」（P184）が起こる。
天正20（1592）			「**文禄の役**」が始まる。豊臣秀吉が明征服をめざして朝鮮に侵攻。
慶長2（1597）			「**慶長の役**」が始まる。豊臣秀吉が明征服をめざして朝鮮に侵攻。
慶長3（1598）			豊臣秀吉 死去。
慶長4（1599）			「**庄内の乱**」（P190）が始まる。
慶長5（1600）			「**関ヶ原の戦い**」（P194）で徳川家康ら東軍が毛利輝元や石田三成の西軍に勝利する。
慶長8（1603）	←	徳川家康	徳川家康が**征夷大将軍**に任命され、江戸幕府を開く。
慶長10（1605）		徳川秀忠 ←	徳川家康が徳川秀忠に将軍の座を譲る。
慶長17（1612）	後水尾天皇 ←		「**禁教令**」によりキリスト教弾圧が始まる。
慶長19（1614）			豊臣軍と徳川幕府軍の戦い「**大坂冬の陣**」が起こる。
慶長20 元和元（1615）			「**大坂夏の陣**」にて豊臣軍は徳川幕府軍に敗北。**豊臣家が滅亡**する。
元和2（1616）			徳川家康 死去。

日本地図

古代日本の律令制において日本地図は「五畿七道」と呼ばれていた。

五畿七道《ごきしちどう》とは

天武天皇の時代（680年頃）に成立した、律令時代における行政区画。「五畿（畿内）」が大和、山城、摂津、河内、和泉の5か国。「七道」が東海道、東山道、北陸道、山陽道、山陰道、南海道、西海道。京を中心とした畿内から放射状に七道が設けられており、各道の中に複数の国が存在する区分けであった。現在でも「東海道本線」「北陸新幹線」などと耳にするが、そのもととなった概念がこの「五畿七道」になる。

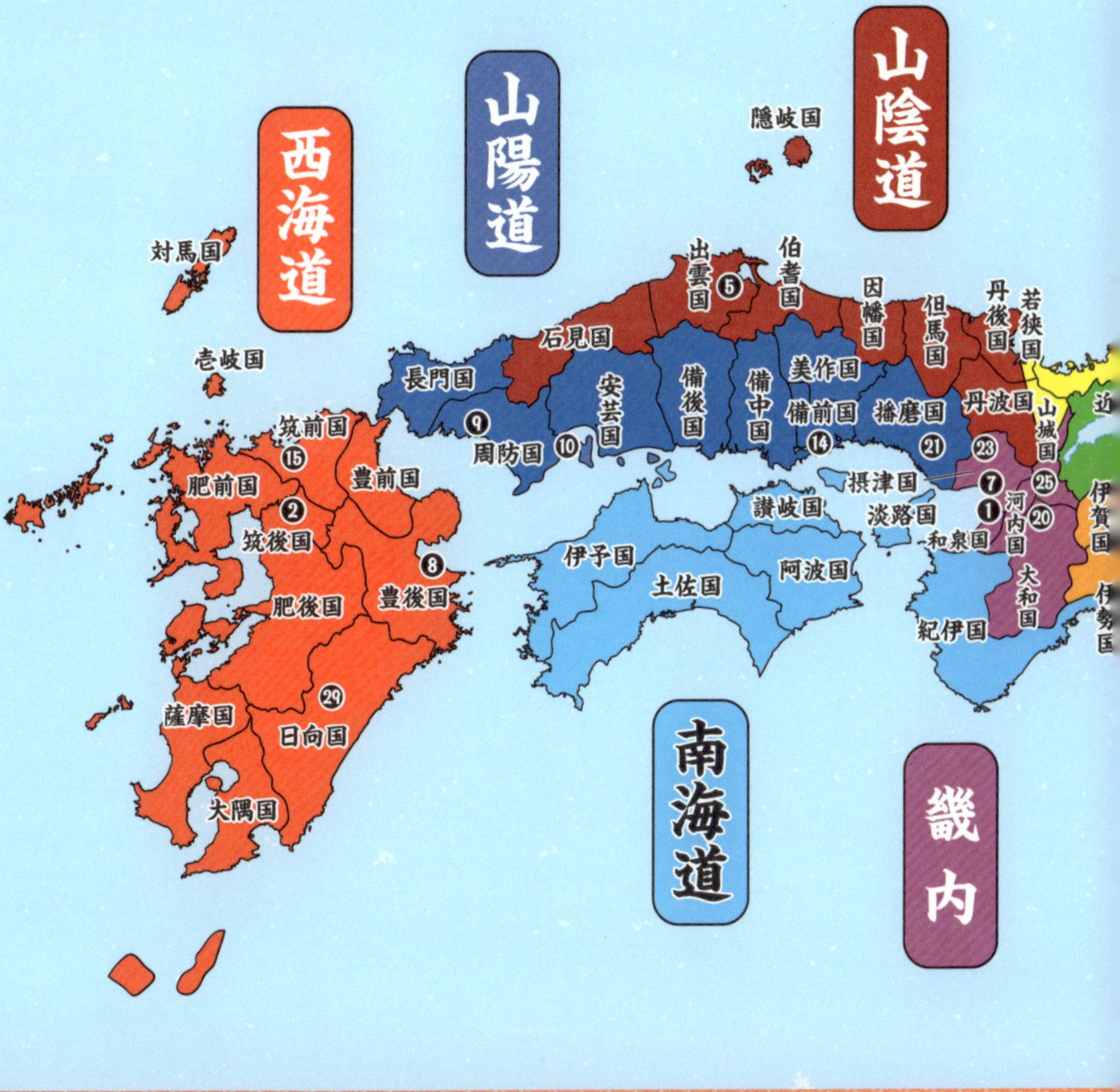

官位と役職

当時の役人は「官位相当制」という制度で役職を決め、日の本の統治に励んでいた。

ピラミッド図

- 正一位
- 従一位
- 正二位
- 従二位
- 正三位
- 従三位
- 正四位（上・下）
- 従四位（上・下）
- 正五位（上・下）
- 従五位（上・下）
- 正六位（上・下）
- 従六位（上・下）
- 正七位（上・下）
- 従七位（上・下）
- 正八位（上・下）
- 従八位（上・下）
- 大初位（上・下）
- 少初位（上・下）

公卿・上達部（くぎょう・かんだちめ）
（正四位の参議も含む）

貴族（正一位〜従五位）

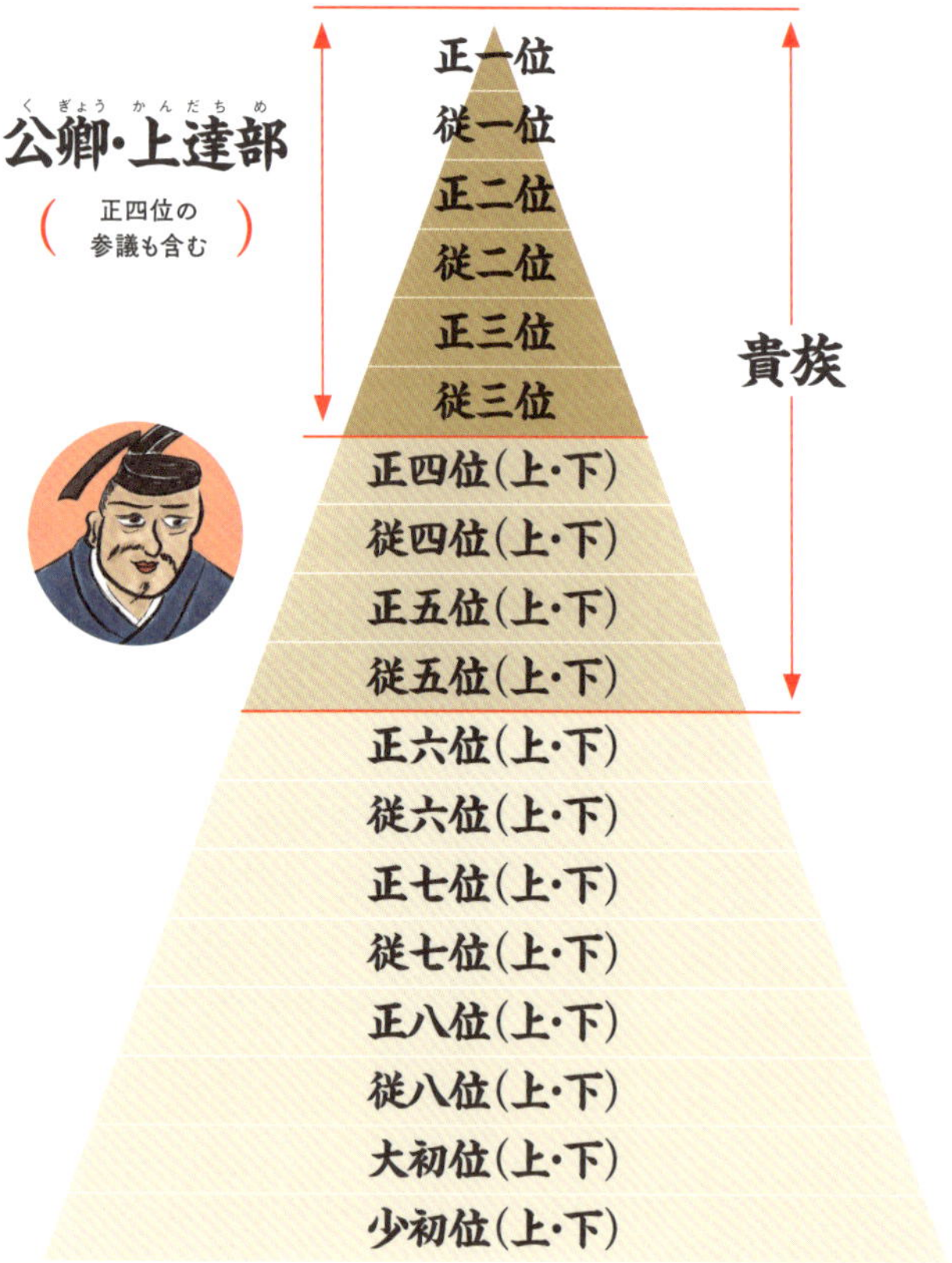

官位相当制とは

中国の唐の方式をベースに、大宝元年（701年）「大宝律令」が制定されたのが始まり。そのなかで、帝（天皇）を頂点に官人（官僚・役人）の序列を定義したのが「官位相当制」。この序列をもとに政治が行われていた。「位」に相当する「官職」を付与されるという概念で、「正三位 大納言」「従五位下 右兵衛権佐」など、最初が位でそれに対する官職があとに続いている。五位以上を「貴族」、従三位以上を「公卿（上達部）」と呼び、俗にいう「公家」とは宮廷に関わる官人すべてを指す総称となる。平安・鎌倉・室町と時代によって多少変動はあったものの、明治時代までこの制度は継続された。

官位相当表

長官《かみ》　次官《すけ》　判官《じょう》　主典《さかん》　赤字…令外官《りょうげのかん》

			神祇官	太政官	中務省	他の7省	衛府	大宰府	国司
貴族（上級官人）・貴《き》	正一位			太政大臣					
	従一位								
	正二位			左大臣 右大臣 内大臣					
	従二位								
	正三位			大納言					
	従三位			中納言			大将	帥	
通貴《つうき》	正《しょう》四位	上			卿				
		下		参議		卿			
	従《じゅ》四位	上		左右大弁					
		下	伯				中将 衛門督 兵衛督	大弐	
	正五位	上		左右中弁	大輔				
		下		左右少弁		大輔 大判事	少将		
	従五位	上			少輔		衛門佐		大国守
		下	大副	少納言	侍従	少輔	兵衛佐	少弐	上国守
下級官人	正六位	上	少副	大外記 左右大史	大丞		将監		
		下				大丞 中判事		大監	大国介 中国守
	従六位	上	大祐		少丞	少丞	衛門大尉	少監	上国介
		下	少祐			少判事	兵衛大尉		下国守
	正七位	上		少外記 左右少史	大録	大録	衛門少尉 兵衛少尉	大典	
		下			大主鈴	判事大属	将曹	主神	大国大掾
	従七位	上							大国少掾 上国掾
		下						博士	
	正八位	上			少録 少主鈴	少録		少典　医師	
		下	大史			判事少属	衛門大志		中国掾
	従八位	上	少史				衛門少志 兵衛大志		大国大目
		下					兵衛少志		大国少目 上国目
	大初《そ》位《い》	上						判事大令史	
		下						判事少令史	中国目
	少初位	上							
		下							下国目

組織図

本編で頻出する「守護」や「管領《かんれい》」とは、どのような役割を担っていたのか。

室町幕府の組織図

朝廷より武家の棟梁として「征夷大将軍」に任命されたのが将軍だ。京の室町に御所があったことから「室町幕府」と現在では呼称されている。征夷大将軍は全国の治安維持と財政健全を託されており、現代で例えるなら内閣総理大臣といったところ。守護（守護大名）は将軍から任命されるポジションで、こちらは知事のようなもの（現代は選挙で選ばれるが当時はなし）。足利将軍家を支えるのが「管領」と呼ばれ、こちらは官房長官のようなポジション。このポストは「畠山《はたけやま》・斯波《しば》・細川」の三家が交代で務めており、ほかにも大臣級の侍所などを受け持ったのが「一色・赤松・山名・京極・土岐」といった家となる。

これらの家もいずれかの国の守護で、なかには複数の国を受け持つ家もあったが、基本的に在京で務めていたため、国を守るのは守護から任命された「守護代」という従属する家が担当していた。また、京から離れた地には「奥州探題」「九州探題」を配置し、鎌倉幕府のあった地には「鎌倉府」を設けて関東の統治を任せていた。

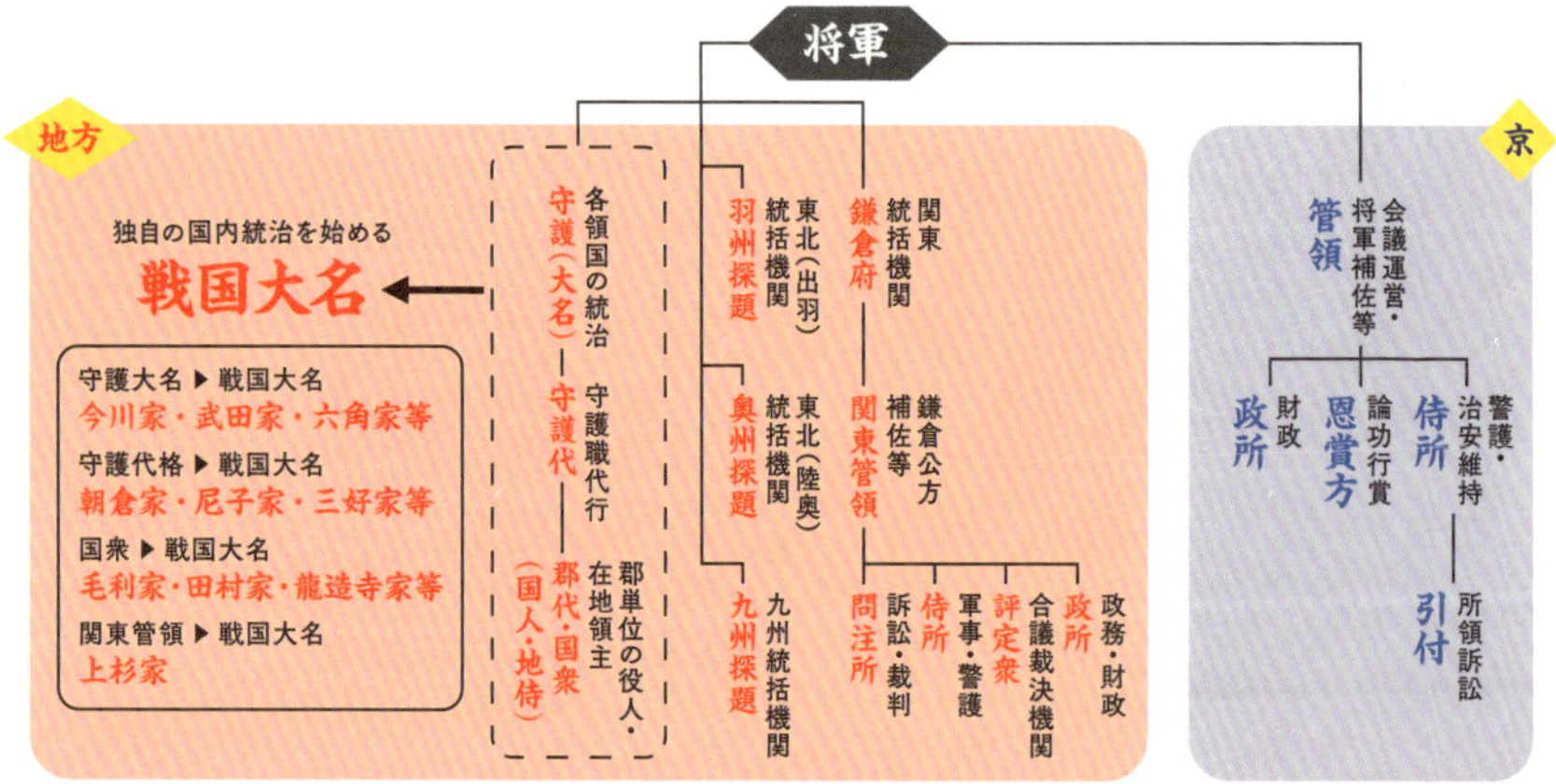

裏切り合戦図鑑の見方

年

裏切り合戦が起きた年。

裏切り武将

裏切った武将とそのプロフィール。

裏切りDATA

タイプ

- **保守型**
  領土や立場を守ることが動機の裏切り。
- **野心型**
  出世や勢力拡大が動機の裏切り。
- **遺恨型**
  父や子の仇など復讐が動機の裏切り。

裏切った理由

裏切った背景を解説。

裏切られた武将

裏切りにあった武将とプロフィール。

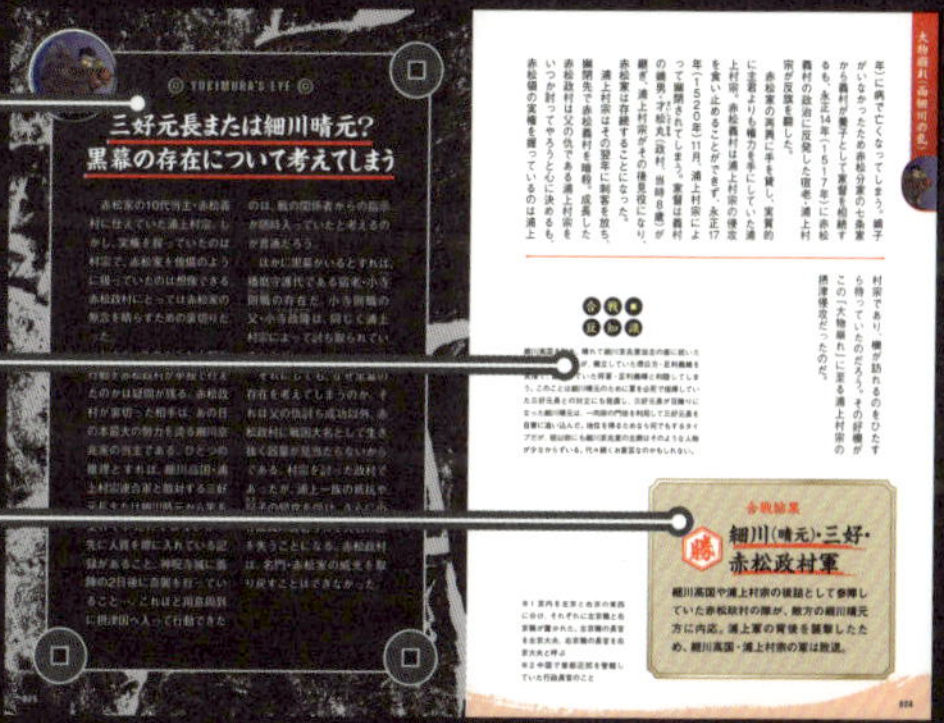

YUKIMURA'S EYE

著者が、この合戦の裏切りに至った裏側や戦の真相などを独自の視点で考察。

合戦豆知識

合戦や武将にまつわる小話を紹介。

合戦結果

裏切り合戦の勝者と、総括を紹介。

本文中に頻出する歴史用語

家督《かとく》争《あらそ》い … 大名家における内紛。後継者争い。
嫡子《ちゃくし》 … 家督を継ぐ者。一般的には長男を指す。
嫡男《ちゃくなん》 … 嫡子とも呼ばれ、一般的には長男を指す。
嫡孫《ちゃくそん》 … 長男とその正妻の間に生まれた男子。家督を継ぐ孫を指す。
猶子《ゆうし》 … 親類または他人の子を自分の子とした子を指す。
惣領主《そうりょうしゅ》 … 一族の長のこと。
内応《ないおう》 … 味方を裏切って敵と密かに通じること。

※本書に掲載している情報は2024年12月現在のものです。※歴史には諸説あることを前提として、本書では通説をベースに著者の考察を記しております。家系図や相関図なども諸説あります。あらかじめご了承ください。

享禄4年
1531年

一人の裏切りで戦況がひっくり返った大事件！

大《だい》物《もつ》崩《くず》れ（両《りょう》細川《ほそかわ》の乱《らん》）

新しい将軍を掲げようとする細川晴元《ほそかわはるもと》と、細川京兆家《けいちょうけ》の主で幕府管領でもある細川高国の争いは、思いもよらぬ人物の裏切りで幕を閉じる。

父・赤松義村の無念を晴らす！
しかし黒幕の存在が拭えない

裏切り武将

（細川高国・浦上村宗連合軍）

赤《あか》松《まつ》政《まさ》村《むら》

赤松家の11代当主で、父は赤松義村。義村を殺した浦上村宗が後見役となり、幼少の頃に赤松家の家督を継ぐ。幼い頃の名前は才松丸。播磨国・備前国・美作国の守護を務めた。文献により赤松晴政とも呼ばれている。

裏切りDATA

タイプ

遺恨型

裏切った理由

浦上村宗によって暗殺された父・赤松義村の無念を晴らすため。赤松家の実権を握られ、操り人形として扱われていた積年の恨みもあったのかもしれない。

裏切られた武将

細川高国《ほそかわたかくに》／浦上村宗《うらがみむらむね》

細川京兆家の家督争いのために動く細川高国と、その家臣である浦上村宗。浦上村宗は、かつては赤松政村の父・赤松義村の重臣だった。浦上村宗は義村の政に反発し、反旗を翻して暗殺。政村は父の仇討ちの機会をうかがっていた。

権力は将軍以上！ 室町幕府を牛耳る 細川京兆家

の裏切りを語る上で、まずは細川京兆家が室町時代においてどんな存在だったか知っておく必要がある。

代々、室町幕府の管領職を担っていた細川宗家。管領とは将軍に次ぐ最高の役職で、将軍を補佐して幕政を管理するのが役目だった。細川家は右京大夫（※1）の官位に就いていたことから唐名である京兆尹（※2）を引用し、細川京兆家と呼ばれていた。

細川京兆家は、摂津国・丹波国・讃岐国・土佐国の広大な地の守護を務めながら、幕府のナンバーツーのポジションに就いた、日の本最大の力を持つ大名と言っても過言ではない。ちなみに「三管領」とは畠山・斯波・細川の三家を指し、細川とは細川一族のなかでも細川京兆家のことを意味する。畠山家や将軍家の家督争いに端を発した「応仁・文明の乱」では、細川京兆家の11代当主・細川勝元が東軍を率い、西軍の大将・山名宗全と10年以上にも及ぶ戦いを指揮した

細川京兆家系図

```
和氏 ─ 清氏（頼之に討伐される）
公頼 ─ 頼春 ─ 師氏
              頼有
              頼元
              満之
頼之 ─ 頼元（養子）─ 満元 ─ 持賢
                            持之
                            持元 ─ 持之（養子）─ 勝元（応仁の乱 東軍総大将）─ 政元（明応の政変）─ 高国（養子）─ 稙国
                                                                                                      澄元（養子）─ 晴元 ─ 昭元
                                                                                                      澄之（養子）
詮春
```

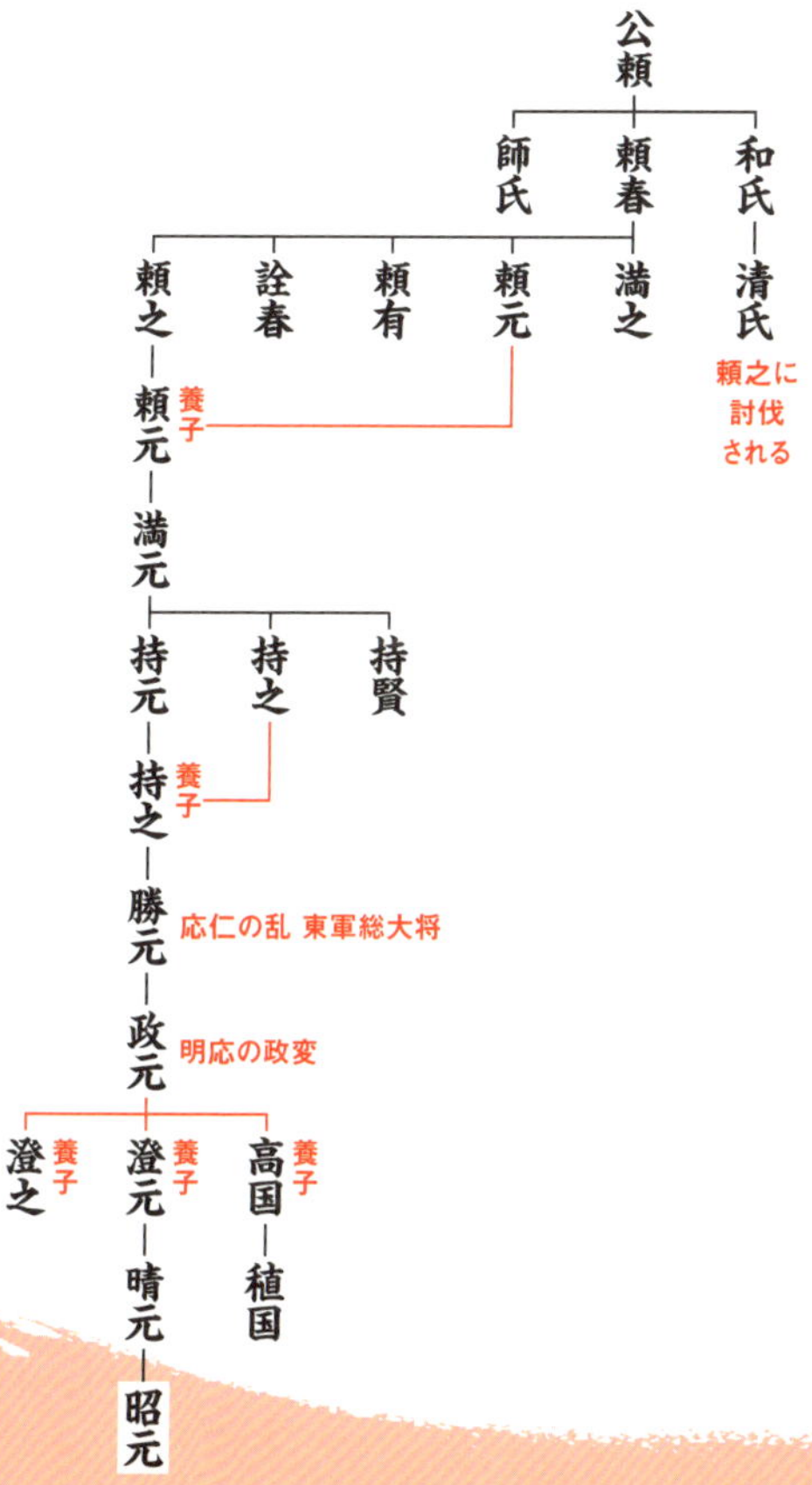

ことでも知られている。

細川勝元の嫡子・細川政元《ほそかわまさもと》の代になると、10代将軍・足利義材《あしかがよしき》を将軍の座から退かせ、足利義澄《あしかがよしずみ》を擁立する「明応の政変」を引き起こすなど、もはや将軍は権力の道具かのような扱われ方となる。この頃から畿内では、将軍は武家の棟梁ではなく武家の象徴といった流れになっており、将軍家の力がかなり衰えていることを印象付けている。

最大・最強の一族で3人の養子による家督争いが勃発！

時代を謳歌していた細川京兆家にも混乱が待っていた。

細川政元には実子がおらず、公家や庶流一族から3人の養子（細川澄之《ほそかわすみゆき》・細川澄元《ほそかわすみもと》・細川高国《ほそかわたかくに》）をもらっていたが、永正4年（1507年）に政元が澄之派の家臣により暗殺される大事件が勃発。これを機に「永正《えいしょう》の錯乱」と呼ばれる3人の養子による細川京兆家の家督争いへ発展し、争乱は将軍家や周辺の大名・国衆も巻き込む大乱となる。

混乱の中、細川澄之が当主の座に就くも、すぐに細川澄元側に討たれてしまい、当主は澄元となる。その後、3人目の養子・細川高国が大内義興《おおうちよしおき》の力を借りて挙兵し、京から澄元を排除し、今度は高国が細川京兆家の主となった。

それから約20年後、細川澄元の嫡男・細川晴元《ほそかわはるもと》が阿波国の三好元長《みよしもとなが》らと足利義維《あしかがよしつな》を担いで挙兵。現将軍・足利義晴《あしかがよしはる》派で幕府管領の細川高国と、新たな将軍に足利義維を掲げる細川晴元の戦いへと発展していった。

大永7年（1527年）の「桂川原《かつらかわら》の戦い」で敗れた細川高国は、将軍・足利義晴とともに近江国に逃げる。細川晴元は空いた京を占拠し、堺に御所を置き、堺《さかい》公方《くぼう》・足利義維が誕生した。起死回生を図る高国は、備前守護代で播磨国も手中に収める勢いの浦上村宗《うらがみむらむね》と手を組み、足利義維と細川晴元を滅ぼすため堺に攻め込むことを決める。

享禄3年（1530年）8月、播磨国を制圧した浦上村宗が東に進軍を続け、摂津国に入り神呪《かんのう》寺《じ》城《じょう》に布陣する。浦上勢はその勢いのまま、翌年3月までの間に細川晴元派の伊丹城・富松城・大物城《だいもつじょう》を次々と攻略していく。細川高国の隊も池田城を落とし、浦上隊と合流した。

享禄4年（1531年）3月、三好

勢力
MILITARY FORCE

浦上村宗軍は細川晴元派の城を次々と攻略し、大局は細川高国・浦上村宗連合軍が優勢に見えた。しかし、援軍として加わった赤松政村軍の裏切りで状況は一変する。

細川晴元・三好元長・赤松政村軍
総数 約1万兵

VS

細川高国・浦上村宗連合軍
総数 約2万兵

相関図
DIAGRAM

赤松政村の裏切りは、細川晴元派に寝返ったとも堺公方の足利義維派に転じたとも捉えることができる。近江国の守護・六角定頼や公家の北畠晴具らは中立的な立場を取り、この細川京兆家の家督争いを静観していた。

攻

堺公方
足利義維

細川澄元 嫡男
細川晴元

守

室町幕府 12代将軍
足利義晴

合戦参加

従属大名・国衆
三好元長
細川持隆
木沢長政

VS

細川管領家(京兆家)当主
細川高国

従属大名・国衆
浦上村宗

裏切った武将
赤松政村 ← 赤松政村

中立・静観 六角定頼・北畠晴具

合戦地
BATTLEFIELD

摂津国の天王寺周辺（現在の大阪市天王寺区）や大物周辺（現在の兵庫県尼崎市大物町）などで両軍がぶつかった。赤松政村の隊が細川高国・浦上村宗連合軍を背後から襲撃。数万を超える兵による野戦で、激しい戦闘が行われたと思われる。

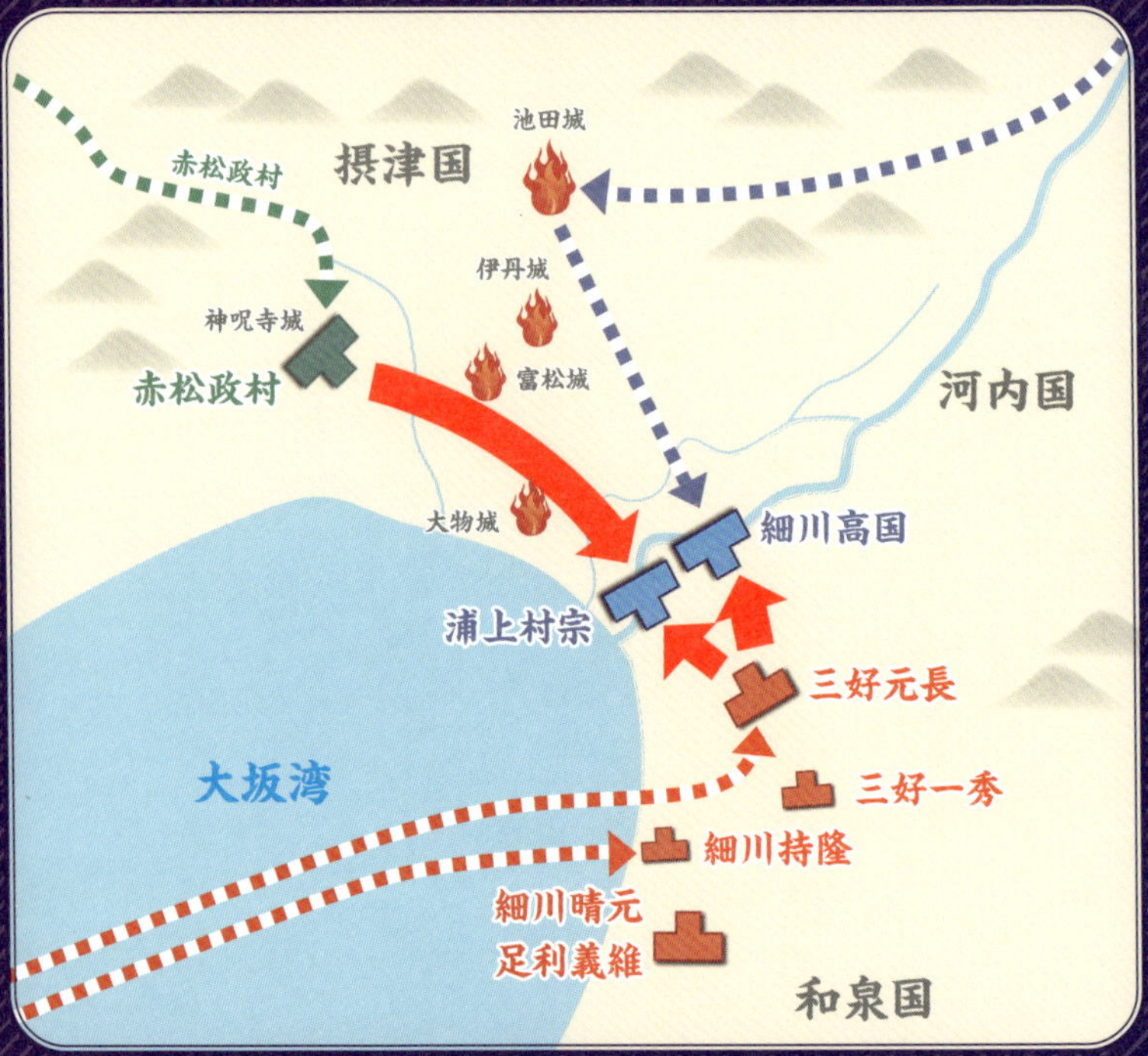

元長が阿波国の主力を率いて勝間から天王寺に陣を置く。細川高国隊は浦江に布陣、浦上村宗隊は要害を築き、両軍は対峙。享禄4年（1531年）5月になると、家臣の三好一秀《みよしかずひで》が我孫子《あびこ》と刈田に砦を築き、堺までの防衛を固めた。ここまではやや優勢に見えた細川高国・浦上村宗連合軍だが、赤松家の11代当主・赤松政村の登場で状況は一変する。

赤松家と浦上家には深い因縁があった！

播磨国・備前国・美作国の守護だった赤松家は、嘉吉元年（1441年）に当時の当主・赤松満祐《あかまつみつすけ》が室町幕府6代将軍・足利義教《あしかがよしのり》を殺害（「嘉吉の乱」）。そのせいで赤松家は幕府軍に攻められて一旦は滅亡した。この時の赤松家の宿老格であった浦上則永《うらがみのりなが》（浦上村宗の祖父）や弟の浦上則宗《うらがみのりむね》らが、応仁元年（1467年）から文明9年（1477年）まで京で起こった「応仁・文明の乱」の最中、赤松家の再興を成した。その流れから、赤松家に仕えていた守護代・浦上家は、守護の赤松よりも力を持つようになり、当時の赤松家当主・赤松義村《あかまつよしむら》と浦上村宗の間で対立が生まれていた。

赤松政村の裏切りで日の本を揺るがした家督争いに決着！

享禄4年（1531年）6月2日、細川高国・浦上村宗連合軍の援軍として赤松政村の隊が神呪寺城に入る。細川高国と浦上村宗は着陣の挨拶で神呪寺城を訪れていた。

すると、2日後の6月4日、突如、赤松政村が細川晴元方に寝返り、細川高国・浦上村宗連合軍を背後から攻撃する。呼応した三好軍が挟み撃ちし、細川高国・浦上連合軍は壊滅した。

浦上村宗は討ち死に、細川高国は大物城へ逃げるも赤松方の兵に捕えられ、その3日後に細川晴元の命によって尼崎広徳寺で自害した。

その地名から後に「大物崩《だいもつくず》れ」と呼ばれた争乱は、細川晴元・三好元長らの勝利に終わった。

細川高国がこの戦に敗れて自刃したことで、細川政元の3人の養子（澄之・澄元・高国）は全員この世を去り、細川京兆家の家督は細川澄元の嫡男・晴元が継いだ。これで畿内に平和が訪れるかと思いきや、その後も高国派の残党や三好元長との新たな対立など、争いは続いていく。

父を殺され復讐の機会を待っていた政村

赤松政村の裏切りによって、細川京兆家の家督争いは決着した。もちろん、政村には、裏切るのに十分な理由があった。

村上源氏《むらかみげんじ》を祖とする赤松家。播磨国・備前国・美作国の守護を務める大名だったが、先述のように一旦は滅亡の道をたどる。その後の「応仁・文明の乱」以降、播磨守護代の別所家、備前守護代の浦上家らとともに勢力回復に成功した赤松家9代当主・赤《あか》松政則《まつまさのり》だったが、明応5年（1496

年）に病で亡くなってしまう。嫡子がいなかったため赤松分家の七条家から義村が養子として家督を相続するも、永正14年（1517年）に赤松義村の政治に反発した宿老・浦上村宗が反旗を翻した。

赤松家の再興に手を貸し、実質的に主君よりも権力を手にしていた浦上村宗。赤松義村は浦上村宗の侵攻を食い止めることができず、永正17年（1520年）11月、浦上村宗によって幽閉されてしまう。家督は義村の嫡男・才松丸《さいしょうまる》（政村、当時8歳）が継ぎ、浦上村宗がその後見役になり、赤松家は存続することになった。

浦上村宗はその翌年に刺客を放ち、幽閉先で赤松義村を暗殺。成長した赤松政村は父の仇である浦上村宗をいつか討ってやろうと心に決めるも、赤松領の実権を握っているのは浦上村宗であり、機が訪れるのをひたすら待っていたのだろう。その好機がこの「大物崩れ」に至る浦上村宗の摂津侵攻だったのだ。

合戦■豆知識

細川高国を討ち、晴れて細川京兆家当主の座に就いた細川晴元。ところが、擁立していた堺公方・足利義維を見捨て、敵対していた将軍・足利義晴と和睦してしまう。このことは細川晴元のために軍を必死で指揮していた三好元長との対立にも発展し、三好元長が目障りになった細川晴元は、一向宗の門徒を利用して三好元長を自害に追い込んだ。地位を得るためなら何でもするタイプだが、彼以前にも細川京兆家の主殿はそのような人物が少なからずいる。代々続くお家芸なのかもしれない。

合戦結果

勝 **細川（晴元）・三好・赤松政村軍**

細川高国や浦上村宗の後詰として参陣していた赤松政村の隊が、敵方の細川晴元方に内応。浦上軍の背後を襲撃したため、細川高国・浦上村宗の軍は敗退。

※1 京内を左京と右京の東西に分け、それぞれに左京職と右京職が置かれた。左京職の長官を左京大夫、右京職の長官を右京大夫と呼ぶ

※2 中国で首都近郊を管轄していた行政長官のこと

YUKIMURA'S EYE

三好元長または細川晴元？黒幕の存在について考えてしまう

赤松家の10代当主・赤松義村に仕えていた浦上村宗。しかし、実権を握っていたのは村宗で、赤松家を傀儡のように扱っていたのは想像できる。赤松政村にとっては赤松家の無念を晴らすための裏切りだった。

しかし、このような大胆な行動を赤松政村が単独で行えたのかは疑問が残る。赤松政村が裏切った相手は、あの日の本最大の勢力を誇る細川京兆家の当主である。ひとつの推理とすれば、細川高国・浦上村宗連合軍と敵対する三好元長または細川晴元から策を受けていたのではないか？先に人質を堺に入れている記録があること、神呪寺城に着陣の2日後に奇襲を行っていること…。これほど用意周到に摂津国へ入って行動できたのは、戦の関係者からの指示が随時入っていたと考えるのが普通だろう。

ほかに黒幕がいるとすれば、播磨守護代である宿老・小寺《こでら》則職《のりもと》の存在だ。小寺則職の父・小寺政隆《こでらまさたか》は、同じく浦上村宗によって討ち取られているからだ。

それにしても、なぜ黒幕の存在を考えてしまうのか。それは父の仇討ち成功以外、赤松政村に戦国大名として生き抜く器量が見当たらないからである。村宗を討った政村であったが、浦上一族の抵抗や尼子《あまご》の侵攻を受け、さらに小《こ》寺政職《でらまさもと》に裏切られて大名の座を失うことになる。赤松政村は、名門・赤松家の威光を取り戻すことはできなかった。

天文3年
1534年

勢《せい》福《ふく》寺《じ》城《じょう》の戦《たたか》い

九州きっての名族・少弐家が最期を迎える

大内義隆《おおうちよしたか》が九州に襲来し、少弐資元は肥前国の勢福寺城に籠城して対抗。約3万の大内義隆軍を前に、少弐家傘下の龍造寺家兼はある決断をする。

身内と領土を最優先！
現実主義な老兵の決断

裏切り武将　(少弐資元軍)

龍《りゅう》造《ぞう》寺《じ》 家《いえ》兼《かね》

肥前国衆・龍造寺康家の五男。龍造寺の分家となる水ヶ江龍造寺家をたて、本家を支えてきた。主君である少弐家の重臣にまで上り詰めた知将。領土や領民のことを考えて長年仕えた少弐親子を裏切る。

裏切りDATA

タイプ
保守型

裏切った理由
状況的に負け戦になると判断し、自身の領土と一族を守るために少弐資元に加勢することを見送ったと思われる。

裏切られた武将
少弐資元《しょうにすけもと》
少弐家は鎌倉時代には筑前国、豊前国、肥前国などの守護を受ける九州最大の勢力だった。室町時代に入ると九州探題らとの争いで勢力は縮小の一途をたどっていた。

九州も…欲しいっ！
九州統治を目論む
西日本の一大勢力

「応仁・文明の乱」以降、西日本の一大勢力となった大内家。さらなる領土拡大のため、天文3年（1534年）、大内家の16代当主・大内義隆は、家臣の陶《すえ》 興房《おきふさ》を先鋒とする大内軍3万を引き連れて大宰府《だざいふ》へ出陣し、そこに本陣を構えた。大内軍に攻め込まれた肥前国の守護・少弐資元と少弐冬尚《しょうにふゆひさ》の父子は、居城

RYUZOJI IEKANE

としていた勢福寺城に籠城して対抗。こうしてこの「勢福寺城の戦い」は幕を開けた。

この戦いで鍵を握っていたのが、少弐家傘下であった龍造寺家兼だった。

少弐家は、祖となる武藤資頼が大宰府の次官だったことから、源頼朝の時代より代々九州諸国の守護と鎮西奉行（※1）として君臨してきた。

一方、龍造寺一族においても鎌倉幕府から龍造寺の土地を分け与えてもらい、少弐家傘下でその地を守ってきた。しかし、室町時代に九州探題（※2）が置かれると、少弐家と幕府の意見は衝突し、少弐家はその他諸国の大名とも次第に対立を深めていった。その戦乱に龍造寺一族も否応なく巻き込まれていく。

九州北部の覇権が入り混じるなか、

BATTLE

勢力
MILITARY FORCE

圧倒的な兵力で九州に攻め込んだ大内義隆軍。近隣の国人も軒並み大内軍に寝返ってしまい、少弐資元軍は勝ち目のない戦を強いられた。

 少弐資元軍 総数 約5,000兵 VS 大内義隆軍 総数 約3万兵

相関図
DIAGRAM

龍造寺家は大内家に寝返ったというよりも千葉家（宗家）の意向を汲んだと考えるのが自然。

【攻】
豊前・筑前・周防・長門 守護大名
大内義隆

軍監
筑前守護代　周防守護代
陶 興房　杉 興運

千葉氏（宗家）

裏切った武将
龍造寺家兼
鍋島清久（？）
石井忠清（？）

【守】
少弐氏16代当主
少弐資元

少弐資元 長子
少弐冬尚

少弐一門・従属国衆
馬場頼周

千葉氏（分家）

龍造寺家兼
鍋島清久（？）
石井忠清（？）

中立・静観　松浦氏・蒲池氏・大村氏・有馬氏

合戦地
BATTLEFIELD

肥前国の勢福寺城周辺（現在の佐賀県神埼市神埼町）。標高196mの城山頂上に築かれた。

＜大内本陣＞
大内義隆
龍造寺の援軍はまだか
少弐資元
馬場頼周
陶 興房
杉 興運
龍造寺家兼
静観に徹する！

生まれた土地を失う苦境にも立たされるが、龍造寺一族は近隣の国人たちとの基盤を固めて、次第に発言力を高めていく。敗走してきた少弐家を匿い忠義を見せ、少弐家内での発言力も次第に強くなっていった。

忠誠心の厚い男はなぜ裏切ったのか

享禄3年（1530年）にあった前哨戦である「田《た》手《で》畷《なわて》の戦い」では、龍造寺家兼は大内家に仕える筑前守護代・杉《すぎ》 興運《おきかず》との戦いで奮戦し、褒美を得ている。さらに龍造寺家兼の水ヶ江城が陶《すえ》 興房《おきふさ》に攻められた時にも奮戦していることから、少弐家に対する忠義は他の国人と比べると厚いと感じる。

しかしこの時代、利のある側に付くという風潮があった。また、自分の領土を守らなくてはいけない使命を考えたとき、近隣の国人が軒並み大内家に寝返り、3万の兵をもって攻めかかってくる状況を見て、大内義隆に鞍替えせざるを得なかったのではないかと推測する。また、大内義隆が龍造寺家兼を多大に評価していたことも要因であると考えられる。

龍造寺家兼の援軍を得られなかった少弐資元は、居城の勢福寺城を捨て、西の梶峰城まで撤退。龍造寺家兼の仲介で少弐資元と大内義隆は和議を結ぶことになった。これで争いは終わったかに思えたが、天文4年（1535年）に少弐家の領土を大内家が奪い、天文5年（1536年）には陶 興房が少弐家を攻撃。少弐資元は自害した。

合戦結果

勝 大内義隆軍

大内方に内応した龍造寺軍は少弐家の救援に向かわなかった。勢福寺城での籠城に耐えられなくなった少弐資元は不利な和睦をのみ、城を明け渡すこととなった。

※1 鎌倉幕府成立期において、鎮西（九州）の御家人の指揮統制を行った

※2 室町幕府の軍事的出先機関。九州の統治を担当するのが役割

YUKIMURA'S EYE

大義よりも未来のために…一族を守った老将の英断

「肥前の熊」の異名で知られる龍造寺《りゅうぞうじ》隆信《たかのぶ》の曽祖父である龍造寺家兼は、龍造寺庶流の水《みず》ヶ《が》江《え》龍造寺《りゅうぞうじ》家当主である。宗家は村中城を居城とする村《むら》中《なか》龍造寺《りゅうぞうじ》家なのだが、当主の早逝や家臣の分裂もあり、龍造寺家兼が一族を束ねていた。なお、この合戦時の齢は80を迎える老将であった。当時の平均寿命を考えると信じられないような高齢である。

龍造寺家兼は主家である少弐家への忠義はあったはずだが、それ以上に龍造寺一族の所領を守る責任も誰よりも持っていたと思われる。また、龍造寺家は名家・九州千葉家出の武家であり、その千葉家も宗家が大内派に、分家が少弐派に分かれて対立していた。そのため、千葉本家に従うという大義名分のもと、少弐資元からの援軍要請に応じなかったと考察している。

通説とされている大内義隆の家臣・陶 興房による調略もあったかもしれないが、同時に千葉宗家からも大内派に転じる要請を受けていたであろうと推測。主家である少弐家への義理も総合して、兵を出さないという静観の方針を選んだのであろうと思われる。

この時、龍造寺家兼が動かなかったから少弐資元は敗れたと語られているが、たとえ龍造寺が援軍として動いたとしても自ら3万の兵を引き連れてきた大内義隆の軍に勝てる見込みは限りなく低い。少弐資元を裏切り、一族を守るための保身に動いたと考えれば賢い対応であったと思う。

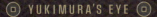

諏訪侵攻

天文11年 1542年

この裏切りから戦国大名・武田信玄の物語が始まる！

戦国最強と恐れられた「甲斐の虎」
義弟だろうと容赦はしない！

裏切り武将 （武田晴信・高遠頼継軍）
武田 晴信（たけだ はるのぶ）

甲斐源氏19代当主。甲斐国の守護・武田信虎の嫡男。天文5年（1536年）、室町幕府の12代将軍・足利義晴から「晴」の字をもらい「晴信」と名乗る。父を駿河国へ追放し、武田家の家督を相続した直後のことだ。

信濃侵攻の足掛かりのために諏訪家と和睦を結んでいた武田家。しかし、さらなる野望を実現させるために、新当主・武田晴信は決断を下す。

裏切りDATA

タイプ
野心型

裏切った理由
父・武田信虎の頃から協調姿勢であった諏訪頼重が、武田に相談なく独断で領土のことで動いたため。家督を強引に奪った若い晴信を見くびっていたのだろう。

裏切られた武将
諏訪頼重（すわ よりしげ）

信濃国諏訪郡の豪族。諏訪大社の神官職に従事する一族であり、武田信虎の三女を正妻として迎えた。のちに武田晴信の側妻として嫁ぐことになる諏訪御料人（武田勝頼母）は諏訪頼重の娘。晴信を見くびったことが滅亡へとつながった。

混乱の続く 甲斐国をひとつに！ 武田信虎の手腕

甲斐国は守護・甲斐源氏の13代当主・武田《たけだ》信満《のぶみつ》が治めていたが、応永23年（1416年）に起きた「上杉禅秀《うえすぎぜんしゅう》の乱」で、信満は反乱軍に加担して敗れたため自刃する。これにより甲斐国は守護不在の状態が長らく続き、その間に武田庶流一族、跡部家、穴山家、小山田家といった国衆が各々の地で領土争いを勃発させていた。

この混乱が続く状況をなんとか鎮めたのが甲斐源氏18代当主・武田信《たけだのぶ》虎《とら》であった。信虎は関東管領《かんれい》・山内上杉家や新興勢力の小田原北条家、そして宿敵の駿河今川家との対立や和睦を繰り返しながらも、甲斐国の完全統治を目指していた。

領土拡大を目論む 武田信虎だが 強国の存在がちらつく

武田信虎は、まずは甲斐国を安定させて、それから隣国侵攻の構想を思い描いていた。ただし、南は今川家、東は北条家と関東管領の上杉家など、強豪がひしめき合っていたため、自ずと信虎の目は小国人が乱立する信濃国に向けられることに。その入り口となるのが諏訪であり、信虎も初めは信濃国諏訪郡の領主・諏訪家と争っていた。

武田信虎が信濃国の諏訪家と争うきっかけとなったのが、関東管領との縁戚関係構築である。関東管領・上杉家の諸家の一つ、山内上杉家の娘を娶ることに反発した家臣らが、信濃諏訪郡の諏訪《す》頼満《わよりみつ》（諏訪頼重の祖父）と協力し、武田信虎に反抗した。そうして兵を差し向けたことで、信虎と諏訪家との戦いが始まった。その後、家臣の反乱は鎮圧され、諏訪家とも和睦。武田信虎の娘は諏訪家に嫁いで、諏訪頼重の妻になり、両家は友好関係となっていた。このように信虎は方向転換し、諏訪家と和議を結んで親類関係を構築することで、信濃侵攻の足掛かりにしようと考えていた。

天文10年（1541年）初め、信濃国の村上義清《むらかみよしきよ》、諏訪頼重、甲斐国の武田信虎が信濃国の小県《ちいさがた》に侵攻。順調に見えた信濃侵攻だが、武田晴信（※1）が父・武田信虎を追放して領主になると風向きが変わってくる。

父・武田信虎を追放したのが息子・武田晴信

天文10年（1541年）6月、武田信虎の嫡男・武田晴信や武田家の重臣らが信虎を追放した。晴信が父を追放するに至った説は多々あり、真相は不明。家臣に担ぎ出された形で家督を奪った晴信だが、その直後に大きな問題が浮上する。

　同年7月4日、村上義清・諏訪頼重などに攻められていた信濃国の小県の海野《うんの》棟綱《むねつな》は、関東管領であった上《うえ》杉憲政《すぎのりまさ》に救援を要請する。上杉憲政が信濃国佐久郡への出兵を行うと、諏訪頼重は盟約関係にある武田家・村上家らに無断で、上杉憲政と和睦して所領を分割した。これは親類関係にあった諏訪家の勢いが増してきて、武田家を脅かす存在になりかねないことを意味した。また、甲斐国も信濃国も先の災害と幾多の戦乱のなかで疲弊しきっており、武田信虎を追放した甲斐国のように諏訪内部・近隣でも不協和音が飛び交っていた。

諏訪侵攻を皮切りに「甲斐の虎」信玄の物語が始まる

情報を重視していた晴信は、そういった状況をいち早く察知し、今川家や北条家と同盟を結んだ。後ろを攻められる心配がなくなったことにも助けられ、反発していた高遠《たかとお》家と諏訪大社下社の神官を焚きつけ、自軍の損害をできるだけ最小限にとどめるとともに、自分への不満を外側に向けることを画策する。さらには、諏訪の広大な土地と影響力のある諏訪大社を支配することで、その後の信濃侵攻を容易にするとともに、本領安堵《ほんりょうあんど》（※2）や領地をあてがい、家臣団の結束を高めることも目論んだと思われる。

　これは想像になるが、天文8年（1539年）に家督を継いだばかりの諏訪頼重にとって、舅である武田信虎は怖い存在であったと思われる。しかし、その怖い信虎が晴信らに追放されたことで、武田家の重圧から解放され、遠慮することなく領土配分などを勝手に行ってしまった。晴信は、了承のない領土配分は盟約違反との口実を大義名分にして、家臣を納得させ、「諏訪侵攻」を画策していったのではないか。

　諏訪頼重の盟約違反ともいえる勝

勢力
MILITARY FORCE

その数は約8倍と、甲斐守護・武田晴信が圧倒的な兵力をもって諏訪軍を制圧。諏訪頼重・頼高兄弟は桑原城に逃げ込むも、早々に和睦の申し入れを行っている。

武田晴信・高遠頼継軍
総数 約**8,000**兵

VS

諏訪頼重・諏訪頼高軍
総数 約**1,000**兵

合戦地
BATTLEFIELD

信濃国の桑原（現在の長野県諏訪市四賀桑原）。諏訪頼重が逃げて籠城した桑原城は、諏訪惣領家の本拠・上原城の支城としての役割を果たしていた。山頂に建てられた山城で、現在は山頂や尾根に本丸跡や土塁などの遺構が残っている。

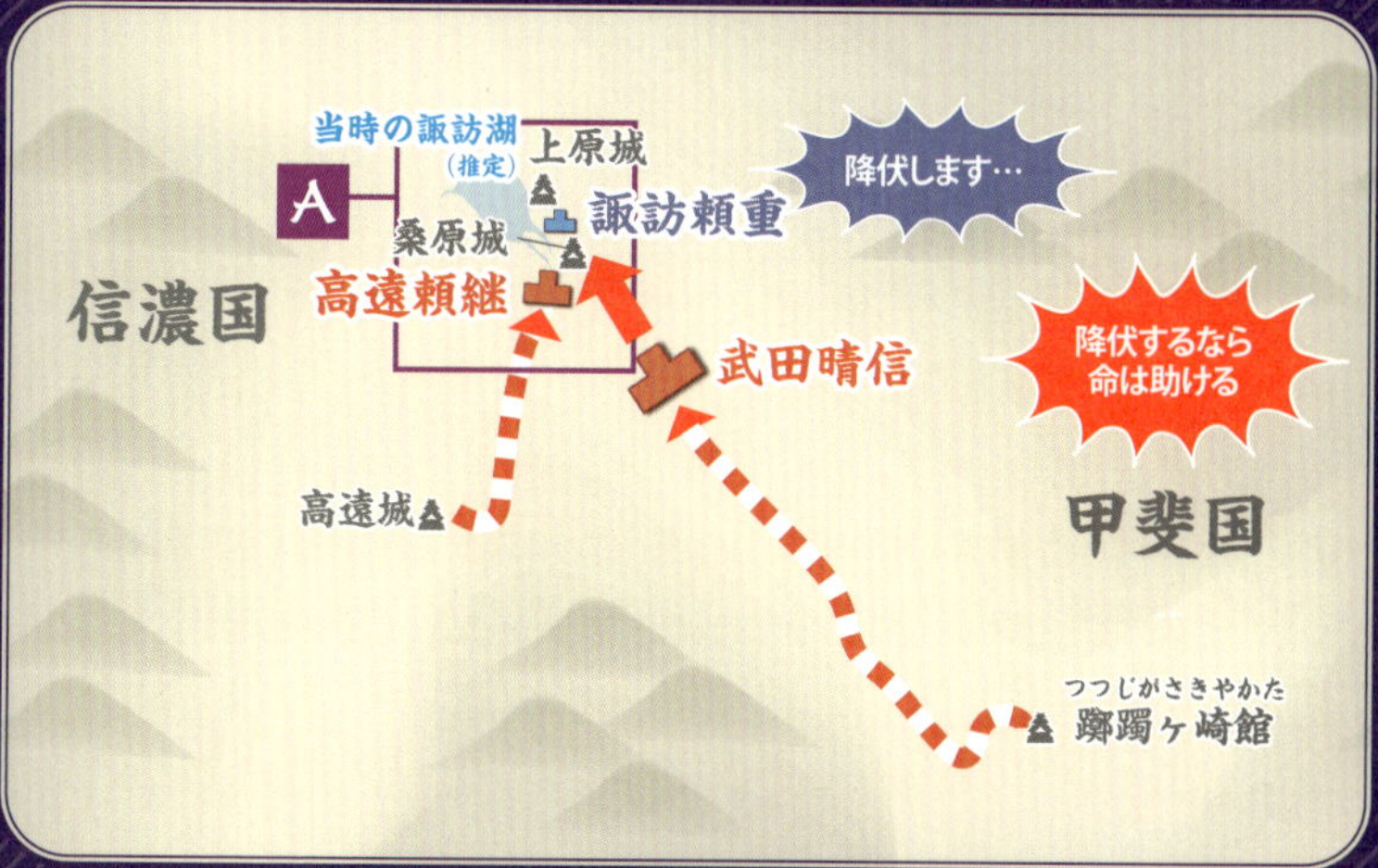

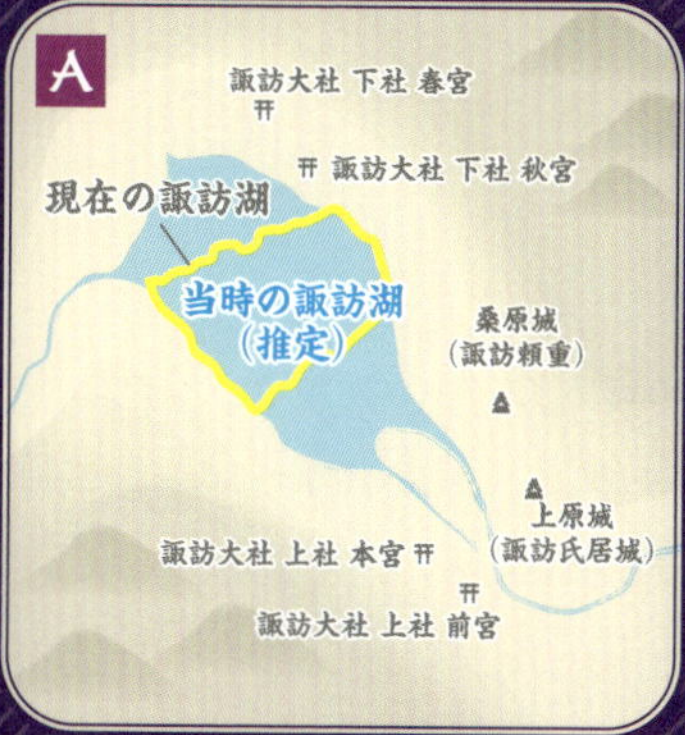

相関図
DIAGRAM

晴信は、諏訪本家と庶流である高遠家が不仲であることを利用して調略を成功させた。

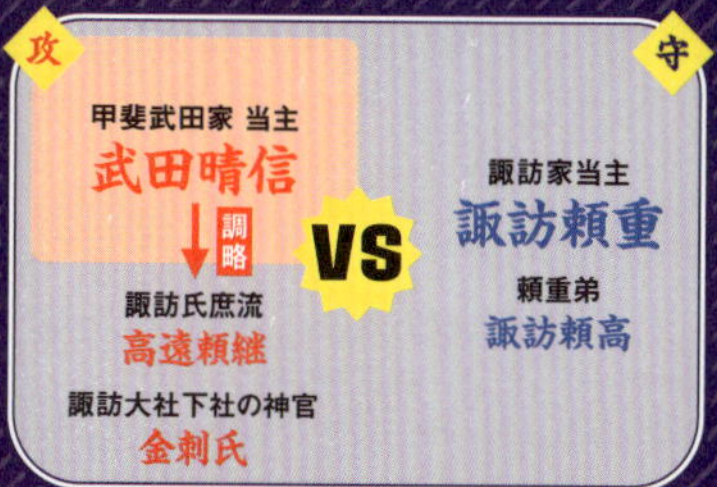

手な行動を受けて、武田晴信は動き出す。晴信は、諏訪惣領家に対して不満を抱く諏訪庶家の高遠頼継《たかとおよりつぐ》、諏訪大社下社の金刺氏《かなさしし》らを調略により味方に付けた。そして天文11年(1542年)6月24日、晴信は大挙して上諏訪に攻め込んだ。武田・高遠軍と対峙するだけの兵力がない諏訪頼重は、居城の上原城を自ら焼き捨てて支城である桑原城《くわばらじょう》へ逃げた(「桑原城の戦い」)。

兵力に圧倒的な差があり、勝てる見込みがないと判断した諏訪頼重は武田晴信に和睦を申し入れる。同年7月4日、晴信は和睦を受け入れて、頼重を甲府に連行。武田・高遠軍の勝利となる。和睦の条件では頼重の生命は保障されていたとされているが、この月の21日に晴信はこれを反故《ほご》にし、頼重とその実弟の諏訪頼高を切腹させた。これにより諏訪惣領家は事実上、滅亡することとなった。

今後の武田家の行く末を考えると、「諏訪侵攻」はあり余る利益の塊であった。その後、武田晴信は出家して「武田信玄」となり、戦国時代で最も有名なライバル関係となった越後国の上杉謙信《うえすぎけんしん》などとしのぎを削っていくことになる。

ちなみに、諏訪家には武田晴信の妹が嫁いでいたが、この時代、親類関係にある者であっても争いは避けられないものだった。浅井長政《あざいながまさ》や徳《とく》川《がわ》家康《いえやす》などにもこの手の騒動は数多あるので、侵攻阻害の要因とはならない。

合戦結果

勝

武田晴信・高遠頼継軍

武田晴信・高遠頼継軍は上諏訪に侵攻して難なく攻略。もともと甲斐国の守護と諏訪一郡の戦いといった構図で、持っている兵力や権力に大きな差があった。

※1 のちの武田信玄。ここでは武田晴信で統一

※2 幕府や領主が忠誠を誓った家臣に対して、その者が所有する領地の保障や、報酬として新しい土地の支配権を与えること

YUKIMURA'S EYE

父の追放や諏訪家の裏切り
背後にちらつく北条家

なによりも注目しなければならないのが「武田晴信を当主に」と推していた家臣らが、武田晴信の父・武田信虎を甲斐国から追放してから1年後、高遠頼継と連合で諏訪領を制圧して諏訪頼重や諏訪頼高を自害させている点だ。

武田晴信が父を追放するに至った説は多々あるが、この諏訪制圧が綿密に計画されて行われていることから考えると、北条家の存在が浮かんでくる。

武田信虎の方針では、伊豆国・相模国・駿河国へと領土拡大を続け、小田原城を本拠地に関東一円を支配していた大名・北条家と渡り合うことができないと危惧していたのだと思われる。そのため武田晴信や武田家の重臣らが、武田信虎を追放する選択をした。武田信虎の頃に結んでいた諏訪家との同盟を反故にしてでも信濃国の諏訪郡に攻め込んだ目的はふたつ。家臣への領土分配の褒美、そして諏訪大社という武の神様の聖地を牛耳ることによる威信や名声の獲得だ。

そもそも武田晴信の狙いは諏訪郡ではなく信濃国全土の制圧であり、諏訪郡を手中に収めてからは、敵対する信濃国衆や信濃守護・小笠原家と戦い続けることになる。そして、越後国の上杉軍との戦いを経て、弘治3年（1557年）に将軍・足利義輝《あしかがよしてる》から信濃守護の補任をもって、目的をひとまず果たす。侵攻から信濃国の守護になるまで、実に15年がかりであったことには驚きである。

天文11年
1542年

大桑城《おおがじょう》の戦《たたか》い

親子2代で成し遂げた美濃の国盗り物語

これぞ下剋上大名！
国を奪い取った「美濃のマムシ」

長年続いた美濃国の守護・土岐家の家督争い。そんな混乱の最中、相手の懐に飛び込み、台頭していったのが、斎藤利政とその父だった。

裏切り武将 （斎藤利政軍）

斎藤利政《さいとうとしまさ》

土岐家の家臣から下剋上で戦国大名に成り上がった名将。親子2代にわたって仕えていた土岐家を排除し、美濃国の守護を務めた。長井新九郎、長井規秀など出世の段階で多くの名を用いている。

裏切りDATA

タイプ

野心型

裏切った理由

出自や身分に関係なく一国の主になれる時代だからこそ、土岐一族を排除するときをじっと待っていたのだと思われる。

裏切られた武将

土岐頼芸《ときよりのり》／土岐頼純《ときよりずみ》

美濃守護の座を巡り、兄の土岐頼武と弟の土岐頼芸は幾度も合戦。家督争いが続くなか、斎藤利政は頼芸の弟・土岐頼満を毒殺して宣戦布告。

裏切りの始まりは土岐家の家督争い

斎藤利政（※1）が美濃国の実権を握る以前、美濃国の守護・土岐氏のなかで、親子2代にわたって家督争いが起きた。

初めは土岐頼芸の父・土岐《とき》政房《まさふさ》の代に起こった。その父の土岐《とき》成《しげ》頼《より》が嫡男の政房を差し置いて、側室の子・土岐元頼《ときもとより》に家督を譲ろうとしたため、臣下の斎藤利国《さいとうとしくに》と石《いし》丸利光《まるとしみつ》の間で戦が起こり、その戦で石丸利光と土岐元頼が敗死。その後、斎藤利国も京極家の救援に向かい敗死する。土岐頼芸の祖父・土岐成頼が病死したことで、父・土岐政房が美濃国の守護に収まるが、政治に関する事務を行う両家臣を失い、衰えが見えはじめる。

次に、この土岐政房の代に嫡男・土岐《とき》頼武《よりたけ》が粗暴なため、次男の土岐頼芸に家督を譲ろうとするが、執権の斎藤や長井らに反対され、逆に政房は隠居させられてしまう。その後、土岐政房と土岐頼芸が土岐頼武側に戦を仕掛けて勝利し、一時は守護の座を奪い取った。しかし、幕府の申し出で、再び土岐頼武が守護に返り咲き、内部の軋轢《あつれき》は残ったままとなった。それでも戦乱にならなかったのは、土岐頼武側の後見人・長井《ながい》利安《としやす》と、土岐頼芸を支持していた斎藤利国の子・長井《ながい》利隆《としたか》の勢力が

BATTLE

勢力
MILITARY FORCE

各々の勢力は不明。理由は、大桑城と鷺山城での合戦は『美濃国諸旧家』という江戸時代に書かれた軍記物によるもので、近年の研究では創作と考えられているため。

斎藤利政軍
総数 不明

VS

土岐頼芸・土岐頼純軍
総数 不明

相関図
DIAGRAM

親子2代で土岐家に取り入ったのち、土岐一族を追い出して斎藤利政が美濃国を牛耳った。

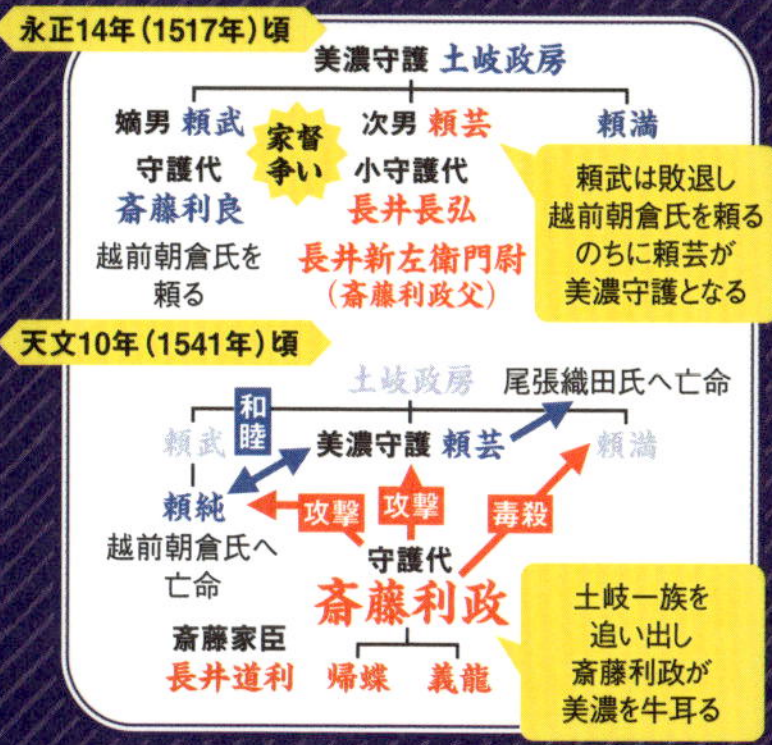

合戦地
BATTLEFIELD

美濃国の大桑城(現在の岐阜県山県市大桑)と鷺山城(現在の岐阜県岐阜市)一帯で行われた。

伯仲《はくちゅう》していたからである。

下剋上大名が誕生した背景

この家督争いのとき、斎藤利政の父・長井《ながい》新左衛門尉《しんざえもんのじょう》（※2）が長井利隆に能力を見そめられて、斎藤利政は家臣筋の西村の姓を授かり頭角を現していく。土岐頼芸にもかかわいがられ、宗家の長井家に代わり守護を補佐するようになり、最後は斎藤家を襲名して守護代の地位を確立。さらに土岐頼芸の兄・土岐頼武を追放し、主君になった頼芸を守護に据え、名実ともに斎藤家の名が世に知れ渡った。

長井新左衛門尉は、狙った獲物の懐に飛び込み内側から侵食して掌握していくような人物で、その脇にいた斎藤利政もまた父の背中を追うようにそのやり方を学んでいった。

斎藤利政は混乱した美濃国に目をつけ、時には手段を選ばず出世に邁進していく。意に沿わない者を排除する斎藤利政のやり方は他家の反発を招いたが、力を手にした利政は開き直ったかのように大胆になり、しまいには土岐頼芸の弟・土岐《とき》頼満《よりみつ》を毒殺する。

今まで斎藤利政をかばい重宝してきた土岐頼芸もさすがに容認できずに討伐しようとするが、これで拍車がかかった斎藤利政は反対に土岐頼芸の排除を決意。そうして天文11年（1542年）、斎藤利政は大桑城と鷺山城《さぎやまじょう》を立て続けに攻め落とし、土岐頼芸と頼武の子・頼純を美濃国から追放。親子2代がかりで美濃国の乗っ取りに成功した。

合戦■豆知識

「大桑城の戦い」は軍記物『美濃国諸旧記』に書かれており、近年の研究では創作と考えられている。

合戦結果

勝 **斎藤利政軍**

その後、土岐家から要請を受けた朝倉や織田の軍が美濃国に攻め入るも、利政はこれを撃退。8年後に頼芸を追放したことで美濃の国盗りを成した。

※1 のちの斎藤道三。ここでは斎藤利政で統一
※2 文献には西村正利や松波庄五郎などさまざまな名で登場している

YUKIMURA'S EYE

土岐家を追いやったのは美濃国をひとつにするため

斎藤利政の人格を形成したのは、父・長井新左衛門尉であったと考えられる。京で僧の道を歩むはずだった長井新左衛門尉は、僧侶の道を捨てて武士の道を歩むことに。その後、僧のつてを使い、美濃小守護代・長《なが》井《い》長弘《ながひろ》に器量を認められるところから始まる。長井新左衛門尉は土岐家の家督争いを利用し、守護代・斎藤家を衰退させ、主である長井長弘に美濃国の実権を握らせた。そんな父の出世劇を見ていたのが、当時、長井姓を名乗っていた長《なが》井《い》規秀《のりひで》（のちの斎藤利政）だった。天文7年（1538年）に美濃守護代・斎藤《さいとう》利良《としなが》が病死し、土岐頼芸から「斎藤」の名を継ぐことを許され、「斎藤《さいとう》新《しん》九郎《くろう》利政《としまさ》」と名乗る。ここで美濃守護代・斎藤利政が誕生した。

父が石垣を築き、子が天守を建てたといった具合に、親子2代がかりで美濃国を奪った壮大な下剋上。確かな記録文献は存在しないが、父が小守護代・長井家の重臣に上り詰めたのは、汚い仕事もこなしてきたからにほかならず、その成り上がりの手法を学んだ斎藤利政だからこそ、土岐家を美濃国から追い出す汚い手も使えたのだと考える。では、斎藤利政は最初から土岐家に代わって守護の座に就くのが狙いだったのか？　それは否だと思う。土岐頼芸が守護に就いた段階で家督争いが鎮まれば、利政も暴挙に出なかったのではないか。諦めの悪い土岐頼純が台頭したことで、美濃国をひとつにするための土岐家一掃に舵を切ったと考えている。

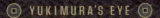

第一次《だいいちじ》月山富田城《がっさんとだじょう》の戦《たたか》い

大内家の未来を左右！ 安芸国や出雲国を舞台にした大決戦

尼子《あまご》軍を脅威と捉えた大内義隆と陶《すえ》隆房《たかふさ》は、尼子家討伐を目指して出雲国を攻める。優位を誇っていた大内軍だが、戦が長引くと状況が変わっていく。

裏切って、そして寝返って…
平和な暮らしを夢見た男の賭け

裏切り武将 (尼子晴久軍)

本城《ほんじょう》常光《つねみつ》

石見国の国人、高橋家庶流。高橋家が毛利家に滅ぼされると尼子家の家臣となる。毛利軍を幾度も跳ね返した武勇伝が残る。この合戦後、尼子晴久から大きな信頼を勝ち取り、最前線の高櫓城などを任されることになる。

裏切りDATA

タイプ

保身型

裏切った理由

高橋家を滅亡させたのが毛利家であり、その後ろ盾が大内家であったから。ただし、大内を裏切った将は本城以外にも多々おり、共同離反であったとも考えられる。

裏切られた武将

大内義隆《おおうちよしたか》／大内派国衆

西国最大の戦国大名となった大内義隆。大軍を率いて出雲侵攻を試みるも、尼子の策に苦戦。大内軍が尼子晴久がいる月山富田城を落とせないでいると、もともと尼子派だった出雲国衆に裏切られてしまう。

大内家と尼子家 二代勢力による 中国地方の覇権争い

大内家は平安時代の頃より続く武家の名家で、戦国期には周防国の山口を拠点に、長門国・石見国・安芸国・筑前国・豊前国の6か国を支配するまでに勢力を拡大していた。「勢福寺城《せいふくじじょう》の戦い」(P026)で領土拡大に成功するなど、九州の北部と中国地方の西側を治める、西国の一大勢力である。

「大内」の名前は平安時代の頃から名乗るようになり、周防国、長門国をはじめ、多くの国衆がその後ろ盾を得るべく大内派国衆として従属していた。従二位《じゅにい》・兵部卿《ひょうぶきょう》という官位を得る武家であり公家であるとともに、のちに台頭することになる毛利家や小早川家も大内派国衆の一員であった。この頃の毛利家は、大内家と尼子家の二大勢力に挟まれた安芸国の小さな領主に過ぎなかった。

そんな名家・大内家の16代当主の座に就いていたのが大内義隆。武力を用いて政治を行おうとする武断派の周防守護代・陶 隆房や安芸守護代・弘中隆兼《ひろなかたかかね》の求めに応じて、九州・中国地方からさらなる支配地拡大の構想を持っていた。

一方、出雲守護代・尼《あま》子《ご》経久《つねひさ》は「応仁・文明の乱」で、守護・京極家が没落していくなかで頭角を現し、京極家に代わって出雲国の守護に就いた将であった。

尼子経久は宍道《しんじ》家や塩冶《えんや》家といった出雲国の豪族を束ねて出雲国全土の統治に邁進し、その後を嫡孫・尼《あま》子《ご》晴久《はるひさ》(初名：詮久《あきひさ》)に託して隠居する。

家督を継いだ尼子晴久は持ち前の統率力を発揮して、さらに勢力拡大を目論んだ。伯耆国・美作国・備中国・備後国・安芸国・石見国と、各地に兵を繰り出して領土拡大を狙うも、強引な出兵の代償もあり、領土拡大は思うように進んでいなかった。

出雲国西側を巡って 大内家と尼子家の争いが始まる

領土拡大を目論む尼子晴久が大内領(特に石見《いわみ》大森銀山《おおもりぎんざん》)に干渉したことから、大内義隆と尼子晴久は敵対関係に発展していく。

九州の豊前国や豊後国で豊後守護・大友家と争っていた大内義隆は、

尼子晴久の台頭を脅威と捉え、室町幕府の12代将軍・足利義晴《あしかがよしはる》の仲介を受けて、大友家と和議を締結。尼子晴久との決戦に向けて兵を東に向かわせた。

前哨戦となった吉田郡山城の戦いで尼子は劣勢に

天文9年（1540年）、大内軍に攻められる尼子派の安芸分郡守護・武田家から援軍の要請を受けて、尼子晴久は自ら数万もの兵を集めて挙兵する。しかし、道中を塞ぐ大内派・毛利元就《もうりもとなり》の謀略を受けて総崩れを起こし、出雲国に撤退してしまう（「吉田郡山城《よしだこおりやまじょう》の戦い」）。

尼子軍を頼りにしていた安芸武田家は望みを失い、当主・武田信実《たけだのぶざね》は逃亡。急遽、当主の座に就いた武田《たけだ》信重《のぶしげ》が家臣らを必死に鼓舞するも、孤立無援を承知で安芸武田家の本拠地・佐東銀山城《さとうかなやまじょう》に入る兵はわずかだった。

天文10年（1541年）5月、毛利元就の巧みな策により、佐東銀山城はあっさりと落城。武田信重とその父・伴《とも》繁清《しげきよ》は討ち死にとなり、安芸武田家は滅亡した。毛利元就らによる武田の残党狩りがほとんど終わった同年6月、大内義隆の軍監・陶 隆房が佐東銀山城に入った。

こうして安芸国を押さえた大内義隆。同年の夏、将軍家より正式に、義隆に安芸守護の職が与えられた。これで名実ともに西国最大の戦国大名となった。

「吉田郡山城の戦い」での安芸遠征失敗や、安芸武田家を見捨てて撤退したことで、名声や威信を大きく失ってしまった尼子晴久。さらに安芸武田家の滅亡を受けて、多くの尼子派の出雲国衆が尼子晴久を見限り、吉川興経《きっかわおきつね》や三刀屋久扶《みとやひさすけ》、三沢為国《みざわためくに》、そして本城常光などが大内義隆になびいていくことになる。

出雲国衆を味方に尼子討伐を目論む大内軍だが…

本城常光や吉川興経、三刀屋久扶など、出雲国衆を味方にすることに成功した大内義隆。大きな勢力を得て、大内義隆と陶 隆房は尼子討伐を決断する。これには一部の反対もあったようだが、武断派の家臣は出雲遠征を主張した。

こうして周防国・石見国・安芸国か

勢力
MILITARY FORCE

兵力は圧倒的に攻めの大内義隆軍が多かった。尼子晴久は月山富田城に立て籠り、籠城戦を選択した。この作戦が戦を長引かせ、勝利を呼び込んだといえる。

尼子晴久軍
総数 約1~2万兵

VS

大内義隆軍
総数 約4~5万兵

相関図
DIAGRAM

大内義隆を裏切った国衆らは、もともとは尼子従属だった者たちが多い。よって、再び尼子に帰属する道を選んだといったほうが正しい。赤穴城での戦いで大内軍に大打撃を与えるなど、尼子に従属する国衆たちの奮闘も大きかった。

攻

従三位・大宰大弐
周防・長門・石見・安芸・豊前・筑前 守護
大内義隆

嫡男
大内晴持(土佐一条家出)

大内従属国衆
毛利元就 小早川正平
益田藤兼 小笠原長徳
天野隆綱 ほか

大内一門・家臣
陶 隆房 杉 重矩
内藤興盛 冷泉隆豊
弘中隆兼

本城常光
吉川興経
三沢為国
三刀屋久扶

VS

守

出雲守護
尼子晴久

尼子精鋭 新宮党
尼子国久(晴久叔父)
尼子誠久(国久長子)

尼子従属国衆
牛尾幸清
米原綱寛
赤穴光清
神西元通 ほか

裏切った国衆
本城常光
吉川興経
三沢為国
三刀屋久扶

領土図
TERRITORY

出雲国の月山富田城（現在の島根県安来市）。尼子晴久が構えた月山富田城は、標高約190mの月山を中心に、川に向かって伸びる広い山城。攻められる箇所が少なく、地形に恵まれた難攻不落の城だった。現在も城跡が残っている。

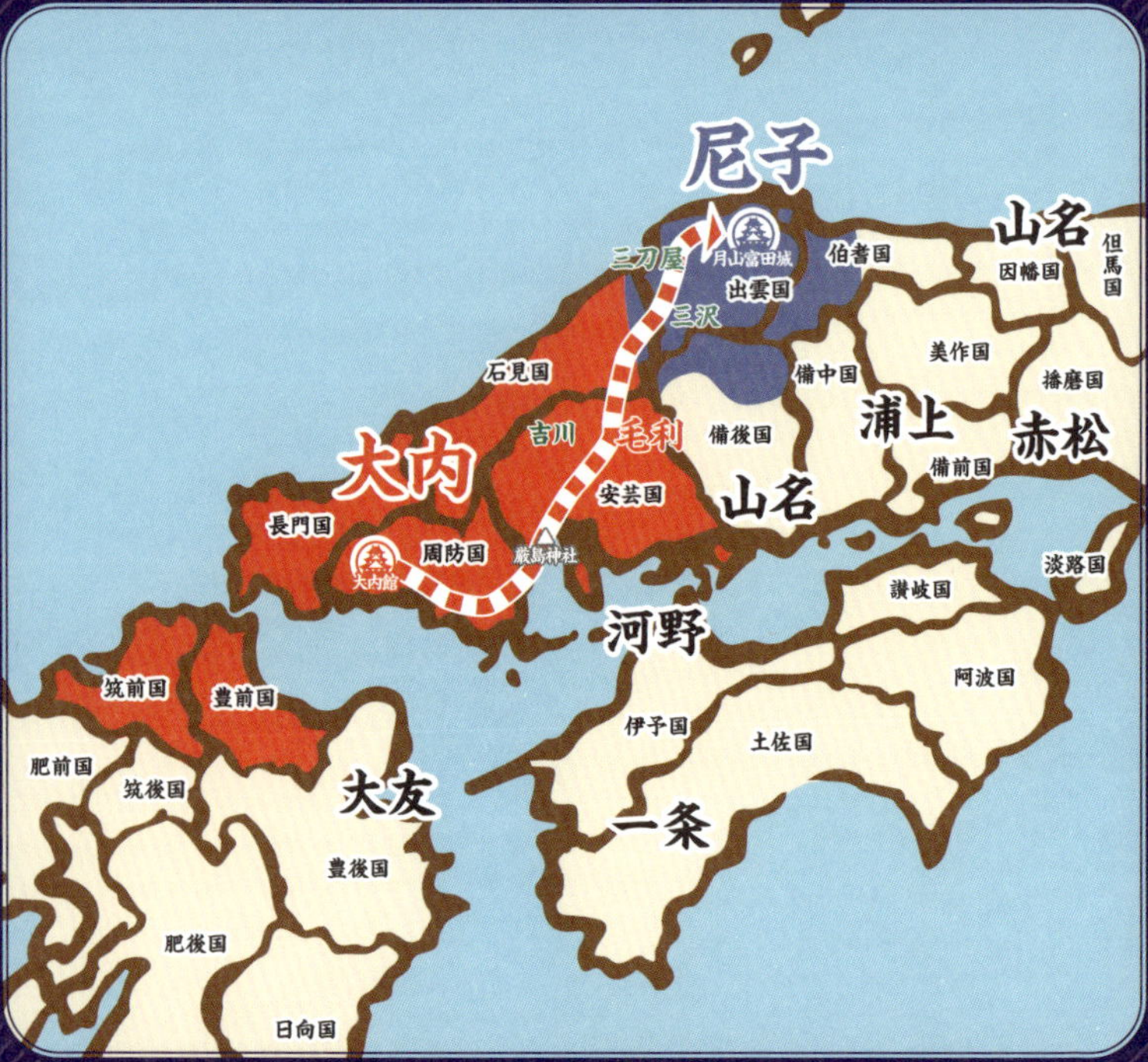

ら集められた数万の軍勢が、尼子晴久の領土である出雲国になだれ込んだ。しかし、出雲国の入口を守る赤《あか》穴《な》城《じょう》攻めで思わぬ苦戦を強いられ、大内兵の負傷者は増え続けた。赤穴城を落とした頃には出陣からおよそ半年が経過していた。

　赤穴城を落としてようやく尼子領に足を踏み入れる大内軍。総攻撃を仕掛けるために、大内義隆は月山富田城が見下ろせる京羅木山《きょうらぎさん》に本陣を移した。味方の士気を上げるためや戦況を把握するため、円滑に指示を出すためなど、総大将が合戦地の近くに本陣を構えるのにはさまざまな目的がある。

　しかし、この判断に対して毛利元就は、総大将は合戦に深入りすべきではないと陶 隆房に忠告した逸話がよく知られている。これは、のちに中国地方の覇者となった毛利家が、あの時に元就の忠告を聞かなかったから尼子に負けたのだと、記録を都合よく編集したとの説もある。しかし、この時期に書かれた寺院や公卿《くぎょう》(※1)の日記、古文書などから察するに、通説はあながち間違っていないと思われる。

そんなバカなっ！ 尼子に帰参する出雲国衆たち

天文12年(1543年)3月、大内義隆は尼子晴久が籠城する月山富田城を包囲し、城攻めを開始した。月山富田城や新宮谷《しんぐうだに》に籠る尼子兵への挑発が日々行われるも、尼子晴久は徹底して静観を貫き続けた。大内軍が幾度も城を攻めるも攻略には至らず、さらに月日が流れて、徐々に大内軍側の士気は低下していく。

城を落とすことは難しいと感じた陶隆房は大内義隆に尼子との和議はどうかと相談を持ちかける。安芸守護代・弘中隆兼《ひろなかたかかね》らが評議に参加し、このまま和議に進むかと思われ、大内陣営の各隊が徐々に戦の構えを解いていく。

すると挙兵から1年以上が経過した頃、もともと尼子側だった出雲国衆の様子が変わっていく。そこに尼子晴久の調略が発動し、元尼子派で大内義隆に寝返っていた本城常光や吉川興経、三刀屋久扶ら出雲国衆が、再び尼子に帰参する事態が発生してしまう。ちなみに、本城常光がどの程度の権力を得ていた将なのかは判明できず、合戦前は尼子家臣であったのか毛利家臣であったのかも不明な点が多い。ただ、具体的に裏切った将のなかに吉川興経や三刀屋久扶と並んで本城常光の名があることから、それなりの所領を持つ将であったのではと考えられる。

動揺する大内軍に追い打ちをかけるように、月山富田城や新宮谷から尼子軍が一斉に飛び出し、大内義隆が入った京羅木山の本陣目掛けて進んだ。タイミングを見計らった尼子軍の総攻撃を受けて大内軍は総崩れを起こしてしまう。

多くの家臣が盾となり敵を防いだことで大内義隆や毛利元就は逃げ帰ることができたが、撤退時に沼田小早川の当主・小早川正平《こばやかわまさひら》、さらに義隆の嫡男・大内晴持《おおうちはるもち》を失うなど、大内軍は大敗北を喫した。

中国地方の未来は大内VS尼子から尼子VS毛利へ

この出雲遠征は、1年4か月の長期間にも及んだ挙句、大内義隆は敗戦。さらに嫡男の大内晴持も戦死してしまい、この敗北をきっかけに、武力をもって領土拡大を図ろうとする意欲を失ってしまう。「第一次月山富田城の戦い」での敗戦は、大内家衰退の一因となった。これはのちの「大寧寺《たいねいじ》の変」（P068）を招いてしまった戦ともいえる。

一方、この窮地をしのいだのが尼子家。尼子晴久のもとで勢力を回復させて最盛期を迎える。そして、当時はおそらく誰も想像していなかったのが、この大決戦に参加し、大内家に仕えていた一介の武将、毛利元就がのちに中国地方の大大名として君臨したことだろう。大内対尼子から、尼子対毛利へ。このあと中国地方で尼子家と毛利家は熾烈な争いを続けることになる。

合戦■豆知識

細川京兆家の混乱や畿内の情勢不安に悩んでいた将軍・足利義晴は、大内義隆の上洛を心待ちにしていたのではないか。大内義隆も父・大内義興がそうしたように、自ら兵を率いて上洛したい夢は、この当時の義隆にはあったのだと想像する。また、尼子に苦しめられていた山名や赤松といった守護大名からも尼子討伐の嘆願は入っていたと思われる。大内軍による出雲侵攻（尼子討伐）は武断派の陶 隆房だけが考えていたものではなく、従三位・大内義隆にとって、上洛に至る最初のステップだったのだと考えられる。そこで大きくつまずいてしまったがために、結果的に大内家は凋落の一途をたどっていった。

合戦結果

勝 尼子晴久軍

出雲国衆が再び尼子方に寝返ったため、大内軍の士気は低下。不利を悟った大内軍は撤退を決断するも、城から出てきた尼子の主力に攻められて敗退した。

※1 太政大臣・左大臣・右大臣など、国政を担う最高の職位のこと

YUKIMURA'S EYE

戦を終わらせるために 機運を見て勝ち馬に乗る

複数の出雲国衆が大内義隆から尼子晴久に寝返った(再服属した)わけだが、ここではそのなかの一人として本城常光にスポットを当てている。

本城家は、享禄2年(1529年)に毛利元就によって滅亡した高橋家の分家であり、本城常光から見ても毛利家は仇同然の存在である。しかし、一度は大内義隆に付いたのは、それだけが理由ではないと考える。そもそも真木家、三沢《みさわ》家、三刀屋《みとや》家といった尼子晴久から大内義隆に寝返った出雲国衆に共通するのは、守護代であった尼子家に対する反感ではないかと思う。また、尼子経久からその孫・尼子晴久と代は変わっても戦に次ぐ戦で、嫌気が差していたのではないか。名家・大内に従ったほうが暮らしは落ち着くであろうと賭けに出たと思っている。

しかし、いつまで経っても尼子晴久を潰せない雰囲気になり、路線変更して再び尼子晴久に寝返りをし、結果的に大内軍は敗退という結末になった。この一連の戦いのなか、毛利元就は幾度も大内軍の侵攻策について苦言を呈していたと記録に残っている。

ちなみに、この合戦で大内派から尼子派に転じた本城常光は、尼子晴久から絶大な信頼を勝ち取ることに成功する。主に東石見《ひがしいわみ》の大内領や毛利領と接する最前線の高櫓城《たかやぐらじょう》、山《やま》吹城《ぶきじょう》の守備を任せられ、石見《いわみ》銀山《ぎんざん》を得たい毛利元就を大いに苦しめる将になる。

天文11~17年
1542年~1548年

天《てん》文《ぶん》の乱《らん》

政治を巡って親子喧嘩！ 諸大名を巻き込んだ大乱

父のやり方を許せず立ち上がった一途な男

裏切り武将 (伊達晴宗軍)

伊《だ》達《て》晴《はる》宗《むね》

伊達家15代当主。永正16年（1519年）に14代当主・伊達稙宗の長男として誕生。天文2年（1533年）、室町幕府の12代将軍・足利義晴の偏諱を受けて「晴宗」と名乗った。伊達政宗の祖父にあたる。

子女を道具にして勢力拡大を続ける父・伊達稙宗。そんな振る舞いに怒りを覚えた子・伊達晴宗が立ち上がり、伊達家の親子対決が勃発する。

裏切りDATA

タイプ

保身型

裏切った理由

父・伊達稙宗による縁戚外交の強引なやり方に反感を持つ。特に三男・時宗丸（実元）の扱いと、領土の扱いを巡って父に猛反発。父子間の対立は決定的なものとなる。

裏切られた武将

伊達《だて》稙宗《たねむね》

伊達家14代当主。永正11年（1514年）、妹を最上義定に嫁がせて最上家との関係を強める。さらに大崎や二階堂、田村、葛西など、近隣国衆らに実子を入れて影響力を拡大させていった。伊達政宗の曾祖父にあたる。

家族は道具！子女を利用して勢力拡大する父

鎌倉時代初期より御家人として陸奥南部を支配してきた名門・伊達家。永正11年（1514年）より、伊達晴宗の父・伊達稙宗が14代目の当主となっていた。

伊達稙宗は戦上手であると同時に外交手腕も高く、将軍から偏諱《へんき》（※1）を受けて、官位は従四位下《じゅしいのげ》・左《さ》京大夫《きょうのだいぶ》（※2）で、陸奥守護も補任されるほど畿内でも名の知れた将であった。

戦国争乱のなか、伊達稙宗の領土拡大戦略は、戦での勝利や内乱介入の見返りとして実子を養子に出したり、娘を婚姻させたりする方法であった。大崎家の後継ぎとして二男・義宣《よしのぶ》を、葛西家の後継ぎとして七男・晴胤を、相馬家当主・相馬顕胤《そうまあきたね》の正室として長女を、蘆名家当主・蘆名《あしな》盛氏《もりうじ》の正室として次女を、といった具合に、血縁や婚姻を利用した外交で急速に勢力を拡大していった。

伊達稙宗には、6人の妻との間に男女合わせて20人を超える（若いうちに死去した子供を含めて）子がい

伊達家系図

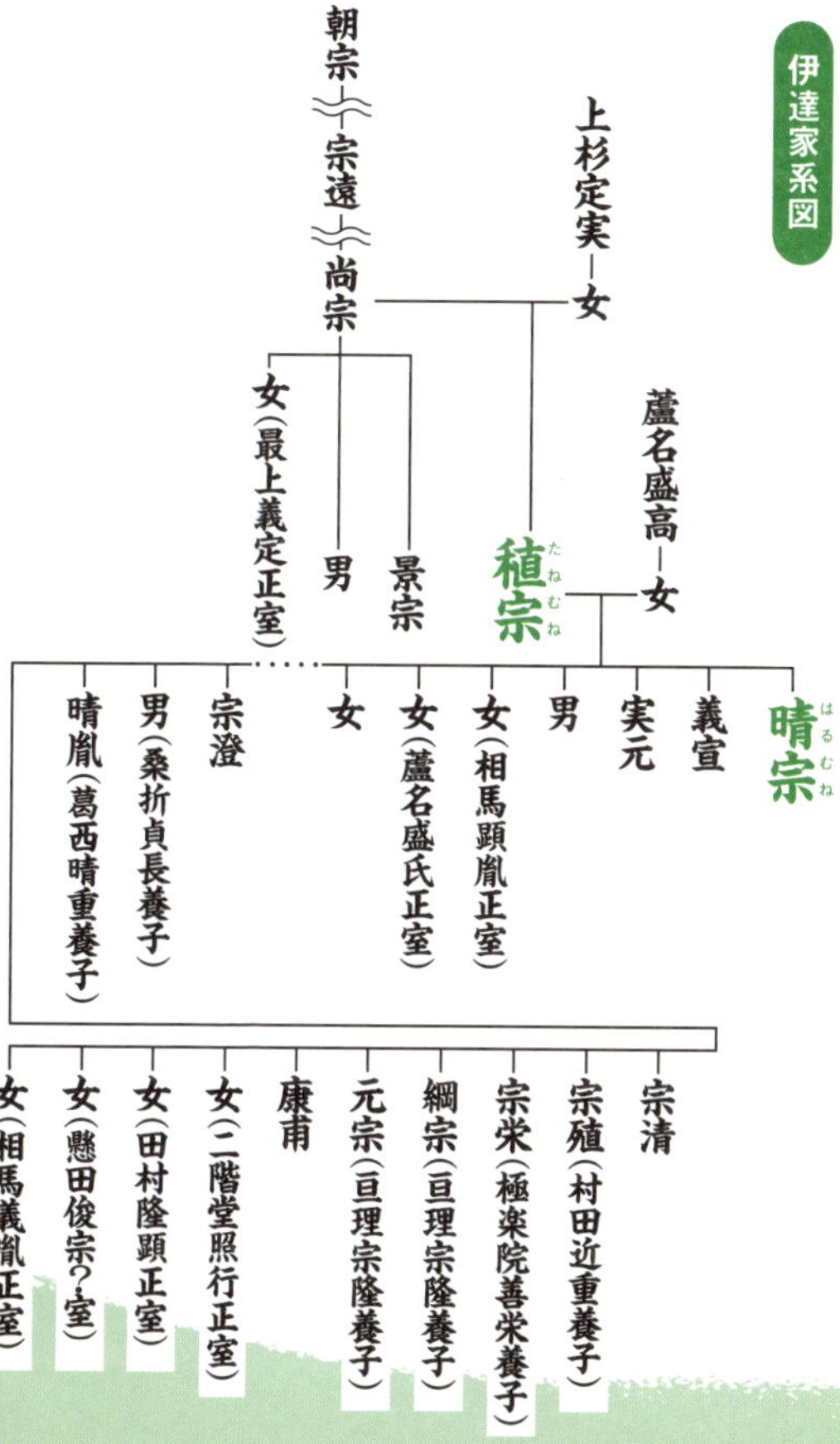

朝宗
宗遠
尚宗
上杉定実
女
蘆名盛高
女
女（最上義定正室）
男
景宗
稙宗《たねむね》
晴宗《はるむね》
義宣
実元
男
女（相馬顕胤正室）
女（蘆名盛氏正室）
女
宗澄
男（桑折貞長養子）
晴胤（葛西晴重養子）
宗清
宗殖（村田近重養子）
宗栄（極楽院善栄養子）
綱宗（亘理宗隆養子）
元宗（亘理宗隆養子）
康甫
女（二階堂照行正室）
女（田村隆顕正室）
女（懸田俊宗？室）
女（相馬義胤正室）

たと記録に残っている。
子女を勢力拡大の道具として利用するのは、当時では当たり前のことであり、次々に近隣国衆や大名を従属させていく稙宗の手腕は、戦国大名のなかでも屈指であったと思われる。しかし、このやり方を快く思っていなかった将が稙宗の長男・伊達晴宗であった。

父の非道なやり方に長男の晴宗が猛反発

伊達稙宗は、多くの子女を近隣諸侯のもとに送り込むことで勢力を拡張し、家督相続からの30年間で10郡を支配下に収め、陸奥守護職を獲得。天文年間初頭には最上・相馬・蘆名・大崎・葛西ら、南奥羽の諸大名を従属させるに至った。

さらなる勢力拡大を目論んだ伊達稙宗が、三男・時宗丸《ときむねまる》（のちの伊達《だて》実《さね》元《もと》）を越後守護・上杉定実《うえすぎさだざね》の養子として送る案を示し、また、稙宗に協力的であった婿の相馬顕胤に相馬旧領の宇多郡《うだぐん》・行方郡《なめがたぐん》の一部を還付しようとしたため、長男・伊達晴宗が猛反発。父子間の対立は決定的なものとなる。また、越後国でも伊達の介入を嫌う揚北《あがきた》衆や、越後守護代・長《なが》尾晴景《おはるかげ》が上杉定実と対立していた。
天文11年（1542年）6月、鷹狩りの帰路を襲って伊達稙宗を捕らえた伊達晴宗は、居城の西山城に稙宗を幽閉した。しかし、家臣に救出された稙宗は丸森城に移り、相馬顕胤をはじめ縁戚関係にある諸大名に救援を求めたため、伊達家の内紛は一挙に奥羽諸大名を巻き込む大乱に発展してしまう。

このような大乱となってしまったのは、伊達家が南奥羽全体に強い影響力を持っていたことが背景にある。

周辺大名を巻き込み約6年も続いた伊達家の家督争い

「天文の乱」では、多くの大名が父・伊達稙宗方と子・伊達晴宗方に分裂し、戦いを繰り広げた。どちら側に付くのかはっきりと態度を示さない家臣に対しては、それぞれが土地を与える書状を発行するなど、二人とも自分たちの味方に引き入れようと画策する。
序盤は諸大名の多くが加担した伊達稙宗方優位のうちに展開していく。しかし、天文16年（1547年）、稙宗方の田村隆顕《たむらたかあき》と蘆名盛氏の間に不

勢力
MILITARY FORCE

大勢の大名を巻き込み、約6年にわたって続いた大乱のため、それぞれの兵力は不明。ただ、天文16年（1547年）の蘆名盛氏の裏切りが勝敗の分かれ目となった。

伊達晴宗軍 総数 不明

VS

伊達稙宗軍 総数 不明

領土図
TERRITORIE

現在の宮城県、福島県、山形県の各地で合戦となる。具体的な合戦地は不明。争乱前と争乱後で比べると、蘆名盛氏を筆頭に複数の武将が伊達から離れて独立。伊達の勢力は大幅に縮小してしまう。結果、晴宗は生涯、戦の影響に悩まされることになる。

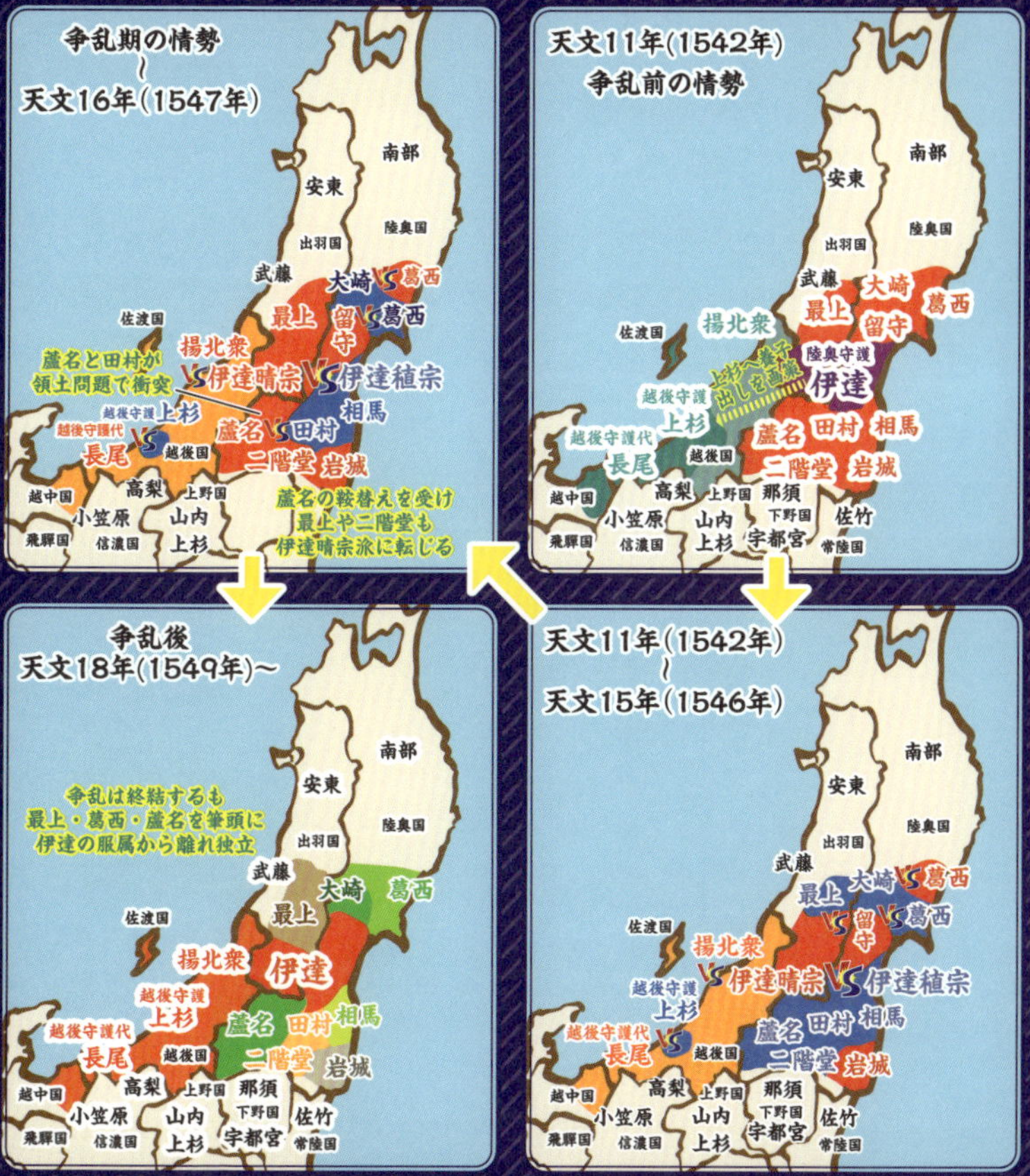

和が生じて両者が争いはじめると、蘆名盛氏は伊達晴宗方に転じた。

蘆名盛氏の離反で家督争いに決着

蘆名盛氏は天文6年（1537年）、伊達稙宗の次女を正室とし、伊達家と関係を強化していた。その縁から「天文の乱」では、最初は伊達稙宗に協力していたが、同じく稙宗派の田村隆顕と領土占有などを巡っていさかいが勃発し、稙宗の協力を得られなかった蘆名盛氏は伊達晴宗派に転じてしまう。

蘆名盛氏が離反すると、さらに伊達稙宗方からの離反者が相次ぎ、長らく続いていた伊達家の家督争いは伊達晴宗方優位に傾く。蘆名盛氏が晴宗方になったことは晴宗勝利のきっかけといえる。

天文17年（1548年）9月、13代将軍・足利義輝《あしかがよしてる》の仲裁を受けて、ついに稙宗が隠居して晴宗に家督を譲るという条件で和睦が成立した。こうして約6年間にも及んだ伊達家の争乱は終結した。

合戦■豆知識

伊達晴宗は岩城重隆の娘・久保姫に恋していた。しかし、その久保姫は結城晴綱に嫁ぐことが決まっており、どうしても妻にしたいと思った晴宗は、結城家への嫁入りを狙って襲撃、久保姫を連れ去るという思い切った行動に出た。普通に考えればとんでもない事件だが、娘を奪われた岩城重隆は伊達家の嫡男ということで許してしまう。伊達晴宗は側妻を持たず、生涯、久保姫を愛し続けたところが、父・伊達稙宗との性格の違いを表しているように思う。

合戦結果

勝 伊達晴宗軍

父・伊達稙宗を隠居に追い込み、自身は伊達家の15代当主の座に就く。ただ、6年にも及んだ争乱の影響で、周囲に対する伊達家の力は弱まることになった。

※1 天皇や将軍・大名などの名の中の一字のこと。功績ある臣下に主人の名の一字が与えられることは栄誉とされた

※2 京内を左京と右京の東西に分け、それぞれに左京職と右京職が置かれた。左京職の長官を左京大夫、右京職の長官を右京大夫と呼ぶ

YUKIMURA'S EYE

伊達家の繁栄を考えると晴宗の決断は正しかったのか

子・伊達晴宗の勝利に終わった父子対決だったが、この6年も続いた家督争いをきっかけに、蘆名、相馬、最上といった豪族衆が独立するなど、「天文の乱」は伊達稙宗が築いてきた伊達領を大幅に縮小させてしまう結果となった。また、隠居した稙宗との遺恨は残り続け、伊達家臣内でも懸田《かけだ》家といった稙宗派と対立を続けたままとなり、晴宗が当主の間、自らが起こした内乱の後始末に追われることになった。

晴宗の立場からすれば、自分の姉や妹が無理やり嫁がされ、弟たちは見知らぬ地に養子に出されて家督を継ぐ重責を負わされる。勢力拡大のためだけに子を作る、そんな振る舞いが許せなかったのだろう。子供たちを駒のように扱う汚い父親のように見えていたのかもしれない。

今の時代ではどちらが正しいのかを考えるのはナンセンスだが、晴宗の戦国大名としての資質は低いと言わざるを得ない。晴宗の次が伊達輝宗《だててるむね》、そしてその次が「独眼竜」でおなじみの伊達政宗《だてまさむね》。もし、晴宗が政宗のようなタイプであったなら、否、晴宗が政宗であったなら「天文の乱」は起こらず、稙宗の勢力拡大路線を引き継いで奥州《おうしゅう》・羽州《うしゅう》を早い段階で統一していただろう。佐竹や宇都宮を駆逐し、北条氏康《ほうじょううじやす》、武田信玄《たけだしんげん》、上杉謙《うえすぎけん》信《しん》などの名武将と大バトルを繰り広げる東国一の戦国大名・伊達家を築けていたかもしれない。

徒を利用する謀略で元長を討ってしまう。そうして父を失った三好長慶(幼名:千熊丸《せんくまる》)は、10歳の若さで家督を継ぐことになる。政長や晴元は父の仇であるが、長慶はそれを心の奥にしまい、三好家の惣領主として晴元に従うことを選択した。

氏綱派と晴元派へ 細川京兆家の対立が深まる

細川晴元が細川高国を討って7年が過ぎた天文7年(1538年)、高国の養子・細川氏綱《ほそかわうじつな》が晴元を討つために和泉国で挙兵し、再び細川京兆家の内紛が勃発する。晴元は頼みの三好軍を主力に応戦するも、遊佐長教《ゆさながのり》や筒井順昭《つついじゅんしょう》らの強力な軍を有する細川氏綱軍に京を追われてしまう。しかし、三好長慶率いる三好軍が「舎利寺《しゃりじ》の戦い」で勝利し、晴元は再び京に戻ることができた。このように晴元派の先鋒として活躍する長慶であったが、三好政長との溝は埋まることはなく、晴元の信頼を得ている三好政長や、その嫡男・三好政勝との対立は深まる一方であった。

三好政長を討つため 氏綱派へ鞍替え!

家督を継ぎ、三好家の惣領主であった三好長慶だが、細川晴元の信頼を得ている三好政長・政勝親子が三好家の実権を握っていた。天文17年(1548年)夏、長慶は三好政長・政勝親子の誅殺《ちゅうさつ》(※1)を晴元に願い出るも聞き入れられなかったことを理由に、細川晴元派から細川氏綱派へ鞍替えを決断する。

摂津国衆の大半を味方に付けた三好長慶は、同年10月に越水城《こしみずじょう》で挙兵。弟・十河一存《そごうかずまさ》が率いる讃岐衆を先鋒に、同じく弟・安宅冬康《あたぎふゆやす》が率いる淡路水軍を大坂湾に展開させ、三好政勝の籠る榎並城《えなみじょう》を包囲。細川氏綱の側近・遊佐長教の軍も北上し、十河軍の榎並城包囲に合流した。

息子の窮地を京で知った三好政長は、丹波衆を率いて獅子山ノ城《ししやまのしろ》に入り、翌天文18年(1549年)1月、三好長慶派の池田城を攻略。同年3月には三好政長派の伊丹親興《いたみちかおき》の城・伊丹城に入った。長慶率いる主力は中嶋砦から柴島城に拠点を移し、川を挟んで三好政勝のいる榎並城を威嚇する。同年4月に細川晴元の隊が丹波から池田城に入ると、政長隊は

勢力
MILITARY FORCE

江口城に籠る兵以外にも、細川晴元の兵や援軍として向かってきた六角軍の数も加えれば、三好政長は三好長慶軍の数をしのいでいた。長慶の好判断が勝利を呼んだ。

三好長慶軍
総数 約 **3~5,000** 兵

VS

細川晴元／三好政長軍
総数 約 **数百** 兵

合戦地
BATTLEFIELD

摂津国の江口城（現在の大阪府大阪市東淀川区）。詳しい資料はほとんど残っていないため、沿革や、城郭などの正確な場所については不明な点が多い。細川晴元がいた三宅城や、三好政勝が籠城した榎並城についても詳細は不明。

相関図
DIAGRAM

管領家である細川京兆家にとって最後の対立構図でもある。細川氏綱と三好長慶は、細川晴元を京から追放することに成功。三好長慶は三好政長を討ち、父の仇討ちも成し遂げた。三好長慶は室町幕府の主導者として実権を握り、織田信長よりも先に「最初に天下を取った人物」と評価する向きもある。

室町幕府 第13代将軍 **足利義藤**

京兆家の家督争い

攻

細川高国 養子
細川氏綱

重臣河内国守護代
遊佐長教

摂津国衆 和泉国衆
畠山政国 筒井順昭

裏切った武将
三好長慶 ← **三好長慶**

VS

守

細川京兆家当主
細川晴元

河内十七箇所代官 **三好政長**

三好政長 嫡男 **三好政勝**

香西元成 伊丹親興
茨木長隆 六角義賢

南の尼崎湊を焼き打ちして長慶勢の後方を狙い、晴元隊は東に進軍して三宅城を攻略。榎並城の包囲を崩しにかかる。淡路水軍の反撃を受けた政長は三宅城で晴元隊と合流すると、同年6月に息子のいる榎並城を救うために別府から江口に進軍。三好長慶はそれを撃退し、三好政長は江口城に逃げ込み籠城となった。この一連の戦が「江口の戦い」と呼ばれる。

三好家の完全統制！ その後、政権は細川家から三好家へ

三好政長が江口城に閉じ込められたとの報せを受けた三宅城の細川晴元であったが、救援に動かなかった。手勢の少ない晴元は、近江国の六角家の援軍が到着するのを待っていたのだ。その六角《ろっかく》義賢《よしかた》率いる近江軍1万は、その頃、摂津国の入口にあたる山崎あたりまで迫っていた。六角軍に参戦されれば形勢逆転となるため、三好長慶は江口城への総攻めを命じ、その日のうちに落城。三好政長を筆頭に、城兵800人が討ち死にとなった。政長の死を聞いた三宅城の細川晴元は京へ撤退。榎並城にいた三好政勝も城を抜け出して逃亡し、三好長慶は三好家の完全統制を成した。

合戦■豆知識

「川舟を 留て近江の勢もこず 問んともせぬ 人を待つかな」。江口城で籠城を続ける三好政長の和歌として『足利季世記』に記されている。近江の六角軍がいつやって来るのか分からない状況のなかで、焦りと希望そして諦めも感じられる切ない和歌である。

合戦結果

勝 **三好長慶軍**

三好政長を失った細川晴元は京に逃げ、13代将軍・足利義藤（義輝）を伴い、六角を頼って近江国へ落ちる。長慶は細川氏綱とともに上洛し、京を掌握した。

※1 罪をとがめて殺すこと

YUKIMURA'S EYE

細川から三好へ 日の本を変える裏切りに

この合戦の勝利をきっかけに、室町幕府は細川政権から三好政権へと切り替わっていく。日の本を根幹から変える戦いとなった。結果から見てしまうと、壮大な野心のもとに細川晴元を裏切ったことになるが、はたしてそこまでの青写真を描いて反旗を翻したのだろうか？　個人的にはそうは思えない。三好長慶の狙いは、あくまで三好家の主であるかのように好き勝手に振る舞う三好政長の誅殺を、細川晴元に認めてもらうことだったのではないかと思うからである。

天文17年（1548年）10月より約8か月間、政長の子・政勝の籠る榎並城を包囲するだけで、江口城の戦いが終わるまで城攻めは行わなかった。翌年の4月には細川晴元が三宅城に入ったが、それでも長慶は動かず、榎並城の包囲を続けている。これは、水面下で晴元に三好政長誅殺の命令を出すように動いていたのではないかと思えてしまう。しかし、晴元は政長を斬ることはできず、結果的に見殺しにしてしまった。その後晴元は、援軍に来た六角軍とともに一戦交えることもできたが、なぜか撤退。さらには京を捨てて近江国に逃げてしまったために、細川京兆家の家督を細川氏綱に奪われてしまうという失態も招いた。三好長慶の政権樹立は長慶の政治力・軍事力によるものが大きいが、長慶を恐れすぎた細川晴元の時勢の読み誤りによる自滅であったともいえるのではないだろうか。

天文19年
1550年

二《に》階《かい》崩《くず》れの変《へん》

後に九州の王となる男の序章！　大友館で起きた襲撃事件

側室と家臣の策を受けて、息子の大友義鎮から家督を奪おうと考えた父・大友義鑑。しかし、義鎮を支持する家臣によって襲撃されてしまう。

綿密に計画された襲撃か⁉
大友家の未来を邪魔する存在を排除

裏切り武将　（大友義鎮軍）

大《おお》友《とも》義《よし》鎮《しげ》

大友家21代当主。享禄3年（1530年）、大友義鑑の嫡男として豊後国で誕生。豊後国、豊前国、肥前国、肥後国、筑前国、筑後国の守護になるまでに勢力を拡大。出家して宗麟と名乗るのは永禄5年（1562年）から。

裏切りDATA

タイプ

保守型

裏切った理由

父の大友義鑑は寵愛する側室や、その子どもをかわいがっていた。側室派の入田親誠は塩市丸を嫡男にするべく、義鎮派の重臣を暗殺したために、義鎮は報復する。

裏切られた武将

大友義鑑《おおともよしあき》

豊後国の大友家20代当主。「義」の字は将軍・足利義晴からもらったもの。豊後国から肥後国へと勢力拡大を狙うも難航する。家臣の戸次鑑連や高橋鑑種に、自身の名前の「鑑」の字を与えた。義鎮を後継者争いから外そうと画策。

九州北部の戦国大名として名を馳せる大友家

家督争いの内紛をいち早く終わらせて、九州北部の戦国大名として名を馳せていた大友家。19代当主・大友義長《おおともよしなが》の時代には、ほぼ豊後国・筑後国を手中に収めていた。

大友義長の子で、20代当主となった大友義鑑は、次の狙いとして弱体化した肥後守護・菊池家に目をつけ、勢力拡大を図ろうとする。その政策として、弟・大友重治《おおともしげはる》（※1）を菊池家の養子に出し、無血にて領土拡大を狙った。しかし、大友義鑑・重治兄弟は折り合いが悪く、兄弟内で争うこととなった。

大友兄弟が争うなか、天文3年（1

大友家 略系図

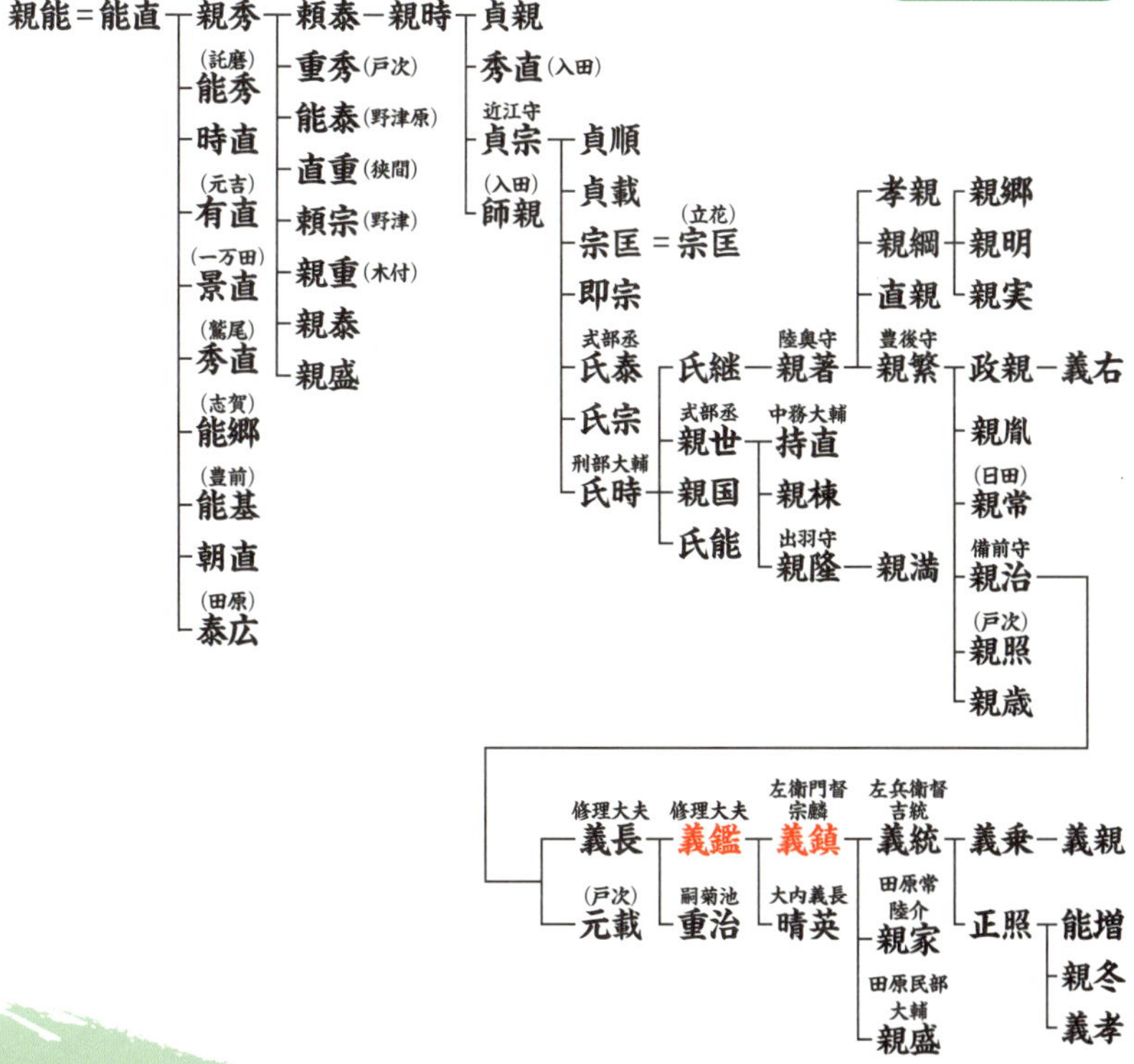

534年)、中国地方の大内家が肥後国に侵攻を始め、他家同様、戦乱の嵐が吹き荒れていた。天文7年(1538年)に大友家と大内家は将軍家の仲介のもと和睦し、天文12年(1543年)には大友義鑑が将軍に働きかけ、弟の大友重治を押し退けて肥後守護職を獲得している。

家督は誰に? 義鎮・晴英・塩市丸 3人の息子の存在

大友義鑑には、大友義鎮・晴英《はるふさ》・塩市丸《しおいちまる》の3人の息子がいた。

一人が大友義鎮で、幼名は塩法師《しおほうし》丸《まる》。天文8年(1539年)に元服し、その際に12代将軍・足利義晴《あしかがよしはる》から一字もらって「義鎮」と名乗るようになる。ちなみに義鎮の幼少時、大友家の跡継ぎを育てるための教育係を任されたのが、「二階崩れの変」に関わってくる家臣・入田親誠《にゅうたちかざね》である。

次男の晴英は、大内家の嫡男が敗死したため、猶子にされる。晴英はのちの大内義長《おおうちよしなが》であり、大内家の17代当主となる。大内義長の母は大内《おおうち》義興《よしおき》の娘である。

三男の塩市丸は、大友義鑑の側室から生まれた子で、兄たちとはまた腹違いの子とされる。

側室と入田親誠の策に乗ってしまった義鑑

戦乱が少し落ち着き、領土拡大が成った直後の出来事である。嫡男・大友義鎮が粗暴で家臣の苦言を聞かずに好き勝手やっていたかは定かではないが、父・大友義鑑との折り合いは良くなかった。というより、義鑑が正室より側室に好意を抱き、「二階崩れの変」の数年前に生まれた塩市丸を溺愛したことに端を発する。側室は野心家で、大友家の家臣・入田親誠を抱き込み、義鑑に義鎮の粗暴を吹き込んで、廃嫡するように促した。そして、自身の子である塩市丸を嫡男にしようとした疑いがある。

入田家の所領は、肥後国との国境であったため、阿蘇家の脅威に常に晒されていたこともあり、大友家内での発言力を増大したい思いがあったのだろう。大友義鑑も側室と入田親誠の策略に乗ってしまった。

こうして大友義鑑は、嫡男の大友義鎮が別府へ湯治に行っている隙を見計らい、義鎮の側近であった斎藤

勢力
MILITARY FORCE

豊後国の大友館の2階（現在の大分県大分市顕徳町）で起きた事件。義鎮に家督を継がそうと、義鎮派家臣が大友館を襲撃した。兵数などは不明。

大友義鎮軍 総数 **不明**

VS

大友義鑑軍 総数 **不明**

相関図
DIAGRAM

「二階崩れの変」に至るまでの相関図。義鎮派の家臣が次々と殺されてしまったが、その後に義鎮は大友家を立て直した。戸次鑑連は戸次道雪、立花道雪のことで、後の「立花城の戦い」（P102）でも活躍。大友家の三宿老の一人として義鎮を支えていく。

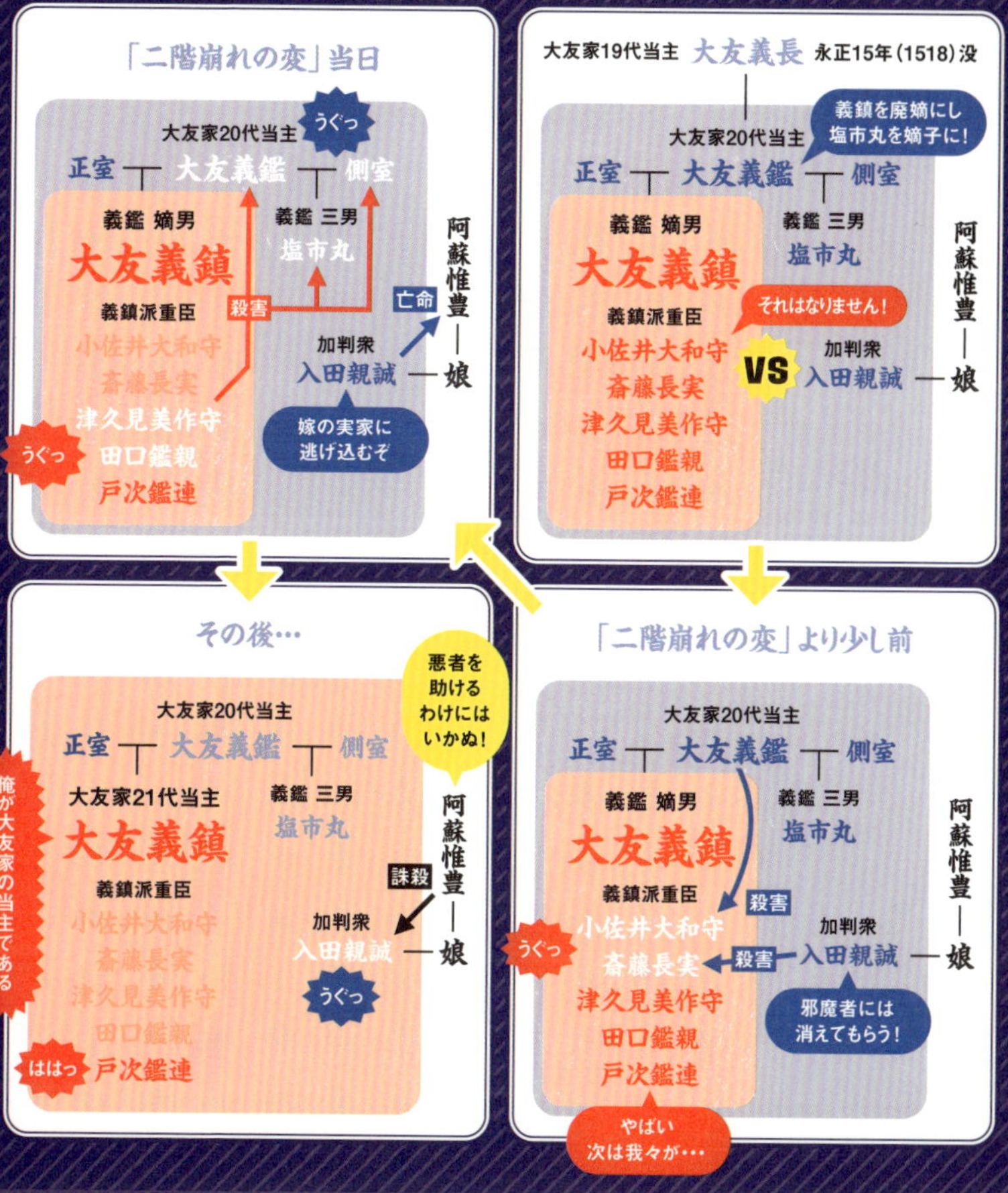

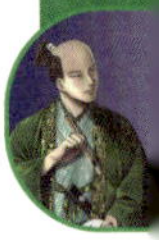

長実、小佐井《こざい》大和守《やまとのかみ》、津久見美作守、田口鑑親《たぐちあきちか》に、義鎮には家督を継がせないことを告げたが、4人から反対されてしまった。それに逆上した義鑑は、斎藤長実と小佐井大和守を殺害する。それを知った津久見美作守と田口鑑親は身の危険を感じ、逆に義鑑が寝込む大友館を襲撃。側室と塩市丸を殺害し、義鑑も亡き者にしようとした。

津久見美作守と田口鑑親はその場で討ち死に（または自害）し、この襲撃で重傷を負った大友義鑑も2日後にこの世を去った。

暗躍していた入田親誠は、嫁の実家である阿蘇家に逃げ込むも、入田の悪事を聞いた阿蘇惟豊《あそこれとよ》によって討たれた。これにより大友家の家督は、もともと嫡男であった大友義鎮が継ぐことになった。「二階崩れの変」の名称は、大友義鑑・塩市丸父子の襲撃が大友館の2階で行われたことに由来する。

義鎮の代に大大名へと成長していく大友家

家督を継いだ大友義鎮。乱の後、義鎮に反対する家臣たちが反旗を翻す。叔父の大友重治もその一人で、義鎮は討伐。義鎮は内乱を治めて大友家の最盛期を築いていく。そしてのちに大友宗麟《おおともそうりん》となり、豊後国や筑後国などを治める九州最大の戦国大名にのし上がっていく。

※1 のちの菊池義武。ここでは大友重治で統一

合戦結果

勝 大友義鎮軍

大友義鎮の家臣による襲撃で、側室や塩市丸、そして結果的に当主の義鑑も死んでしまう。大友義鎮が家督を継ぎ、大友家が最盛期を迎えるきっかけとなった。

YUKIMURA'S EYE

襲撃は家臣の暴走ではなく義鎮は知っていたのでは…

大友義鎮が粗暴で、家臣の苦言に耳を貸さずに好き勝手やっていたのであれば、側近たちが家督の変更に異議を唱えることはなく、襲撃すらなかっただろう。また、大友義鑑が死ぬ間際、義鎮を再度嫡男にすることを書き示しており、湯治に出ていた義鎮もすぐに大友館には戻らず、入田親誠の討伐を命じて乱が落ち着いたあとに入館している。そのため、ある一部（側室と入田親誠）の共謀により、義鑑の心変わりが発端で起きた事件と思われる。大友義鎮の廃摘を阻止したいと願う義鎮派重臣らの訴えを、義鎮が聞き入れたうえで変は起きたと個人的には考えている。つまり、津久見美作守と田口鑑親による襲撃は、義鎮の許しを得ての動きであり、側室と塩市丸を討つ、場合によっては当主の義鑑を討つことも辞さない覚悟であったという、義鎮なりの大友家の守り方だったのかもしれない。

のちに家臣が分裂する混乱もなく、九州北部を支配下に置くまでに勢力を拡大させた手腕を考えるに、器量ある義鎮が家督を失うことを願った家臣は多くなかったと思われる。むしろ、暴走する当主の義鑑や側室、塩市丸だけを暗殺するために居館の寝室を襲撃したわけだから、義鎮が裏で関わっていた可能性は高いと考えられる。義鎮が別府で休養中に起きた事件というのも、義鎮が意図したことではないだろうか。

天文20年
1551年

大《たい》寧《ねい》寺《じ》の変《へん》

まさかの側近が裏切り！大内家の滅亡につながった大事件

毛利や大友も手懐ける！
武力で政治を行う家臣は策士だった

裏切り武将 （陶 隆房軍）

陶《すえ》 隆《たか》房《ふさ》

大永元年（1521年）、大内一門・問田興之の次男として生まれる。周防守護代・陶 興房の養子に入り陶 隆房と名乗るようになる。興房の死後は武断派の筆頭として、大内軍を指揮する将として活躍。

「第一次《だいいちじ》月山富田城《がっさんとだじょう》の戦い」で敗れ、武力行使を望まなくなった大内義隆。それどころか貴族のような生活を送るようになるが…。

裏切りDATA

タイプ

保身型

裏切った理由

武断派の家臣を冷遇し、貴族のような生活をするようになった大内義隆。そこにあったのは領民からの年貢増徴。陶 隆房は自国の民の未来を思い、主君を裏切ることに。

裏切られた武将

大内義隆《おおうちよしたか》

名門・大内家の16代当主。西国随一の戦国大名として知られ、周防国、長門国、石見国などの守護を務めた。あの毛利元就を傘下に従えていたほどの権力者。「第一次月山富田城の戦い」（P042）で息子を失ってから心変わりする。

息子を失ったせい？
武家から貴族へ大内義隆の心変わり

天文11年（1542年）、大内義隆は大軍を率いて尼子《あまご》家の支配する出雲国へ侵攻したが、尼子の居城・月山富田城の攻略に失敗。本城常光《ほんじょうつねみつ》を筆頭に、元尼子派で大内方に寝返っていたはずの出雲国衆に裏切られ、さらに尼子《あまご》晴久《はるひさ》の奇襲を受けて撤退した（「第一次月山富田城の戦い」）。撤退時に嫡男の大内晴持《おおうちはるもち》を失った義隆は、これが堪えたのか、以後は武力による領土拡大路線の考えは薄れていく。

先の戦いで軍を指揮していたのが、武断派の周防守護代・陶 隆房だった。武断派とは武力を用いて政治を行うことを指し、大内義隆は陶 隆房を徐々に政治から遠ざけるようになる。一方、相良武任《さがらたけとう》や冷泉隆豊《れいぜいたかとよ》といった、武力に頼らない統治を目指す文治派の重臣を用いるようになり、暮らしも公家のような生活を送るようになった。

同じ頃、畿内では室町幕府の13代将軍に就いた足利義藤《あしかがよしふじ》（義輝《よしてる》）とそれを支える細川晴元《ほそかわはるもと》に対し、細川氏綱《ほそかわうじつな》に味方する三好長慶《みよしながよし》らとの争いが激しさを増していた（「江口《えぐち》の戦い」P056）。京は再び戦禍を被り、元関白・二条尹房《にじょうただふさ》、元左大臣・三条公頼《さんじょうきんより》、権中納言・持明院基規《じみょういんもとのり》をはじめ、逃げ惑う公卿《くぎょう》らは京を離れて、大内義隆を頼って周防国の山口に下りていく。義隆は逃げてきた公卿らを受け入れ、さらに京にいたときと変わらない暮らしを与えた。そうして山口の街には京屋敷が建てられ、「西国の京」と呼ばれるほど繁栄していく。その華やかな暮らしについては、イエズス会の宣教師・フランシスコ・ザビエルが「大内義隆は日《ひ》の本《もと》の国王」と述べていることからも、当時の義隆の贅沢ぶりは想像できる。

こうした山口の繁栄や公卿らの贅沢な暮らしを支えていたのは、領民からの年貢増徴、つまりは増税である。不満を訴える領民や家臣は増えていき、その訴えは陶 隆房にも届いていたはず。

すっかり貴族のようになってしまった大内義隆。陶 隆房は義隆を目覚めさせるために尼子家の領土であった石見大森銀山《いわみおおもりぎんざん》を奪還した。これに激怒した義隆は、陶 隆房に若山城での謹慎を命じる。こうした義隆のやり方に、陶 隆房を筆頭に、長門守

護代・内藤興盛《ないとうおきもり》、豊前守護代・杉《すぎ》 重矩《しげのり》、石見守護代・問田隆盛《といだたかもり》などの武断派家臣たちの感情は、日を追うごとに荒《すさ》んでいった。

武力こそ正義！ 義隆の右腕だった 陶 隆房が動く

大内家の行く末を危惧した陶 隆房は水面下で動く。長年、大内家の後援を受けて勢力拡大に成功していたのが、安芸国の毛利元就《もうりもとなり》だった。陶 隆房は、大内家に従属していた毛利家に裏切りを持ちかけた。元就は大内義隆に恩義があり、この謀反についてはいささか考えたかもしれない。しかし、大内家の内乱は避けられそうになく、これは大内家の弱体化にもつながる。これからの

勢力
MILITARY FORCE

大内義隆は急襲に備えていなかったため、兵数はそれほどなかったと思われる。用意周到な陶 隆房にとっては、最初から勝ち戦だったのかもしれない。

陶 隆房軍
総数 約1万兵
VS
大内義隆軍
総数 約3,000兵

相関図
DIAGRAM

毛利家や大友家といった力のある勢力を味方に付けてから、謀叛を決行した。実際に大寧寺や大内館を襲撃したのは、陶 隆房を筆頭とする武断派家臣になる。

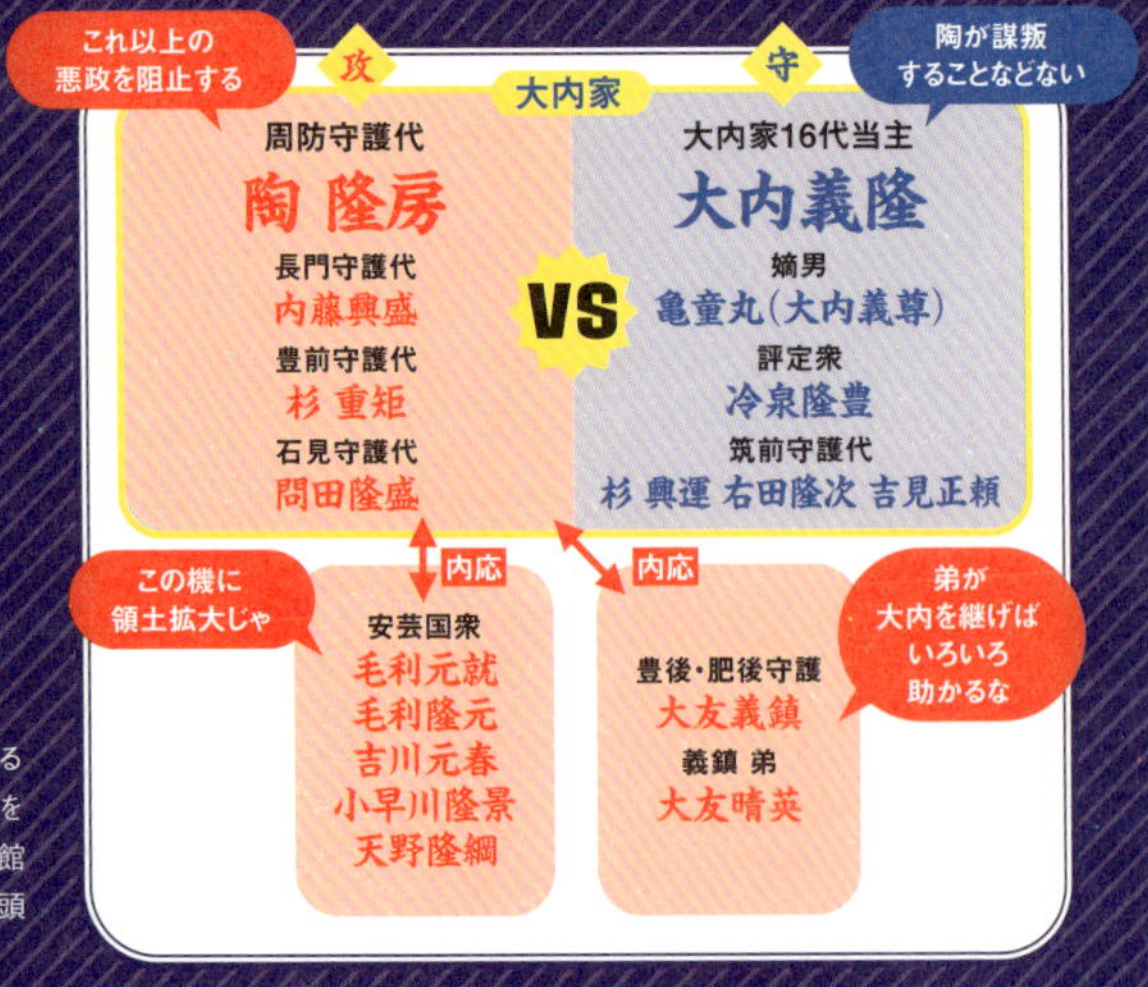

自国のことを思えば、元就の選択肢は限られていた。

陶 隆房はさらに周辺諸国を巻き込み、東側は安芸国の毛利元就、石見国の問田隆盛ら、西側は長門国の内藤興盛ら武断派家臣を味方に付けて、大内義隆のいる周防国の山口は囲まれた構図となる。

西国を変えた！「大寧寺の変」は日本史に残る政変劇

陶 隆房は天文20年（1551年）8月28日を出陣日に定め、味方となる家臣らに伝達した。その数日前、毛利元就が大内家に反旗を翻し、毛利軍は銀山城に攻め込んでいる。8月28日の早朝、陶 隆房は若山城より出陣。杉 重矩の隊も加

BATTLE

合戦地 BATTLEFIELD

周防国の大寧寺（現在の山口県長門市）、大内館（現在の山口県山口市）など。攻め込まれた大内義隆は北の大寧寺に逃げ込む。わずか数日で義隆は討たれていることから、思いもよらぬ裏切りだったと思われる。大内領は実質的に陶 隆房のものとなった。

わり、兵力はさらに大きくなる。この知らせが山口に入り、大内義隆の城下は大混乱に陥った。

陶 隆房の謀反の噂は耳にしていたものの、大内義隆はそんなことが起こるはずはないだろうと油断していた。備えをしていなかった義隆は、急いで西山の法泉寺《ほうせんじ》へ移り、陶 隆房らの軍を迎え討つことを決める。

山口に入った陶軍は公家屋敷に押し入り、贅沢三昧の日々を過ごしていた二条尹房や三条公頼、持明院基規など公家のものたちを斬っていく。大内義隆が逃げ込んだ法泉寺に対する攻めも一方的で、義隆の兵は次々と逃げた。義隆は嫡子・亀童丸《きどうまる》を連れて、さらに北へある大寧寺へ逃げる。しかしその翌日、村人らの密告により、大寧寺は取り囲まれてしまう。

同年9月1日、大内義隆は大寧寺で自害。最後まで義隆とともに戦った冷泉隆豊、右田《みぎた》隆次《たかつぐ》らも討ち死にした。大寧寺から逃げ出していた亀童丸も翌日に捕えられて討たれた。大内家は大友義鎮《おおともよししげ》の弟・晴英《はるふさ》が継ぎ、のちに大内義長《おおうちよしなが》として周防国を統治する。大友家と大内家は、一度は九州の地を巡って争い、和議を締結した間柄。事前に何かしらの密約があったのだろう。こうして「大寧寺の変」は陶 隆房にとって大成功に終わった。

これにより、西国随一の戦国大名であった大内家が実質的に滅亡した。西国の勢力が大きく変化することになった政変劇で、その後の歴史を見ると毛利家が大大名になるきっかけの戦いでもあった。

合戦結果

勝 陶 隆房軍

周辺大名を味方に付けてから大内義隆を討った。その後の大内家の対応など、用意周到な裏切りだった。この大勝利で、陶 隆房は大きな権力を手に入れた。

YUKIMURA'S EYE

影の権力者として目的は政治の中枢を握ること

大内家の重臣だった陶 隆房が謀反に踏み切った動機はさまざまな説がある。『陰徳太平記』や『大内義隆記』などの文献に基づいて、これまでの通説になっているのは、大内義隆の公家化と、それに伴う大増税に苦しむ民を救うべく陶 隆房が蜂起したということだ。確かに断片的にはそうかもしれない。ただし、6か国または7か国の守護であった強大な大内家を転覆させる動機と考えると、弱いようにも感じる。

もうひとつ考えられるのは、近年いわれている「後奈良天皇の遷都阻止」説だ。大内義隆は天皇を移し、山口を新しい日の本の都にしようとしていた。朝廷の重要ポストを担った公卿らが多く山口に下向していることから、その計画を阻止したい九条家や近衛家から要請を受けて陶 隆房が挙兵した、これが裏切った理由という説である。

いずれにせよ確かなのは、陶 隆房は下剋上を果たして、大内義隆の代わりに当主の座に就こうとしたわけではない点だ。裏切りの動機は何であれ、目的は大内義隆から別の者に当主を交代させ、自らは政治の中枢を握ることだった。「大寧寺の変」のあと、すぐに大友義鎮の弟・晴英が大内家に入って新たな当主の座に就いていることから、変を起こす前から義鎮との内応はあったものと捉えるのが普通だろう。さらに言えば、義鎮が父を裏切った「二階崩れの変」(P062)も、陶 隆房の裏切りに乗るための地ならしであったのでは…とまで思えてくる。

天文24年
1555年

厳島《いつくしま》の戦《たたか》い

小よく大を制す！ 毛利家の大出世を決めた合戦

大名になるために…時は来た！
敵を誘い込んで一網打尽に！

裏切り武将 （毛利元就軍）

毛利《もうり》元就《もとなり》

明応6年（1497年）、毛利弘元の次男として生まれる。毛利家を継いだ兄・興元、興元の嫡子・幸松丸が病死したため、家督を継いだ。策略・謀略を駆使し、小国衆だった毛利家を中国地方最大の戦国大名にした。

大内家に仕える毛利家。実質的に大内家を牛耳っていたのは陶 晴賢、恩義のあった大内義《おおうちよし》隆《たか》を裏切った張本人。毛利元就は大きな決断をする。

裏切りDATA

タイプ

野心型

裏切った理由

戦国大名として毛利家が成り上がるため。大内家を実質的に支配している陶 晴賢を討ち、恩義のあった大内義隆の仇討ちを成し遂げた、これが通説となっている。

裏切られた武将

陶《すえ》 晴賢《はるかた》

「大寧寺の変」（P068）で大内義隆を討った陶 隆房。大友家から迎えた大内晴英から「晴」の字を与えられ、「陶 晴賢」と名を改め、大内家を支える筆頭家臣として君臨する。武力を用いてさらなる大内家の領土拡大を目論んでいた。

西国の勢力を変えた「大寧寺の変」その後の物語

複数の国を領土とし、西国最大の戦国大名だった大内家。しかし、16代当主・大内義隆は重臣の陶《すえ》 隆房《たかふさ》に裏切られ、大寧寺《たいねいじ》で自害。息子の亀童丸《きどうまる》も討たれ、大内家は事実上、滅亡した（「大寧寺の変」）。

西国の勢力を変えた大事件の後、大内家の当主の座に就いたのは、九州北部の豊後国や筑後国の守護・大《おお》友義鎮《ともよししげ》の弟・大友晴英《おおともはるふさ》だった。これは「大寧寺の変」が起こる前、陶 隆房と大友義鎮によって、事前に手筈が整っていたものと思われる。

大友晴英は「大内義長《おおうちよしなが》」と改名し、周防国や長門国を領土とした。その傍ら「大寧寺の変」で陶 隆房の裏切りを支え、領土と勢力の拡大に成功していたのが毛利元就だった。

外交手腕に統率力 やはり毛利元就は只者ではない！

安芸国高田郡の小国衆であった毛利家。毛利元就の父・毛利弘元《もうりひろもと》や、兄・毛利興元《もうりおきもと》が酒毒で亡くなり、兄の子の幸松丸《こうまつまる》も病没してしまったことから、弘元の次男であった元就が毛利家の家督を相続。その後、北の尼子《あまご》家や西の大内家といった戦国大名の後ろ盾を利用して領土を拡大していく。

元就は近隣国衆をまとめ上げる手腕と、大内義興《おおうちよしおき》や大内義隆に智将として一目置かれる外交手腕を用いて、安芸国や備後国を牛耳る国衆にのし上がっていった。天文20年（1551年）、「大寧寺の変」があったこのとき毛利元就はすでに54歳。家督は嫡男・毛利隆元《もうりたかもと》が継いでいたが、実権は元就が握っていた。

毛利に援軍を頼むがやって来ない…裏切りを知る陶 晴賢

日《ひ》の本《もと》を揺るがす政変劇を起こした陶 隆房。陶家が代々、大内家当主より一字をもらう慣わしから「陶 晴賢」と名を改め、大内義隆の法令によって統治する文治政治を脱却し、武力を用いる武断派として大内領の拡大を目論んでいた。

大内義長が新たな当主となり、大

内家は新しい一歩を踏み出したのだが、大内家における実質的な権力は、陶 晴賢が握っていたと思われる。武断派・陶 晴賢の次なる狙いが、先代・大内義隆の姉が嫁いだ先、石見国の吉見正頼《よしみまさより》だった。

天文23年（1554年）3月、陶 晴賢は吉見正頼の居城・三本松城《さんぼんまつじょう》（のちの津和野城）を攻め込む（「三本松城の戦い」）。ところが、大内義隆公の弔い合戦を大義に掲げる吉見軍は力強く、陶軍は苦戦を強いられてしまう。抵抗を受けて、陶 晴賢は毛利元就に何度も援軍を要請する。しかし、一向に毛利軍はやって来ない。届いた報せは、安芸国の大内の城（草津城・桜尾城・厳島）を毛利軍が攻め出したという内容だった。ここで陶 晴賢は毛利元就の裏切りを知ることになる。

もともと毛利元就は大内義隆に仕え、その加護のもとで勢力を拡大してきた。大内家と敵対していた尼子家に鞍替えした時期もあったが、再び大内方へと戻っている。「大寧寺の変」では大内家を裏切った一人となっているが、下剋上を実行したのは陶 晴賢である。陶 晴賢を裏切るのは、恩義のある大内義隆の仇討ちという大義名分があった。

草津城や桜尾城に加えて厳島までも占拠されたことに怒った陶 晴賢は、重臣の宮川房長《みやがわふさなが》に3000の兵を預けて奪還に向かわせるも、毛利元就の謀略により宮川軍は壊滅。宮川房長は自害した。その報せを受けた陶 晴賢はさらに激怒し、吉見正頼を攻めるのをやめ、毛利攻めに切り替えて安芸国に進軍。そして「厳島の戦い」を迎えることになる。

天文24年（1555年）、陶 晴賢は約2万の大軍を率いて山口から出陣。一方、毛利軍は厳島神社の東にある有《あり》の浦《うら》に宮尾城《みやおじょう》を築いた。陶軍はこの小さな城を攻撃するが、なかなか落城させることができない。痺れを切らした陶 晴賢は、圧倒的な兵力で一気に城を攻め落とすことを決断。同年9月21日、約2万兵を厳島に上陸させ、宮尾城を見下ろす塔《とう》の岡《おか》に本陣を構えた。これは毛利元就が仕掛けた罠だった。

陶 晴賢を引っ張り出し、厳島内に本陣を構えさせることに成功した毛利元就。その報せを受けて、元就は4000の兵を率いて草津城に到着。同年9月30日、元就は2000の兵を率いて厳島の東岸にある包《つつみ》ケ浦《うら》に上陸し、陶 晴賢の本陣を見下ろせる場所で機を待った。さらに毛利元就

勢力
MILITARY FORCE

軍記物によれば、圧倒的な兵力の陶軍と少数で奇襲をかけた毛利軍ということになっている。個人的には、陶軍は3～4,000兵程度ではなかったかと推測する。

陶 晴賢軍	VS	毛利元就軍
総数 約2～3万兵		総数 約4～5,000兵

合戦地
BATTLEFIELD

安芸国の厳島(現在の広島県廿日市市宮島町および宮島周辺の海域)。毛利元就の裏切りを知って、陶軍は周防国から厳島へ攻め込んだ。一方、石見国や備後国から攻め込む毛利軍。合戦は厳島の北部で行われた。厳島神社は現在、世界文化遺産に登録されている。

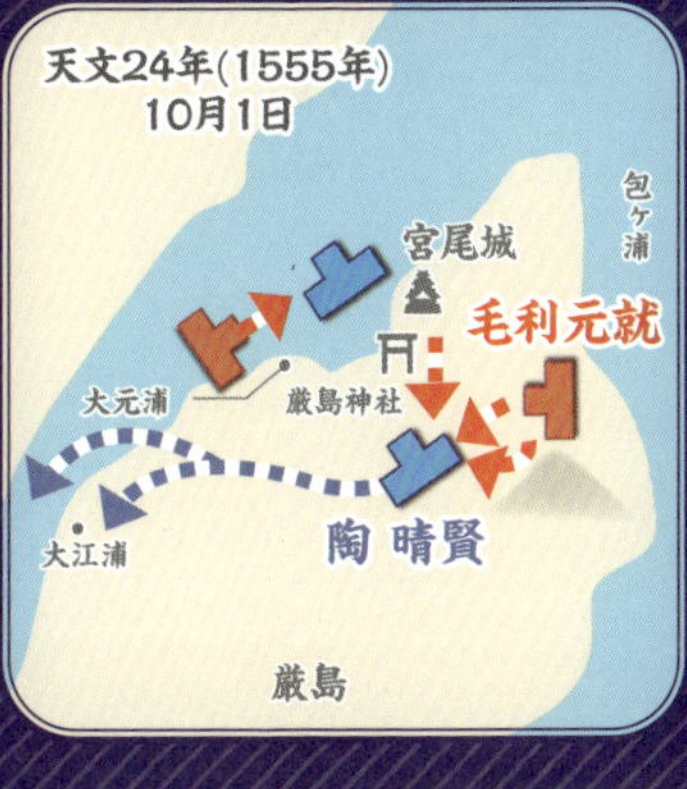

相関図
DIAGRAM

毛利元就はいくつもの謀略を仕掛け、決戦に有利な地へ陶軍を誘導して勝利を勝ち取った。

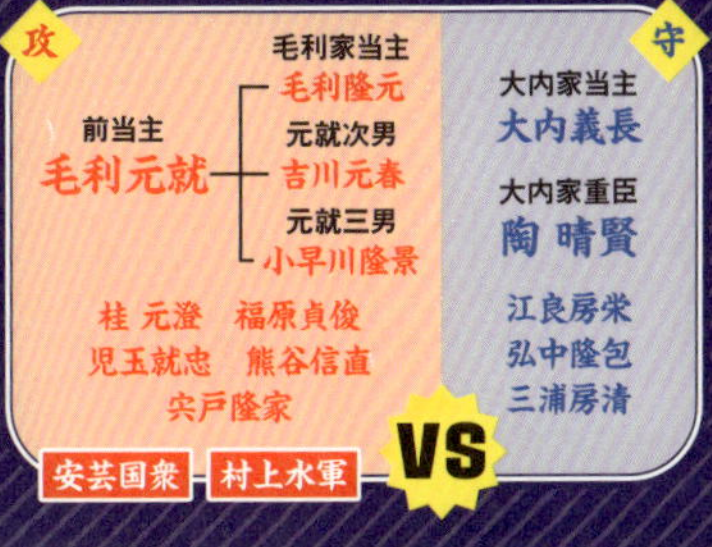

の三男・小早川隆景《こばやかわたかかげ》が率いる1500の兵は別の隊として、陶 晴賢の援軍を装い、厳島神社の大鳥居付近で待機した。

そして翌日の10月1日、嵐の中でついに毛利軍が動く。毛利軍の本隊と別動隊の小早川隆景が本陣を挟み撃ちし、陶軍はたちまち混乱状態に。雨風の中、複数の隊に突然襲われ、味方と敵の区別すらつかない状態だったのは想像がつく。

毛利軍の急襲を受けて陶 晴賢は大江浦に敗走するも、島から逃げ出すことができずに自害。陶 晴賢が自害してからも、毛利軍は厳島内の陶軍の残党を見つけ出し、次々と討ち取っていった。この戦で陶軍の死者は4000名を超えるとされている。こうして「厳島の戦い」は幕を閉じた。

陶 晴賢を失い名門・大内家は最期を迎える

「厳島の戦い」で実質的に大内家を支配していた陶 晴賢を失い、兵力的にも甚大な被害を被ったことで、大内家は急速に弱体化した。ほどなくして毛利元就は周防国へ侵攻を開始。

弘治3年（1557年）、大内家の17代当主・大内義長は勝山城で自害に追い込まれ、大名としての大内家は滅亡した。そして、大内領を手に入れて大大名となった毛利家は、九州の大友家や山陰の尼子家との抗争を開始していく。「厳島の戦い」は、毛利家の大出世を決めた戦となった。

合戦結果

勝 毛利元就軍

毛利元就の策が発動し、陶 晴賢軍を討伐。数では劣るとされる毛利軍が作戦で勝利を手にしたことから「日本三大奇襲」のひとつとして知られている。

YUKIMURA'S EYE

いつ裏切ってやろうか…元就は機をうかがっていた

「厳島の戦い」が「日本三大奇襲」のひとつとしてもてはやされるのは、ひとえに江戸時代中期に完成した軍記物の影響が大きい。数で劣勢の毛利軍が数万の陶軍を謀略と奇襲で打ち負かし、恩ある大内義隆の仇討ちを毛利家は成功させた。軍記物でそのような結果にしたことで、通説となって広まっていった。では「厳島の戦い」に臨んだ元就の動機や狙いは何だったのか？やはり「戦国大名となるべく飛躍するため」だったと思われる。当時、毛利家は陶 晴賢が牛耳る新生大内家に従属する安芸国・備後国衆だった。国衆といっても吉川や小早川といった国衆らを傘下に従え、陶 晴賢や大内義長にとっては最も頼りになる存在。しかし、元就が考えていたのは「いつ陶を討つか」であった。「大寧寺の変」から「厳島の戦い」までの約4年間、元就はその機が来るのをじっとうかがっていたのだと推測する。

戦いの前年、天文23年（1554年）11月、出雲国の尼子家内で「新宮党粛清《しんぐうとうしゅくせい》」（※1）という大事件が発生している。この事件により尼子の勢いが弱まったことを確認し、元就は陶に挑むことを決め、安芸国におびき寄せて奇襲で討った。その地がたまたま厳島だったのか、あえて厳島にしたのか、その意図は分からない。ただ、桜尾城にせよ厳島にせよ、どのように陶軍が侵攻しようが、元就の巣に飛び込んだ陶が生きて周防国に戻ることはなかっただろう。

※1 新宮党とは尼子軍の精鋭隊であり、尼子晴久の叔父が党首を務めていた。しかし、晴久は家中の統一を図るために粛清に踏み切った

COLUMN 2

足軽めし

腹が減っては戦はできぬ。戦で足軽たちはどのような食事をしていたのだろうか。

米を干して戦に持参

穀物

米は、一度炊いてから天日干しした干し飯（ほしいい）を食べた。保存ができて、湯や川の水で戻して食べられる。そのまま食べることもできた。長い布で包み、兵糧袋として体に巻いて携帯した。

これがなければ死活問題に

水

人は食事をしなくても３週間は生きることができるが、水を飲まないと４、５日で息絶えてしまうそうで、水の入手は死活問題だった。敵国に攻め入った場合、飲み水となる井戸などは、人糞や動物の死骸が投げ込まれている可能性があり危険であった。そのため川の水か雨水を飲料としていた。『雑兵物語』には、1日1人あたり1升（約1.8リットル）が支給されたという記述もある。

戦場における足軽の食事

戦でも飲食は重要で、江戸時代の兵法書『雑兵物語』にも、戦に際しての食糧の心得が多く書かれている。戦国時代の食事は大体、朝と夕の二食であるが、戦となると一日三食を要した。短い戦であれば穀物や水など3日分の食糧を持参したが、長い戦の場合は大名から施しがあることもあった。

栄養補給に最適な食糧

味噌

味噌は栄養価が高くて重宝されていた。そのまま持ち歩くわけではなく、干したものや丸めて固めたものを持ち歩いたり、芋がらを紐状にしたものに味噌を塗って腰などに巻いて持ち運んだりした。

塩分補給に欠かせない食べ物

塩・梅干し

過酷労働には塩分は大切な栄養であり、塩や梅干しは高価なものであった。貴重なため、戦では金銭の代わりになることも。塩は粉状ではなく固形状で、食糧にするほかに保存や止血剤としても活用された。梅干しは疲労回復に欠かせない食糧だったが、食べすぎると喉が渇くために注意が必要だった。

村を襲って現地調達することも

そのほか

ほかにはネギ、ゴボウ、ゼンマイ、キノコ、ワラビなどを干して携帯していた。村を襲って、そこで食糧を略奪することもあったという。

長良川の戦い

弘治2年 1556年

浪人から戦国大名まで成り上がった「美濃のマムシ」の最期

その評価に納得できぬ！力を証明するために父を討つ

父・斎藤道三から家督を継いでいた斎藤義龍だったが、父からひどい扱いを受けて、怒りを覚える。義龍は大胆な行動に出ることに。

裏切り武将（斎藤義龍軍）
斎藤義龍（さいとう よしたつ）

道三流斎藤家の2代当主で斎藤道三の子。父はあらゆる策を講じて、下剋上で浪人から成り上がっていった。対照的に、義龍は温厚で誠実な人物で、有能な家臣を味方に付けるほどの能力や人望もあったと思われる。

裏切りDATA

タイプ
保守型

裏切った理由
父から家督を譲り受けていたが、「義龍は愚か者だ」という評価を受けて憤慨。重臣・長井道利と策を立てて、家督を守るために兄弟を討つという裏切りを実行した。

裏切られた武将
斎藤道三（さいとう どうさん）

下剋上によって浪人から戦国大名に成り上がった。冷酷で計算高く「美濃のマムシ」と呼ばれて恐れられ、通説では悪名高き大名とされている。義龍が2人の弟を斬り殺したことをきっかけに、親子で戦うことになる。

美濃国守に上り詰めた斎藤道三

天文年間に斎藤道三（※1）は美濃守護代・斎藤家を謀略で乗っ取り、美濃守護・土岐家を亡き者とすることで、幕府も黙認せざるを得ない事実上の美濃国主に上り詰めた（「大桑城《おおがじょう》の戦い」P036）。

父は浪人であり、親子2代にわたり仕えていた土岐家を追放し、美濃国を乗っ取って戦国大名へ。これぞ下剋上であるが、その手法は邪魔者を毒殺などの暗殺で消していくというもの。証拠こそ残っていないが、土岐《とき》頼満《よりみつ》や長井《ながい》景弘《かげひろ》、斎藤利茂《さいとうとししげ》、土岐《とき》頼純《よりずみ》らの不審な死は、おそらく道三が関わっていたものと思われる。

とはいえ、越前国の朝倉家、近江国の

BATTLE

勢力
MILITARY FORCE

兵力の差は約6倍もあり、義龍が斎藤家の家臣から信頼されていたと思われる。織田信長の援軍が間に合ったとしても道三が勝てたかどうかは分からない。

斎藤義龍軍 総数 約1万8,000兵 VS **斎藤道三軍** 総数 約3,000兵

合戦地
BATTLEFIELD

美濃国の長良川周辺（現在の岐阜県岐阜市）。斎藤道三の軍は大桑城のある北から南下し、斎藤義龍の軍はそれを迎え撃つ。長良川を挟んで両軍は対峙し、それから激突した。信長の援軍が間に合えば道三の軍と挟み撃ちにできたかもしれない。

相関図
DIAGRAM

家督を守るために2人の弟を殺め、それに怒った父・斎藤道三をも長良川で討った斎藤義龍。親子の争いが決定的となった際、西美濃三人衆をはじめ、大半の家臣は義龍を支持した。道三方の竹中重元は、のちに羽柴秀吉とともに活躍する竹中重治の父。

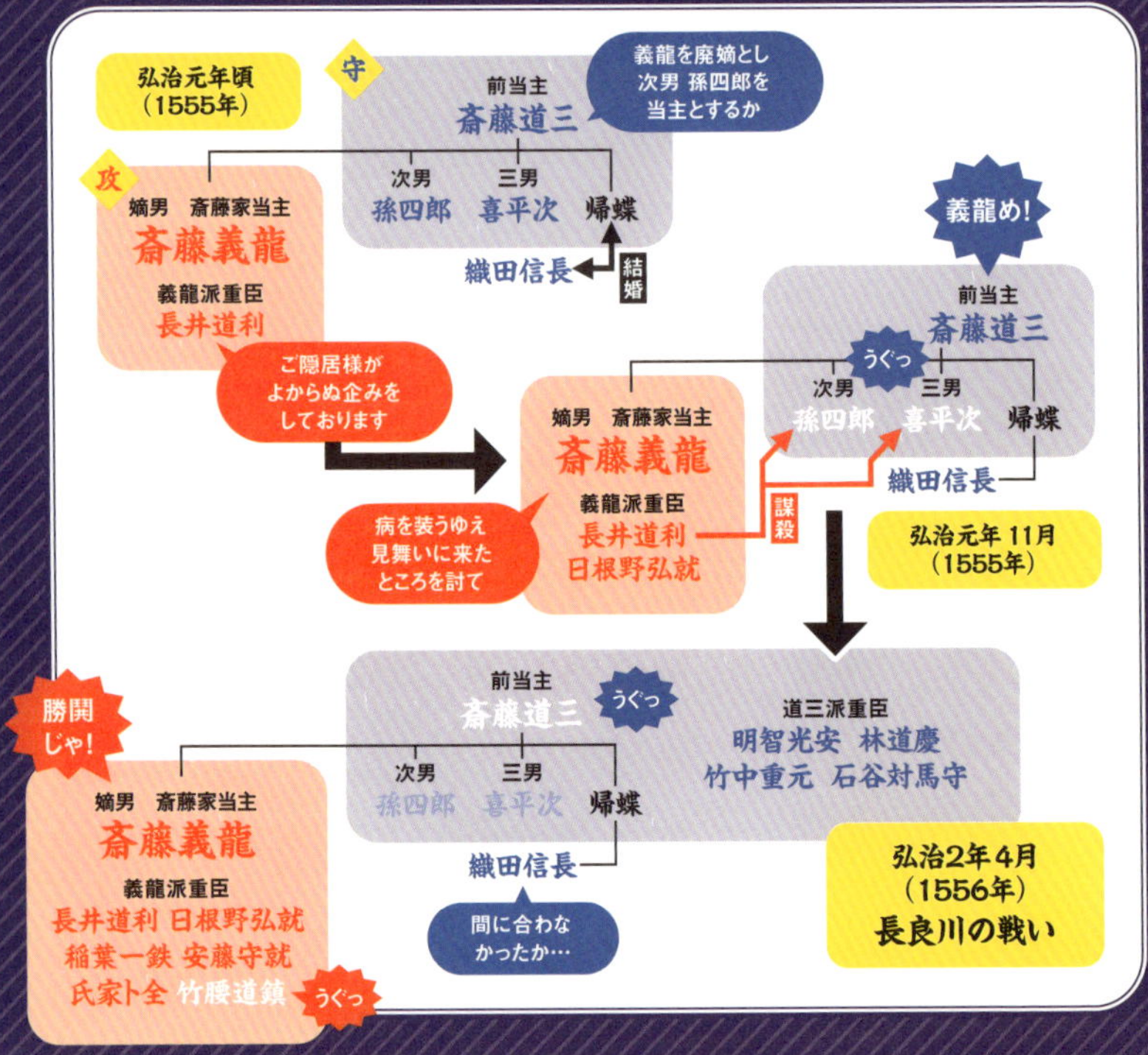

浅井家に六角家、尾張国の織田家といった、近隣大名に負けず劣らずの戦上手でもあった。そのため、西美濃三人衆（稲葉《いなば》一鉄《いってつ》、安藤守就《あんどうもりなり》、氏家《うじ》卜全《いえぼくぜん》）や明智光秀《あけちみつひで》、竹中重元《たけなかしげちか》といった美濃国の豪族は道三に服従していた。

この頃、斎藤家と織田家は美濃国を巡って争っている（「加納口《かのうぐち》の戦い」）。尾張国の織田信秀《おだのぶひで》が美濃国に侵攻し、斎藤道三の軍が返り討ちにした。この戦をきっかけに、天文18年（1549年）、織田家との同盟を決めた斎藤道三は、娘・帰蝶《きちょう》を織田信秀の嫡男・織田信長《おだのぶなが》に嫁がせた。そうして南を固めることで、かつて美濃国から追いやった土岐頼芸《ときよりのり》を擁する六角軍の侵攻に備えた。この頃に出家して「利政《としまさ》」から「道三」と改名したと伝わっている。

天文21年（1552年）には土岐頼芸の追放が完了し、斎藤道三は将軍家からも守護と同等の扱いを受けるようになる。その一方で、齢も58歳（48歳とも）となっていたことから、家督の相続を考えるようになった。冷酷で計算高い一方、知略に長けて先見性があった道三。文化人としても知られ、子煩悩な一面も持ち合わせていた。そんな道三が嫡子・斎藤義龍へ家督を譲ったのは天文23年（1554年）頃と思われ、「長良川の戦い」が起こるおよそ2年前になる。

侮辱した発言が斎藤義龍の心に火を点ける

家督を譲っても斎藤道三の影響力は強く、独断的な政治に不満を持つ家臣も多かったと思われる。そんななか、父・斎藤道三と子・斎藤義龍が対立する原因になる事件が起こる。発端は義龍に家督を譲ってから1年後、天文24年（1555年）。道三の口から発せられた「義龍は愚か者だ、家督は利口な次男の孫《まご》四郎《しろう》に譲り、同じく利口な三男の喜《き》平次《へいじ》には名誉ある一色《いっしき》家を継がせてやろう」といった問題発言であった。

この発言に激怒した斎藤義龍は、重臣・長井《ながい》道利《みちとし》と策を立てて実行に移した。義龍は弘治元年（1555年）10月から稲葉山城の奥で伏せて仮病を装い、1か月ほどが過ぎた頃、斎藤道三が城を出た隙を狙い、2人の弟・孫四郎と喜平次に「遺言を託す」と嘘をついて見舞いに呼ぶ。そこで2人を家臣・日根野《ひねの》弘就《ひろなり》に斬り殺させた。いずれ父は2人のどちらかを跡継ぎにするかもしれない、義龍はそう思っていたのだろう。

子煩悩だった斎藤道三はかわいがっていた2人の息子の死を知り、嫡子・斎藤義龍を討つために大桑《おおが》城《じょう》に入ると兵を集めはじめた。

弘治2年（1556年）4月、鶴山砦に南進してきた斎藤道三軍約3000兵は、砦を出て長良川の北に布陣。対する斎藤義龍軍約1万8000兵も長良川を挟んで対峙。この報せを清洲城で受けた織田信長は、斎藤道三の援軍として急いで出陣する。

勝ち続けてきた斎藤道三が挑んだ負け戦

西美濃三人衆（稲葉一鉄、安藤守就、氏家卜全）をはじめ、

斎藤家の家臣の多くは斎藤義龍方に付いた。兵力にも圧倒的な差があったが、斎藤道三は斎藤義龍に挑む。合戦は斎藤義龍軍の5000の先鋒隊での渡河で開始。数で押しつぶす狙いであったが、斎藤道三軍の激しい抵抗を受けたため、義龍は全軍に川を渡るように命じた。戦上手の道三でもさすがに6倍もの兵力差を覆すことはできず、力尽きて小牧源太と長《なが》井《い》道勝《みちかつ》によって討ち取られた。援軍に向かっていた織田信長は合戦に間に合わず撤退を決める。その際、道三を討ち取って士気の上がった義龍軍は信長軍を狙うもこれは失敗に終わる。こうして斎藤親子が激突した「長良川の戦い」は終わった。

　斎藤義龍は自身に味方した西美濃三人衆などとともに、改めて美濃国の政治を仕切っていった。

道三を失ったその後の斎藤家

父を討って斎藤家を手中に収めた斎藤義龍だが、「長良川の戦い」の5年後、永禄4年（1561年）に急死してしまう。斎藤家の家督を継いだのはまだ若い息子の斎藤《さいとう》龍興《たつおき》で、その後の斎藤家は有能な家臣の流出や、家臣・竹中《たけなか》重治《しげはる》の裏切り（「竹中重治の乱」P094）などの憂き目に遭っている。「美濃のマムシ」が散った「長良川の戦い」は、斎藤家にとって大きな転機だったのかもしれない。

合戦結果

勝　斎藤義龍軍

大半の斎藤家家臣を味方に付けて、義龍が父に勝利。道三の政治を脱却し、軍事的には成功した裏切りだったが、「長良川の戦い」の数年後に義龍は急死してしまう。

※1 当時は長井規秀。P036の斎藤利政と同一人物。ここでは斎藤道三で統一

YUKIMURA'S EYE

家臣の取り合いが鍵となった家督争い

斎藤義龍は、父・斎藤道三を討って美濃国の当主となった。この背景から裏切り者という評価を受けているが、義龍の行動は単なる父殺しではなく、家督争いの結果であったと見ることもできる。この時代、嫡男であっても、必ずしも家督を継げるとは限らず、そのために2人の弟を討つという決断を下したと考えられる。その決断は義龍が自身で下したというよりも、長井道利や日根野弘就といった義龍派家臣の進言があったからだと思われる。それは「長良川の戦い」の兵力差からも垣間見える。斎藤道三は斎藤義龍を愚か者と評価していたが、義龍が本当にその程度の人間であったとするならば、1万8,000もの兵を味方にすることなどできるはずがないからだ。

当然ながら、斎藤道三が大桑城に逃げ込んでから決戦に至るまでの約半年間、道三と義龍による家臣の取り合いが起きたことは間違いない。斎藤軍の中核を担う稲葉一鉄、安藤守就、氏家卜全の西美濃三人衆が斎藤義龍側に付いたことで、家督争いの勝敗は決していたと言っても過言ではないだろう。

別の説とすれば、斎藤義龍は弟の孫四郎と喜平次、2人を暗殺することで斎藤道三を隠居へ追い込もうと思っていたのかもしれない。真相はともかく、道三は挙兵した。負けると分かっていて白兵戦を挑んだのだ。戦上手な道三ではなく、ただただ死に場所を求める道三として…。

永禄3～元亀元年
1560年～1570年

上杉と北条の板挟みに！ 降伏と寝返りを繰り返した攻防戦

唐《から》沢《さわ》山《やま》城《じょう》の戦《たたか》い

関東に駒を進める上杉謙信。関東制圧の入口が、佐野昌綱がいる唐沢山城であり、この地を巡って両者は幾度も争うことになる。

幾度も謙信を裏切りつつ
戦乱を生き抜いた図太い男

裏切り武将 （佐野昌綱軍）

佐《さ》野《の》昌《まさ》綱《つな》

佐野家の15代当主。もともとは古河公方・足利晴氏に従っていたが、小田原北条家の勢力が伸びてきたことで、北条に従属する道を選び、領土の維持に努めた。上杉謙信に対して何度も裏切りを繰り返した。

裏切りDATA

タイプ

保守型

裏切った理由

『勇力絶倫』や『民をあわれむ仁恵の心』などの記録から、佐野昌綱はかなりの人徳者であったと思われる。家臣や民を守るための、義の裏切りであったと想像する。

裏切られた武将

上杉謙信《うえすぎけんしん》

もともと越後守護・長尾景虎の名であったが、関東管領・上杉憲政の養子となったことで「上杉」を名乗るようになる。関東管領を継承した謙信は、その権威で北条派の国衆らと戦い、その一人に佐野昌綱も含まれていた。

どちらに味方する!? 北条と上杉の争いに揺れる周辺の豪族

上杉謙信（※1）が関東管領《かんれい》になる前、関東では古河公方《こがくぼう》（※2）と関東管領の間で争いが起きており、豪族はそのどちら側に付くかで混沌としていた。佐野家は、紆余曲折あり、あるときは幕府方（関東管領）に味方するが、ほとんどは古河公方に味方していた。

天文15年（1546年）、「河越城《かわごえじょう》の戦い」で古河公方・足利晴氏《あしかがはるうじ》が小田原北条家に敗れて北条家の支配下に置かれるようになると、佐野家も北条家に接近して同じ立場をとるようになる。北条家は、古河公方を支配下に置いたことで、上野国・下野国といった北関東に勢力を伸ばしていく。しかし、その強引なやり方に関東管領の上杉憲政《うえすぎのりまさ》やほかの豪族たちが反旗を翻して戦が絶えない地域となっていく。

天文23年（1554年）、北条・武田・今川の三国同盟ができると、北条家の関東侵攻がさらに勢いを増す。北条家によって上野国を追われた関東管領・上杉憲政は、越後国の上杉謙信に助けを求めた。上杉憲政からの要請を受け、永禄3年（1560年）を過ぎた頃から謙信は関東に駒を進めることになる。

「越後の龍」が来る! 歓迎する豪族たち

当時、上杉謙信は武田信玄《たけだしんげん》と合戦を繰り広げ、永禄2年（1559年）には上洛するなど名を上げていた。関東の豪族たちはそんな謙信を歓迎し、国境の豪族たちは上杉側に付くことにした。佐野家も同様に上杉側に付くが、縁故である桐生家が上杉謙信に従ったためやむなく味方した感があり、あまり積極的ではない節が見受けられる。

永禄3年（1560年）3月、上杉謙信は関東の諸将とともに小田原《おだわら》城《じょう》を攻める（「小田原城の戦い」）が、北条家を追い詰めることができない。いったん鎌倉に退き、山内上杉家の家督ならびに関東管領職は謙信が引き継ぐことになる。その後、謙信が春日山に帰還した間に北条家が再び勢力を挽回しはじめると、忍城《おしじょう》の成田家などが上杉方から北条家に鞍替えし、佐野家も謙信から離れることになる。

寝返りを繰り返す佐野昌綱のあっぱれな立ち回り

一度は上杉側に付くが、再び北条家に寝返った佐野昌綱。関東への攻勢を強める上杉謙信は、永禄4年(1561年)に佐野昌綱が居城する唐沢山城を攻めるが、昌綱は見事に防衛する(「第一次佐野攻略」)。翌永禄5年(1562年)にも再び上杉謙信は攻めるが、またしても佐野昌綱は防衛に成功(「第二次佐野攻略」)。永禄6年(1563年)4月、上杉軍に佐野一帯を制圧されるも、佐野昌綱は謙信が越後国に帰還してから奪回する(「第三次佐野攻略」)。永禄7年(1564年)2月には再び謙信に攻められて降伏し、今

勢力
MILITARY FORCE

9回も行われた唐沢山城攻めは、大半が籠城戦だった。謙信は唐沢山城を力で攻めるのではなく、兵糧攻めで降伏させる手法を用いた。合戦で動員された兵数は不明。

佐野昌綱軍
総数 不明
VS
上杉謙信軍
総数 不明

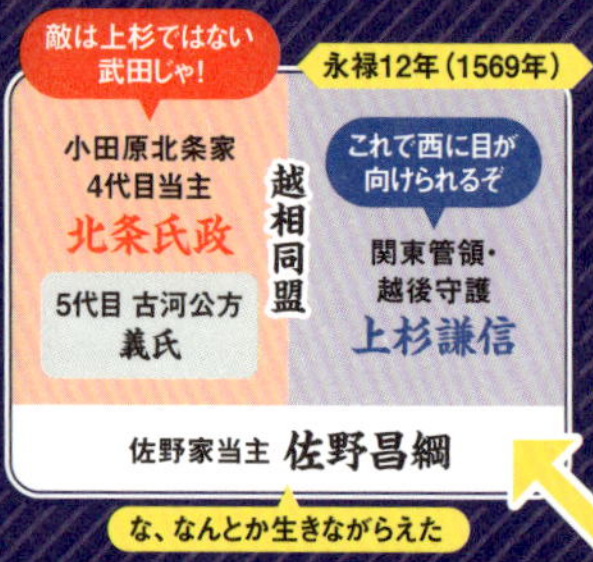

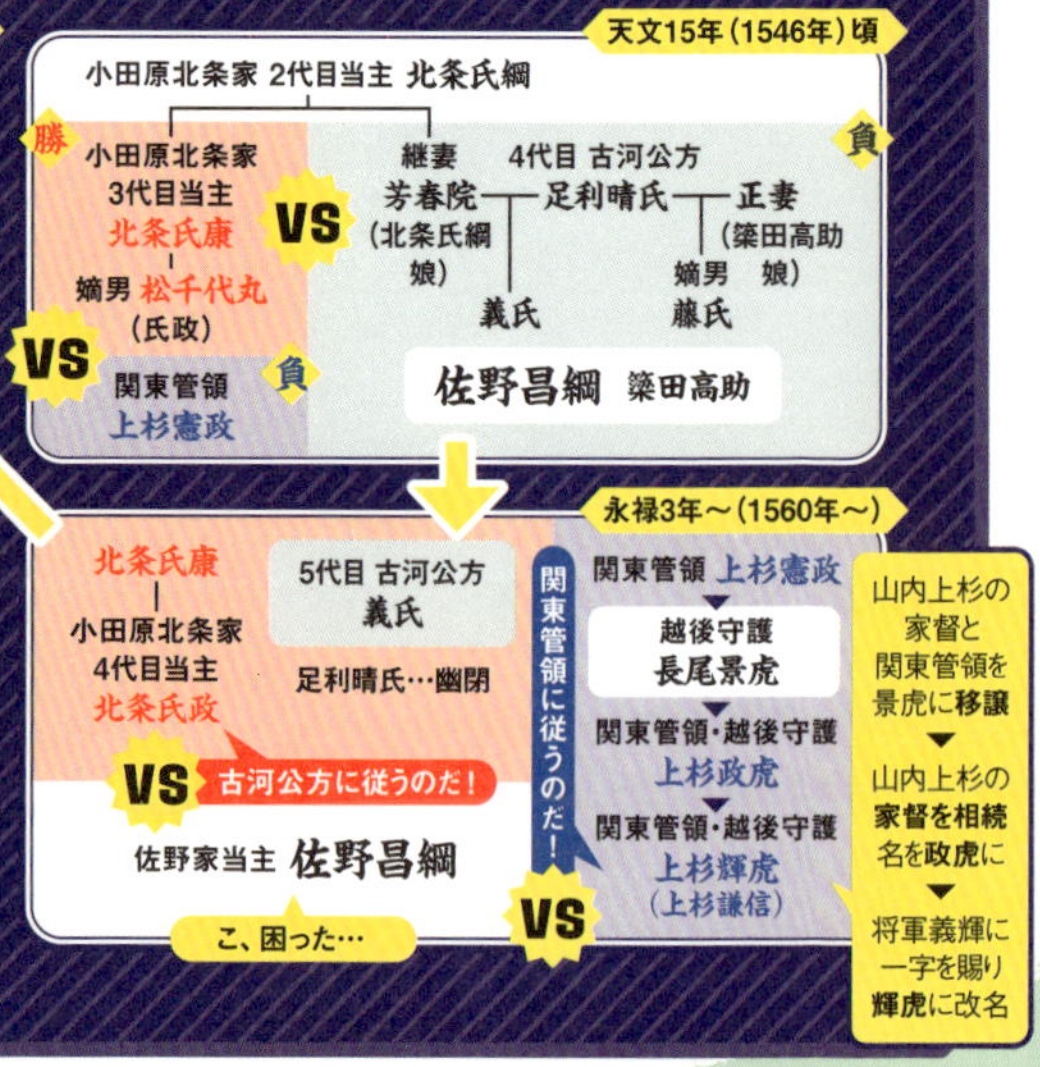

相関図
DIAGRAM

上杉と北条の越相同盟が組まれるまで、北関東は落ち着かなかった。古河公方の衰退から北条の傀儡に至る流れのなかで、佐野昌綱はなんとか家名を残した。

度は上杉方に付く。

　こうした攻防は永禄13年（1570年）1月まで9度にわたって繰り広げられた。佐野昌綱は劣勢になれば上杉謙信に降伏して味方になり、謙信が越後国に戻ったり、上杉方の劣勢を察知したりすれば、再び謙信を裏切って北条方へ寝返るという行為を繰り返した。

佐野昌綱がどっちつかずの対応を選んだ理由

佐野家はもともと古河公方側であり、関東管領の山内上杉家とは敵対している間柄であった。古河公方が北条家の傀儡になってからは、北条家の傘下で自立を図り、領土拡大を目論んでいた。そこに上

BATTLE

合戦地 BATTLEFIELD

下野国の唐沢山城（現在の栃木県佐野市富士町や栃本町一帯）。関東侵攻の拠点として狙われ、越後国から上杉謙信が南下。何度も佐野と上杉の戦が行われた。現在、唐澤山神社本殿がある本丸跡を中心にその城跡が広がる。

杉謙信が関東管領になって登場する。

上杉謙信の登場で諸国の豪族がなびき、親類の桐生家が謙信に味方するなどしたので、佐野家はやむなく上杉方に付いたと見られる。

ところが、諸国の豪族の期待は裏切られる。上杉謙信の関東入りは波のようで、北条家の勢力をさらったかと思えば、その数か月後には越後国に帰っていく。帰還を見計らったように、そのあとにまた北条家の侵攻が始まるといった流れで、堂々巡りの様相を呈していた。このような状況では、在地の将たちは上杉謙信に味方していても安心できない。すぐに去ってしまう上杉家よりも北条家に付いたほうが、自分たちにとって得策と考えた。

佐野家も同じ境遇であったに違いないが、佐野の地は関東平野の入口であり、唐沢山城という要害をもっていた。そのため、上杉謙信から関東侵攻の拠点と見なされ、上杉と北条の板挟みとなってしまう結果となった。

関東一帯が北条方に制圧されるなか、最後まで上杉謙信にとって佐野の地は関東侵攻の足掛かり的な場所であり続けた。両軍が幾度も戦わなければならなかったのは、地理的要因も大きい。一方、佐野昌綱はぽっと出の上杉謙信よりも武田家と北条家の二枚看板に魅力を感じながら、唐沢山城という最強のカードを盾にして、上杉と北条、両方の顔色をうかがいながら戦乱を乗り切っていったと思われる。長らく続いた戦のなか、結果的に佐野は家名を残したので、ある意味で勝者といえるのかもしれない。

合戦結果

勝 上杉謙信軍

自ら兵を率いて唐沢山城を攻めた謙信。合戦期間を約10年とすれば、佐野家はその半分は上杉に服従していなかったことになる。謙信の圧勝という戦果ではない。

※1 合戦時の名は上杉輝虎だが、ここでは上杉謙信で統一

※2 室町幕府の関東統治機関として設置された鎌倉府の長が鎌倉公方。この鎌倉公方が享徳3年（1454年）に勃発した「享徳の乱」をきっかけに、鎌倉から下総の古河に本拠を移したことから古河公方が誕生した

YUKIMURA'S EYE

何度も寝返って そして許された男の魅力

「越後の龍」の異名で恐れられた上杉謙信軍を幾度も跳ね返した佐野昌綱。そして、謙信が越後国に戻るたびに北条方に寝返りを繰り返す根性は、数多の戦国武将を探しても佐野昌綱に勝る者はいないのではないかとワクワクさせてくれる。

ここで湧いてくるのが、「なぜ、上杉に降参してもすぐに北条に鞍替えを繰り返したのか？」「なぜ、謙信もそれを許し続けたのか？」である。

前者については、相関図にヒントが隠されている。佐野家は古河公方に従う大名というところ。北条軍の侵攻により山内上杉は越後国に亡命。このとき上杉とともに反旗を翻していた古河公方・足利晴氏も北条軍に捕えられ、家督を北条氏綱《ほうじょううじつな》の娘・芳春院《ほうしゅんいん》との間にできた次男・足利義氏《あしかがよしうじ》に継がせて幽閉の身となっている。新たな古河公方・足利義氏は北条氏康から見て甥であり、年齢も若く、北条の傀儡となった。古河公方に従属していた佐野昌綱にとって主君は義氏。すなわち北条派という構図になる。

もうひとつ。後者の、謙信に許し続けられた理由。これは勝手な妄想になるが、佐野昌綱の上杉離反は「主君である足利義氏への忠義」だったのだと考えている。佐野家の領する唐沢山城一帯は、東関東へ抜ける街道の要衝の地。それゆえに謙信も執拗に攻め続けた。投降してきた昌綱に忠義を掲げて頭を下げられ「まぁ許してやるか」と、謙信が毎度折れていたのかもしれない。

永禄7年
1564年

竹中重治《たけなかしげはる》の乱《らん》

君主の城を乗っ取る！ 不遇を受けた男の反乱

あの竹中半兵衛がまさか!?
知略に長けた男の大胆な襲撃

裏切りDATA

タイプ
野心型

裏切った理由
政務を疎かにしていた君主・斎藤龍興の目を覚まさせるための乗っ取りとして有名だが、その真相はいかに…。

裏切られた武将
斎藤龍興《さいとうたつおき》
父が急死し、若くして斎藤家の家督を継いだ。斎藤龍興の短気な性格や君主としての能力、家臣に対する振る舞いなどを理由に裏切られた。

裏切り武将 （竹中重治軍）

竹《たけ》中《なか》重《しげ》治《はる》

天文13年（1544年）、美濃国の斎藤家の家臣・竹中重元の子。竹中家は美濃国西部の大野郡や不破郡を領する国衆で、重治は西美濃三人衆の一人・安藤守就の娘を正室とし、守就とともに斎藤家の家臣として加わる。

斎藤龍興に仕える竹中重治。戦で活躍しても一向に評価されなかった重治は、安藤守就《あんどうもりなり》の軍勢とともに君主のいる稲葉《いなば》山城《やましょう》を襲撃する。

凡庸な君主と有能な家臣

「長《なが》良《ら》川《がわ》の戦い」（P082）で斎《さい》藤道三《とうどうさん》を破った美濃国の大名・斎藤義龍《さいとうよしたつ》。その義龍が急死し、若くして斎藤家の家督を継いだのが息子の斎藤龍興だった。龍興は凡庸で、家臣を疑い、重臣を追放し、短気で、気に入らないことがあれば家臣を斬り捨てたとされていて、周囲の信望を得ることができず、有能な家臣の流出なども起こっていた。

一方、斎藤家の家臣であり、竹中《たけなか》重元《しげちか》の子として誕生した竹中重治は若くして頭角を現す。弘治2年（1556年）、13歳のときに「長良川の戦い」で初陣。永禄元年（1558年）には、父・竹中重元とともに美濃国にある岩手《いわで》家の居城・菩提山城《ぼだいさんじょう》を攻略した。

永禄6年（1563年）の織田信長《おだのぶなが》軍と斎藤龍興軍が争った「新加納《しんかのう》の戦い」では、数で劣勢にもかかわらず、竹中重治は兵法を用いて織田軍を追い払った。この活躍を目にして、斎藤龍興は竹中重治の才覚を恐れ、警戒するようになっていた。

竹中重治の大胆な稲葉山城乗っ取り

「新加納の戦い」で活躍した竹中重治だが、斎藤龍興は重

BATTLE

勢力
MILITARY FORCE

不意を突いた戦だったため兵数は不明。稲葉山城は金華山にあり、山が天然の要害として機能していた。そんな難攻不落の城を竹中重治はあっさりと乗っ取った。

竹中重治軍 総数 **不明**

VS

斎藤龍興軍 総数 **不明**

相関図
DIAGRAM

竹中重治と安藤守就とで謀った内乱だった。奇襲のためにあっさりと重治が勝利。

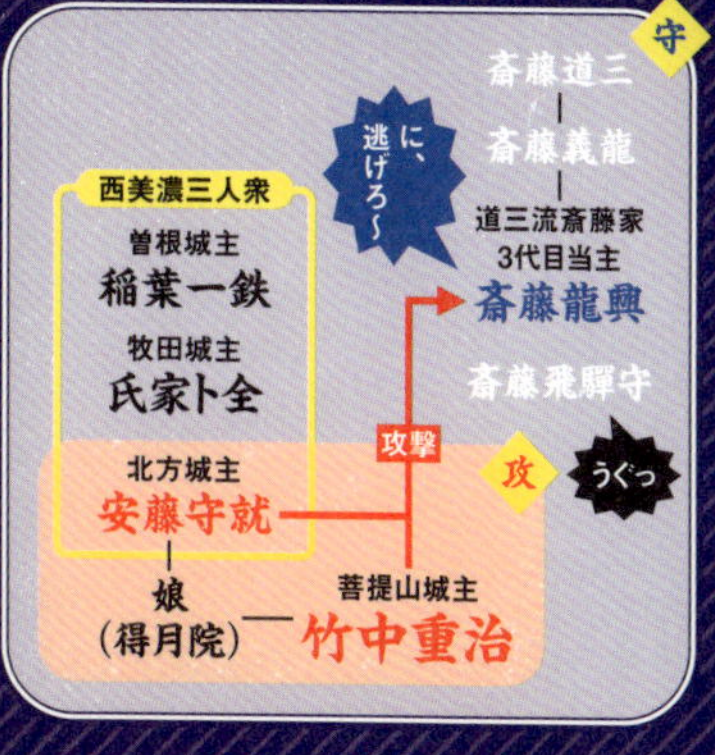

合戦地
BATTLEFIELD

美濃国の稲葉山城（現在の岐阜県岐阜市）。稲葉山城は信長によって岐阜城に改名された。

治を重用することはなかった。さらに斎藤《さいとう》龍興の家臣であった斎藤飛驒《ひだの》守《かみ》は重治を侮辱していたようで、重治は斎藤飛驒守を排除するように龍興へ忠告しようと考えたともいわれている。しかし、斎藤龍興は斎藤飛驒守に対して褒賞するなど、相変わらずの対応だった。

こうして竹中重治の裏切りが起きた。重治は斎藤龍興の居城である稲《いな》葉山城《ばやまじょう》を乗っ取ってしまう。この乗っ取りは、竹中重治の義父・安藤守《あんどうもり》就《なり》の謀反に加勢した結果と思われる。この乗っ取りの際に竹中重治は、自身を侮辱していた斎藤飛驒守を討ち取っている。

通説によれば、永禄7年（1564年）2月6日の白昼、竹中重治は安藤守就の軍勢とともに稲葉山城を襲撃した。不意を突かれた斎藤龍興は、側近の斎藤飛驒守ら6名が討ち取られたことに動揺し、稲葉山城を捨てて逃亡。竹中重治はあっさりと城を乗っ取ってしまった。

逃げた斎藤龍興は、一説には鵜飼山城、祐向山城《いこやまじょう》、揖斐城《いびじょう》と点々と落ち延びていったとされている。その後、斎藤龍興は稲葉山城の奪還に挑み続け、奪われてから約半年後の永禄7年（1564年）8月か9月頃に、ようやく竹中重治から奪還することがかなった。

稲葉山城を明け渡してから竹中重治は本領で隠棲の身となり、有能な家臣を失った斎藤家の凋落《ちょうらく》を静かに見続けることとなる。そして7年後の元亀元年（1570年）、竹中重治は再び戦乱の時代で脚光を浴びることになる。織田家の家臣・竹中半《たけなかはん》兵《べ》衛《え》重治《しげはる》として。

合戦■豆知識

竹中重治は斎藤龍興の家臣との折り合いが悪く、小便をかけられたこともあるとか。その恨みから乗っ取りを計画した説もある。堕落した斎藤龍興が改心すれば城を返すつもりだったとの説もあるが、それは後世の逸話と考えるべき。

合戦結果

勝 竹中重治軍

安藤守就の軍勢とともに、難攻不落の稲葉山城をたった1日で乗っ取った竹中重治。この見事な乗っ取りを機に、織田信長にも一目置かれるようになったとされる。

YUKIMURA'S EYE

美談として知られるが 真相は下剋上だったのでは

難攻不落の稲葉山城をあっさりと乗っ取った竹中重治。重治の裏切りは、政務を疎かにする君主・斎藤龍興の目を覚まさせるための乗っ取りであり、斎藤家のために行った美談として知られている。これが通説だが、実際はそんな君主思いの家臣ではなかったように思われる。

稲葉山城の襲撃は安藤守就と用意周到に計画・実行された反乱であり、半年もの間、斎藤家の実権を奪った下剋上であったと見るのが近いのではないかと考えている。むしろ、裏切りの主人公は竹中重治ではなく安藤守就だったと考えるほうが自然かもしれない。文献から推測できる重治は、冷静沈着で知略に長け、洞察力と先見性に優れた人物である。そんな男がこのような大胆な乗っ取りをするのは意外に感じてしまうからだ。

稲《いな》葉《ば》一鉄《いってつ》、氏家卜全《うじいえぼくぜん》と並んで「西美濃三人衆」と称された安藤守就は、もともと土《と》岐《き》頼芸《よりのり》に仕えていたが斎藤道三に美濃国を奪取されて斎藤家の家臣になっている。仮に真の狙いが土岐家の再興であったならば、守護であった土岐頼芸の行方の捜索が難航する間、斎藤龍興派の勢力が増しはじめ、劣勢を悟り、城明け渡しの調停に至ったのは腑に落ちない。さしあたり「西美濃三人衆の赦免、竹中重治の隠遁」を条件に開城するといった感じではないだろうか。この斎藤家の内乱で誰が得をしたのか…。それは着々と美濃侵攻の支度を進めていた織田信長だろう。

永禄10年
1567年

明善寺合戦《みょうぜんじかっせん》

野心あふれる武将が奮起！ 備前国が下剋上の始まり

三村家を脅威と感じていた宇喜多直家は、三村元親の父・家親《いえちか》を暗殺。元親は父の仇を討つため、直家のいる明善寺城に侵攻する。

不遇の日々を経て下剋上！
毛利も織田も認めた男

裏切りDATA

タイプ

野心型

裏切った理由

浦上家に振り回されない大名格になるためには、名を上げる必要があった。そのため備前国に攻め込む三村家を討つことに。

裏切られた武将

三村元親《みむらもとちか》

備中国を統治していた三村家親の次男。永禄9年（1566年）に宇喜多直家の放った刺客によって父・三村家親が暗殺された。父を殺めた宇喜多直家を恨み続けた闘将。

裏切り武将 （宇喜多直家軍）

宇喜多直家《うきたなおいえ》

享禄2年（1529年）に備前国・砥石城で生まれたが、父や母の一次資料がなく、その出自は不明。備前国を支配する浦上宗景に従属し、幼くして家督を継いだ直家は宇喜多家当主として備前国での勢力拡大を成した。

浦上家の家臣として代々仕えた宇喜多家

宇喜多家は嫡流の大和守家と庶流の和泉守家があり、宇喜多直家の家系は庶流の和泉守家である。明応8年（1499年）頃、直家の祖父・宇喜多能家《うきたよしいえ》が赤松家備前守護代・浦上則宗《うらがみのりむね》の家臣として頭角を現す。浦上家は浦上《うらがみ》村宗《むらむね》の時代に守護・赤松家を傀儡化するほど巨大化した勢力を持つようになり、宇喜多家もその一端を担って成長していく。

一方、浦上家や赤松家の家督争いに巻き込まれ、家内でも敵味方に分かれる事態に陥り、宇喜多家の地位も盤石とは言い難かった。そのような情勢のなか、宇喜多直家が誕生するのだが、浦上村宗が「大物崩れ《だいもつくず》（両細川の乱）」（P018）で敗死すると、宇喜多能家は隠居を余儀なくされ、宇喜多和泉守家の求心力は弱まってしまう。幼い直家は備前国の西大寺という尼寺に預けられることとなった。尼寺で不遇の日々を送っていた直家。その後、母が浦上村宗の次男・浦上《うらがみ》宗景《むねかげ》の側室になり、天文12年（1543年）に家に戻る。

宇喜多直家が仕えていた浦上宗景は次男であり庶家である。浦上家の宗家は兄の浦上政宗《うらがみまさむね》で、宇喜多家の宗家である大和守家は政宗側であった。天文20年（1551年）、浦上政

BATTLE

勢力
MILITARY FORCE

三村元親の父・三村家親の暗殺が戦の発端になる。白兵戦なら圧倒的に三村軍有利だったが、元親は直家がいる明善寺城に攻め込み、直家の策略を受けて壊滅する。

宇喜多直家軍 VS 三村元親軍

総数 約5,000兵 ／ 総数 約2万兵

相関図
DIAGRAM

毛利家を後ろ盾に備前侵攻を企てる三村家と、それを防ぐ浦上や宇喜多という構図。

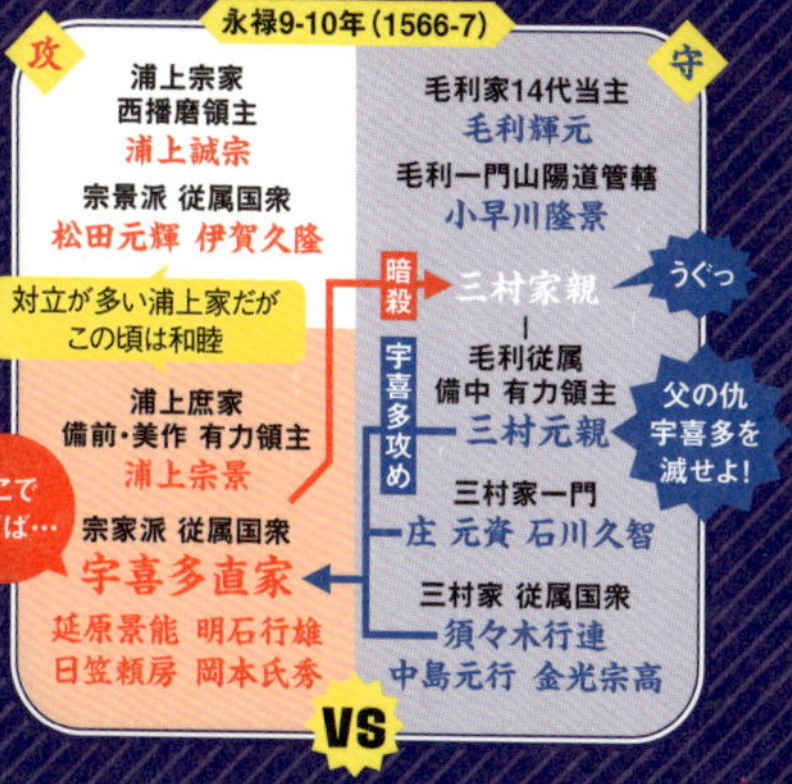

合戦地
BATTLEFIELD

備前国の上道郡沢田村付近（現在の岡山県岡山市中区沢田周辺）で行われた。

宗が尼子《あまご》家と結託したことを浦上宗景は良しとしなかった、宗景が毛利家と結託して浦上家は分裂。それに追随し、宇喜多家もまた別の道を歩むことになる。

浦上家と肩を並べる大名になるために

永禄2年（1559年）、浦上政宗・宗景の和睦が結ばれる。

浦上宗景はこの頃、宗家の浦上政宗を圧倒していて備前国の支配権を奪い、傘下であった宇喜多直家の勢力も増大していた。その代わり、協力体制だった毛利家とは段々と折り合いが悪くなり、直家にとって特に気掛かりだったのが、毛利家傘下の備中大名・三村家親だった。以前は共闘していた家親が美作侵攻を企て、その勢いのまま備前国にも侵攻を目論んでいた。備前国の国人である直家は、力をもった家親を警戒する。

永禄9年（1566年）、宇喜多直家は刺客を放って、備前国に侵攻する三村家親を暗殺。三村家当主は、三村家親の子・三村元親となる。

三村家は毛利家の庇護のもと、備中国を掌握していった大名であり、一方の宇喜多直家は浦上傘下の一国衆。三村家当主を討てば、浦上家と肩を並べることも夢ではなかった。独立心の強い直家は、すでに心の奥底には浦上宗景に背むく気持ちがあり、その力を得るために戦に出た。

永禄10年（1567年）7月、宇喜多直家軍の奇襲を受けて三村元親は備中国に撤退。以降、宇喜多直家は浦上傘下で領土を拡大し、最終的に浦上家に反旗を翻すことになる。

合戦結果

勝　宇喜多直家軍

宇喜多街道守備隊が三村本隊の後方へ突撃。三村軍の隊列が乱れたところに、直家率いる主力が正面から攻撃を仕掛け、三村本隊はあっという間に壊滅した。

YUKIMURA'S EYE

主君のためではなく 独立のための戦と推測

「明善寺合戦」で勝利し、備前国全体を支配することになった宇喜多直家。当時、直家は37歳。主家・浦上宗景の勢力拡大に貢献してきた直家だったが、宗景から与えられた領土は功績に見合ったものではなかったといわれている。それは独立心の強い直家の性格を宗景が見抜いていたからなのか、謀反を恐れていたからなのか分からない。直家にとって浦上家に振り回されない強い大名格になるためには、もう残された時間と好機はわずか。一刻も早く自身の実力を内外に知らしめる必要があると考えていたと思われる。

表向きには浦上宗景のために戦っているとしながらも、裏では独立のための戦だったのが、この「明善寺合戦」ではないかと考える。この戦の勝利を契機に直家の勢力拡大が始まり、毛利家には一目置かれ、畿内を制した織《お》田《だ》信長《のぶなが》にも認められるほどの力を持つことになる。そして天正3年(1575年)9月、宇喜多直家は浦上宗景を備前国から追放し、直家は8年がかりの下剋上を成したのである。

ちなみに、宇喜多直家には暗殺や毒殺などの話が多々出てくるが、多くは浦上家の指示で実行したものと思われる。また、乙《おとの》子《こ》城《じょう》を与えられた際、その土地は不毛で、直家自ら畑に出て地を耕し、節約のために食事を減らして領地を開拓した話がある。苦楽をともにした家臣のため、領地を広げて不遇がないようにしたいという思いがあったのかもしれない。

永禄11年
1568年

立花城《たちばなじょう》の戦《たたか》い

大友を裏切った末路！ 2万超の軍に囲まれた立花城

二度目の謀反
一度目は大友義鎮に許されたが…

裏切りDATA

タイプ

保守型

裏切った理由

九州に攻め込む毛利元就の大軍。毛利派に寝返った秋月種実らの説得を受けて、立花鑑載も大友義鎮を裏切ることに。

裏切られた武将

大友義鎮《おおともよししげ》

立花鑑載に限らず、強大な毛利軍を恐れて次々と大友家から離れていく従属国衆。それは相当な怒りだったはず。すぐさま戸次道雪や臼杵鑑速に征伐を命じた。

裏切り武将 （立花鑑載軍）

立花《たちばな》鑑載《あきとし》

大友氏庶流の一族で、南北朝の頃に大友貞載が立花を称したことより始まる。鑑載は日田親堅の次男で、立花鑑光の養子として立花家に入る。鑑光が大友義鎮に誅殺されたため、7代目当主として立花家を相続した。

毛利軍が九州に侵攻。恐れをなした大友側の国衆は次々と毛利側へ寝返った。立花鑑載もその一人だが、大友義鎮に目をつけられてしまう。

毛利軍が九州に侵攻 動揺する大友側国衆

天文20年（1551年）、大内家の重臣・陶《すえ》隆房《たかふさ》の謀反により、大内家の当主・大内義隆《おおうちよしたか》が自刃する大事件が起こる（「大寧寺《たいねいじ》の変《へん》」P068）。大内家の家督は大友義鎮（※1）の弟・大友義長《おおともよしなが》が継ぐことになり、義鎮は大内家に支配されていた筑前国の奪還に成功する。これを受けて、長く本領を離れていた立花鑑光は立花城（立花山城）に戻ることとなった。

しかし、弘治元年（1555年）の「厳島の戦い」（P074）で大内義長・陶《すえ》晴賢《はるかた》（陶 隆房）の軍を返り討ちにして毛利《もうり》元就《もとなり》の勢力が巨大化。弘治3年（1557年）に毛利元就の「防長経略」により大内義長は討たれ、大内家は滅亡してしまう。

大内家を滅亡させ、毛利軍はその勢いのまま九州の豊前国に攻め込み、大友との全面戦争へ発展。関門海峡を支配する重要拠点の豊前国の門司《もじ》城《じょう》を巡り、大友軍と毛利軍は合戦を繰り返すことになる。

そんななか、立花城主・立花鑑光《たちばなあきみつ》が何かしらの理由で大友義鎮によって誅殺《ちゅうさつ》される。立花の家督は、跡継ぎとして日田家から入っていた立花鑑載が継ぐことになった。

永禄3年（1560年）、尼子《あまご》晴久《はるひさ》の死により、毛利の目は石見国や出

BATTLE

勢力
MILITARY FORCE

立花鑑載軍の勢力は不明だが、毛利から援軍に入った清水隊や、毛利派に転じた原田隊、高橋隊も立花城に入っており、それなりの数で城を守ったと考えられる。

立花鑑載軍 総数 **不明**

VS

大友義鎮／戸次道雪軍 総数 約**2〜3**万兵

相関図
DIAGRAM

博多を有する筑前国を手に入れたい毛利元就は執拗に調略の手を伸ばしていた。

攻

輝元後見役
毛利元就

毛利家14代 当主
毛利輝元

毛利水軍頭
小早川隆景
天野隆重 清水宗知

裏切った武将

大友一門筑前立花城主
立花鑑載
高橋鑑種 秋月種実
筑紫広門 城井長房
原田隆種 宗像氏貞
麻生隆実

守

九州探題
大友宗麟

大友重臣
宿老 家老
戸次道雪
臼杵鑑速
吉弘鑑理
斎藤鎮実

許さん!

毛利に従う!

大友一門筑前立花城主
立花鑑載
高橋鑑種 秋月種実
筑紫広門 城井長房
原田隆種 宗像氏貞
麻生隆実

合戦地
BATTLEFIELD

筑前国の立花城（現在の福岡県糟屋郡新宮町から糟屋郡久山町にまたがる立花山周辺）。

雲国に向けられた。幕府の仲介もあり、大友と毛利は和睦を結ぶことになるも、永禄9年（1566年）、尼子を滅亡させた毛利は、大友との和議を反故にし、再び豊前国や筑前国へ侵攻を開始する。

大内や尼子という大大名を次々と滅ぼして巨大化した毛利家が再び九州に来る。この報せは、豊前国などの大友従属国衆を震撼させた。

毛利側に寝返る国衆 大友義鎮は激怒！

毛利側の調略により、大友側であった岩屋城《いわやじょう》の高橋鑑種《たかはしあきたね》、秋月城《あきづきじょう》の秋月種実《あきづきたねざね》、高祖山《たかすやま》の原田隆《はらだたか》種《たね》、帆柱山城の麻生隆実《あそうたかざね》といった領主が次々に毛利派を表明。そして、高橋鑑種や秋月種実の説得を受けた立花鑑載や宗像氏貞《むなかたうじさだ》もまた毛利派に転じた。

このことに激怒した大友義鎮は、永禄10年（1567年）から永禄11年（1568年）にかけ、宿老・戸次道《べっきどう》雪《せつ》や臼杵鑑速《うすきあきはや》たちの軍を秋月種実の討伐に向かわすも、毛利の援軍が加わった城をなかなか落とせず、大友軍の犠牲は増え続けた。

そこで戸次道雪は狙いを立花城に切り替え、永禄11年（1568年）4月から立花鑑載が居城する立花城を包囲。立花城にも毛利の援軍が入って攻略は難航するも、同年7月、戸次道雪が立花家臣・野田右衛門大夫《のだうえもんのたいふ》を調略して城門を開けさせたことで、城はその日のうちに落ちた。

立花城陥落で勢いに乗った大友軍は次々に離反した勢力を屈服させ、同月には鎮圧を終えた。

合戦■豆知識

大友義鎮は立花家の存続を認めなかったが、大友庶家のなかでも古くから続く立花の名をなくすのは惜しいとの進言を受け、戸次道雪が立花の名を継ぐことに。しかし、道雪は存命中に立花を名乗ることはなかった。

※1 のちの宗麟。ここでは大友義鎮で統一

合戦結果

勝 **大友義鎮／戸次道雪軍**

大友軍は永禄11年（1568年）4月に立花城を包囲。立花鑑載は7月頃まで耐えていたが家臣・野田右衛門大夫の裏切りがきっかけで落城した。

YUKIMURA'S EYE

一度は許してくれた君主
本当は良心が痛んだのでは

立花鑑載の面白いところは、「立花城の戦い」が起こる前に一度、永禄8年(1565年)に大友義鎮から離反している点である。この時の離反が毛利側の調略であったのか、父を大友義鎮に誅殺された恨みであったのかは分からない。ただ、毛利の調略であったのだとすれば、尼子が滅亡する前のタイミングであり、近隣国衆らとの調整もない無計画すぎる動きであることから腑に落ちない。一度目の離反では、立花鑑載は大友の重臣・吉弘《よしひろ》鑑理《おきただ》の隊に攻められて、あっさりと城を捨てて逃げた。その後、間もなくして大友義鎮に許されて立花城に戻っていることから、遺恨が理由での反乱であった可能性のほうが高いのではないかと考えられる。

二度目の離反については、反旗を掲げるのが高橋鑑種や秋月種実に比べると遅いのが気になる。最初の反乱を許してくれた大友義鎮に対して申し訳ない気持ちがあったからなのか、大友一門衆である自負なのか、真相は分からない。もしかすると、毛利派への鞍替えには消極的であったのかもしれない。それを知った戸次道雪が、ターゲットを秋月種実から士気の低い立花鑑載の立花城に切り替えたのだとすれば合点がいく。

立花鑑載の最期については、逃亡先で自害した、野田右衛門大夫が鑑載の逃げ先を教えて捕らえられて斬られた、投降したが今度は大友義鎮に許されず打首になったなど諸説ある。

永禄11~12年
1568年~1569年

本《ほん》庄《じょう》繁《しげ》長《なが》の乱《らん》

武田信玄の調略か!? 謙信の側近がまさかの謀反

「上杉家の鬼神」と呼ばれた
勇猛果敢な男がまさかの裏切り

裏切りDATA

タイプ

遺恨型

裏切った理由

上杉謙信の対応に不満を持った、武田信玄に裏切るように要請された、揚北衆の同志にはめられたなど諸説ある。

裏切られた武将

上杉謙信《うえすぎけんしん》

越後国を統一して、揚北衆を束ねていた上杉謙信。その揚北衆のなかで最も信頼していた本庄繁長に裏切られる。説得を試みるも繁長の意志は固く、合戦を選ぶことに。

裏切り武将（本庄繁長軍）

本《ほん》庄《じょう》繁《しげ》長《なが》

天文8年（1540年）、本庄房長の嫡子として生まれる。房長は小川長資の謀略で城を奪われ、心労からの病でこの世を去る。父の仇である小川長資を討つと、元服して本庄繁長と名乗り、揚北衆として頭角を現す。

上杉謙信の家臣として名を上げていた本庄繁長。しかし、武《たけ》田信玄《だしんげん》の依頼を受けて謙信を裏切る。繁長の謀反は本庄城での合戦に発展していく。

北越後をまとめる揚北衆のひとつとして名を馳せた本庄家

本庄家は桓武天皇の末裔であり、発祥は武蔵野国である。源《みなもとの》義家《よしいえ》や源《みなもとの》頼朝《よりとも》に仕えて武功を立てた一族であり、建長7年（1255年）に越後国本庄の地頭職に任命された。そのときに、名を本庄に変えてその地で栄えるようになった。

本庄家が任命された北越後の地はその地の豪族が支配力を高め、

豪族たち独自のコミュニティ・揚北《あがきた》衆《しゅう》を形成していた。本庄家もその豪族のひとつで、そうした背景もあり、南北朝時代には守護の上杉家や守護代の長尾家と敵対関係にあった。上杉謙信の父・長尾為景《ながおためかげ》の時代でも、長尾家に対して敵対する者が少なくなかった。

この頃の本庄家は本庄繁長の父・本庄房長《ほんじょうふさなが》が領主であったが、長尾家に味方するように。天文8年（1539年）、上杉家に長男がいなかったため隣国の伊達稙宗《だてたねむね》の次男を迎えようとしたときに、本庄房長は猛反対し、伊達家に攻められることとなる。城を出て戦うことを選んだが、留守中に本庄房長の弟・小川長資《おがわながすけ》と鮎川《あゆかわ》清長《きよなが》に本庄城を攻められ、懐妊中の妻が深手を負った。家臣の看病の末、妻は一命を取り留め、無事に産まれ

BATTLE

勢力 MILITARY FORCE

本庄繁長が頼りにしていた揚北衆の結集に失敗し、兵力は圧倒的な差があった。それでも本庄城を攻めるのに上杉軍は手を焼いており、本庄繁長の有能さがうかがえる。

本庄繁長軍	VS	上杉謙信軍
総数 約1,000兵		総数 約1万兵

相関図 DIAGRAM

一枚岩ではない揚北衆につけ込んだ武田信玄。しかし、上杉謙信を裏切る勢力は少なかった。

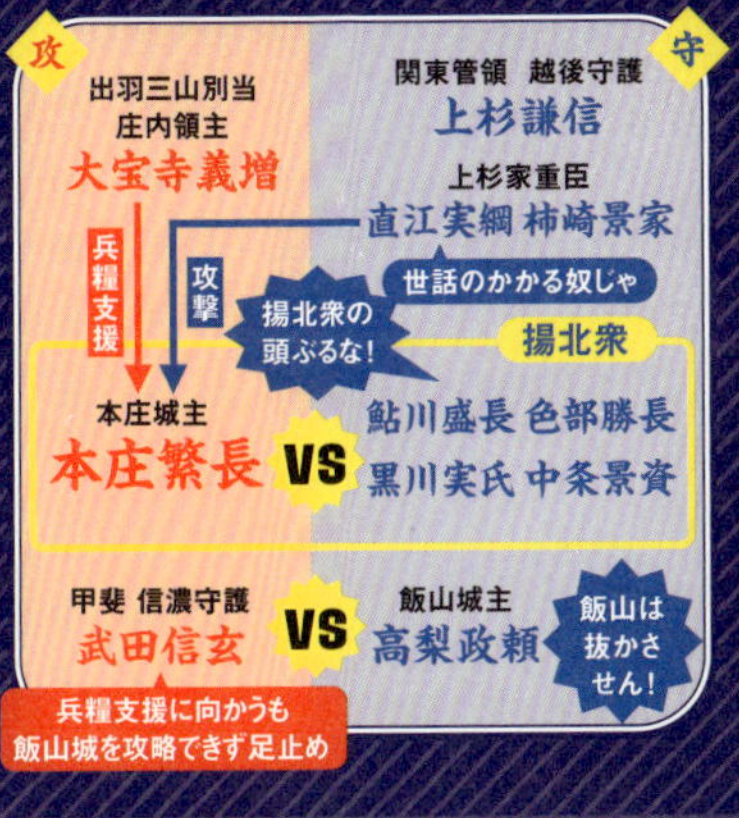

領土図 TERRITORY

越後国の本庄城（別名、村上城。現在の新潟県村上市臥牛山周辺）や出羽国の尾浦城・大宝寺城。

た子が本庄繁長である。本庄房長は襲撃のショックもあり、病に倒れて死去。その後、上杉謙信（※1）が越後国を統一する。天文20年（1551年）に家臣を引き連れ、本庄繁長は父の仇である小川長資を殺害。天文22年（1553年）、上杉謙信に従属し、謙信の家臣となった本庄繁長の働きは飛ぶ鳥を落とす勢いであった。

信玄の依頼を受け本庄繁長が動く

永禄11年（1568年）、上杉謙信（※2）の家臣・長尾《ながお》藤《ふじ》景《かげ》及びその弟に謀反の疑いがあり、本庄繁長は謙信から2人の暗殺を命令される。さらに同年、本庄繁長と中条景資《なかじょうかげすけ》は武田信玄から謙信を裏切って武田に味方するように依頼される。中条景資は呼応しなかったが、繁長は長尾兄弟暗殺後の対応の不満から謙信を裏切り、越後国の大葉沢《おおばざわ》城《じょう》を攻めることになる。

永禄11年（1568年）春、上杉謙信は神保《じんぼ》氏張《うじはる》の居城である守山城を攻撃するため越中国に進軍。その機に本庄繁長は反旗を翻すべく揚北衆の同志を募るも、揚北衆の一人・中条景資が謙信に報告したため、繁長の企みが発覚。謙信は繁長の説得を試みるも意志は固く、説得を諦めて本庄城の攻撃を開始した。

上杉軍は幾度も城攻めをするも本庄軍の奮戦が勝り、城は落ちず厳しい冬を迎えた。しかし、長引く戦に本庄軍の武具や兵糧の蓄えは底を尽きはじめ、翌年3月、本庄繁長は嫡男の千代丸《ちよまる》を人質として上杉謙信に差し出して降伏した。

合戦結果

勝 上杉謙信軍

伊達輝宗《だててるむね》、蘆名盛氏《あしなもりうじ》、そして武田を脅威とする飛騨国の姉小路良頼《あねがこうじよしより》からも早期の和睦成立を懇願された上杉謙信。最終的に本庄繁長も和睦に応じ、降伏した。

※1 当時の名は長尾景虎だが、ここでは上杉謙信で統一

※2 当時の名は上杉輝虎だが、ここでは上杉謙信で統一

YUKIMURA'S EYE

揚北衆にはめられた？
失敗に終わった繁長の謀反

同志であった揚北衆を結集させることはできず、本庄繁長に付いたのは庄内の大宝寺《だいほうじ》義増《よします》と、謀反を煽った武田信玄の遠方の者らのみ。しかも大宝寺義増は早々に白旗をあげ、上杉謙信に降伏している。梯子を外されて孤立無援の状況だったが、繁長の決意は固く、上杉軍と戦うことを選んだ。

一般的には、本庄繁長が挙兵に踏み切ったのは、長尾藤景を暗殺したあと、上杉謙信から何の言葉もなく、その対応に不満を持ったこと。そして、もともと揚北衆と上杉家や長尾家は敵対関係であったため、武田信玄の力をバックに揚北衆が結集すれば謙信に勝てると算段したからとされている。

長尾藤景の暗殺は本庄繁長との私情のもつれで起きたことであり、上杉謙信がそれについて一方的に繁長の非としたため不満を持ったという説もある。また、謙信が不満を口にしていることを吹き込んだのが同じ揚北衆の鮎川盛長《あゆかわもりなが》であり、それに憤慨した繁長が鮎川盛長の居城・大葉沢城を攻めたということも考えられる。

いずれにせよ、本庄繁長は上杉謙信に反旗を翻した。深読みすれば、揚北衆のなかで誰よりも上杉謙信に信頼されていた本庄繁長に対し、同じ揚北衆の鮎川・色部・黒川・中条がそれを疎《うと》み、武田信玄の呼応に乗じて繁長をはめたということも考えられる。ちなみに乱の鎮圧後、本庄繁長は上杉謙信に再び従属し、上杉《うえすぎ》景勝《かげかつ》の代まで忠誠を尽くしている。

元亀元年
1570年

金《かね》ケ《が》崎《さき》の退《の》き口《ぐち》

義弟の裏切りで織田信長が最大の危機に直面！

将軍・足利義昭《あしかがよしあき》の命を受けて、織田・徳川連合軍が越前・朝倉家を討つため越前国へ出撃。しかし、思わぬ報せが入り、撤退を余儀なくされる。

信長軍の挟み撃ちを画策！
成功すれば天下人も夢ではなかった

裏切り武将 （浅井・朝倉連合軍）

浅《あざ》井《い》長《なが》政《まさ》

天文14年（1545年）、浅井久政の長男として誕生。少年期は近江守護・六角家の人質扱いだったが、16歳で浅井家を継いで六角からの離反を決意。信長と婚姻同盟を結ぶなどして、北近江の戦国大名として名を上げる。

裏切りDATA

タイプ

保守型

裏切った理由

朝倉家との同盟関係を重視した説や、織田信長が約束を反故にしたために報復した説、将軍からの指示だった説など、さまざまな説があり、その真意は不明。

裏切られた武将

織《お》田《だ》信長《のぶなが》

足利義昭の命を受け、若狭・越前統制のために朝倉家の討伐に向かう。順調に進んでいた若狭国と越前国の侵攻だが、義弟・浅井長政が裏切ったとの報せが届く。最初は嘘の情報だと思っていた信長だが、真実と悟り、全軍撤退を決断。

織田信長の義弟 浅井長政の誕生

浅

浅井長政の祖父・浅井亮政はもともと北近江の守護・京極家に従っていた。京極家の同族争いを機に、下剋上に成功。小谷城を居城として独立し、北近江を支配する。

その後、南近江の六角家と対立しつつ、反六角家の強い国人衆の受け皿となり徐々に実力をつけていった。

しかし、浅井亮政の子・浅井久政の代、天文22年（1553年）11月に六角家との「地頭山合戦」に敗れ、事実上、六角家の従属になってしまう。

ただ、浅井家の支配と権益は守られた。当時はまだ国人領主同士は上下関係というより相対的なものであり、「大国（六角家と朝倉家）」の緩衝地帯となることで国の支配を守り、領国

BATTLE

勢力 MILITARY FORCE

織田・徳川連合軍は、官軍と言えるような3万の大軍。一方、浅井・朝倉の軍も負けず劣らずの兵を擁し、浅井長政は千載一遇のチャンスと見て挟み撃ちを狙った。

浅井・朝倉連合軍　VS　織田・徳川連合軍
総数 約2万兵　　　　　総数 約3万兵

相関図 DIAGRAM

朝倉家の政治に反対する若狭国衆の依頼もあり、足利義昭、織田信長は朝倉義景の討伐を決断。しかし、義昭・浅井長政の裏切りによって越前国と若狭国の侵攻は中止に。朝倉景鏡と浅井長政は同盟関係であり、越後国の既得権を守るための戦いであったと想像する。

攻

室町幕府将軍
足利義昭

官軍大将
織田信長 ― お市
徳川家康　池田勝正
明智光秀　松永久秀
朽木元綱

北近江守護
浅井長政　←婚姻 同盟→

越前国　守
越前守護
朝倉義景

一門衆
朝倉景鏡　朝倉景健
朝倉景恒

反朝倉派
粟屋勝久
熊谷直澄
逸見昌経

武田孫犬丸様を救ってくださいませ

若狭国
若狭守護
武田孫犬丸

若狭守護代
内藤筑前守
武藤友益

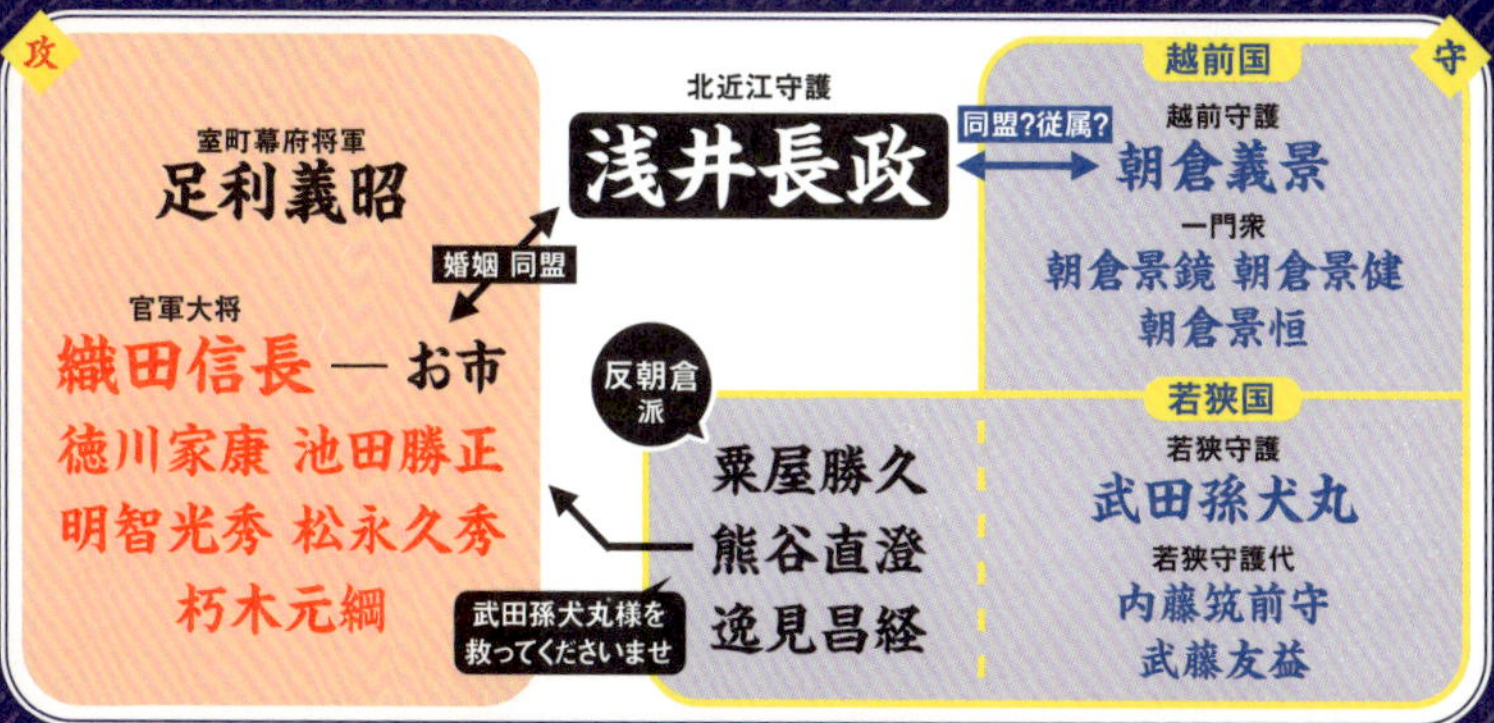

合戦地
BATTLEFIELD

越前国の金ヶ崎（現在の福井県敦賀市金ケ崎町）。浅井長政謀反の伝令を受けて、この地から織田軍は撤退を行った。殿軍の活躍もあり、織田信長は敦賀から京へ逃げ延びた。その後の結果から見れば、信長の撤退は英断だったといえるだろう。

を繁栄させる」のが国家戦略の考えであったからだ。浅井家は国衆・土豪と主従関係を上手く結ぶことで、戦国大名としての地盤を固めていく。その後、浅井長政が生まれ、永禄2年（1559年）の元服と同時に家督を継承し、反六角家を掲げる。「野良田《のらだ》の戦い」で六角《ろっかく》義賢《よしかた》軍を野戦で破ると、浅井家は再び独立を果たす。その後、浅井長政は織田信長の妹・お市と政略結婚して信長の義弟となり、長政と信長の間で同盟が結ばれることになった。

まさに官軍！約3万の兵を率いて信長は若狭制圧へ

永禄10年（1567年）4月、若狭守護・武田《たけだ》義統《よしむね》の死去

に伴い、若狭国の情勢が不安定になる。武田家の家督は幼い孫犬丸《まごいぬまる》（武《たけ》田元明《だもとあき》）が継ぐも、若狭守護代・内藤《ないとう》筑前守《ちくぜんのかみ》や武田家被官・逸見家に熊谷家といった重臣らが分裂してしまっていた。そこに侵攻したのが、越前守護・朝倉義景《あさくらよしかげ》だった。永禄11年（1568年）8月、朝倉軍は武田家の居城・後瀬山城《のちせやまじょう》を制圧すると、孫犬丸を庇護するとの名目で越前国の一《いち》乗谷《じょうだに》に連れ去ってしまった。

同じ頃、織田信長は将軍・足利義《あしかがよし》昭《あき》を奉じて京へ向かった。将軍となった足利義昭は、各地の守護大名に上洛を命じるが、朝倉義景はこれを拒否し続ける。1年経っても上洛しない朝倉義景に対して、足利義昭は反意ありと見なす。そして、将軍家に無断で若狭守護・孫犬丸を幽閉していることを問題に掲げ、織田信長に孫犬丸の救出と若狭国の統制を命じた。

将軍の命を受けた織田信長は、徳《とく》川家康《がわいえやす》にも出陣を命じ、3万の軍を編制する。摂津国からは池田勝正《いけだかつまさ》、大和国からは松永久秀《まつながひさひで》、幕府からは明智光秀《あけちみつひで》、公家の日野輝資《ひのてるすけ》、飛鳥井《あすかい》雅敦《まさあつ》らも従軍させる、まさに官軍としての行軍であった。松永久秀の図らいで、西近江の土豪・朽木元綱《くつきもとつな》を従属させると、織田信長は若狭国に入った。

朝倉の支配に納得していなかった松宮、熊谷、粟屋といった若狭国衆は戦うことなく降伏し、信長は丹羽《にわ》長秀《ながひで》の隊を若狭守護代・内藤筑前守の天ヶ城《てんがじょう》へ向かわせて、主力は越前国の入口となる金ヶ崎城の支城・天《て》筒山城《づつやまじょう》攻めに向かった。

元亀元年（1570年）4月25日、朝倉家の寺田采女正《てらだうねめのしょう》が籠る天筒山城は織田信長軍の猛将・柴田勝家《しばたかついえ》隊に攻められて落城。その翌日には、朝倉家の家臣・朝倉景恒《あさくらかげつね》が守備する金ヶ崎城が攻められ、朝倉景恒は織田信長からの降伏勧告を受け入れて城を明け渡した。

まさかの裏切りで織田・徳川連合軍は大ピンチに！

朝倉義景が木《き》ノ《の》芽《め》峠《とうげ》で織田・徳川連合軍を迎え討つ策を用意し、織田信長も一乗谷までの行軍策を練っていた頃、次々に「義弟・浅井長政が朝倉義景方に付いた」との謀反の報せが信長のもとに届けられる。その内容は、浅井長政が背後から織田・徳川連合軍を襲撃すると

いうものだった。織田・徳川連合軍は、北から朝倉義景の軍に、南から浅井長政の軍に挟み撃ちされるという危機に直面する。

当初、織田信長は義弟・浅井長政の裏切りを「虚説たるべき」として信じてはいなかったが、次々と入る報せに事実と認めざるを得なくなり、越前国からの撤退を決意。朽木元綱の案内にて信長は京に戻った。

3武将の活躍で最大の危機を逃れた織田信長

織田信長の家臣・木下秀吉《きのしたひでよし》（※1）、明智光秀、池田勝正《いけだかつまさ》らは、織田信長《おだのぶなが》が帰還したという報せを聞き、この3武将が殿軍《でんぐん》を務めたとされている。殿軍とは、後退する戦隊のなかで最後尾の箇所を担当する部隊のこと。追撃を一手に引き受け、戦闘しながら自らも撤退するという困難を極める役割で、ほかの部隊が戦場を離れるまで孤軍奮闘する。朝倉義景・浅井長政両軍が激しい追撃を仕掛けてくるなかで、3武将は鉄砲隊や弓隊などを上手く用い、敵軍を寄せ付けることなく撤退に成功。この3武将の活躍により、織田信長は無事に生き延びることができたといわれる。

織田信長は金ヶ崎の窮地を脱したあと、態勢を立て直し、姉川《あねがわ》で浅井・朝倉連合軍を撃破（「姉川の戦い」）。天正元年（1573年）には両家を滅亡させた。一連の戦いを経て、見事に殿軍を務めた3武将も城持ち大名にまで出世した。

合戦結果

勝　織田・徳川連合軍

越前国は諦めることになったが、撤退成功という面を見れば、織田・徳川連合軍の勝利といえる。のちの「姉川の戦い」でも浅井・朝倉連合軍に勝利している。

※1 のちの羽柴秀吉、豊臣秀吉。ここでは木下秀吉で統一

YUKIMURA'S EYE

既得権益を守るための裏切りだったのでは!?

浅井長政の裏切りについては複数の説がある。浅井家と朝倉家は古くから同盟関係にあり、織田信長は朝倉家を攻撃したが、浅井長政は朝倉家との関係を重視し、父・浅井久政が激昂して信長を裏切った説。浅井長政はお市と結婚する際、信長と「朝倉家をぞんざいにしない」と約束したが、それを反故されたから。ほかには、信長を挟み撃ちする千載一遇のチャンスだったから、いつクーデターを起こすか模索中だったから、など。

また、永禄11年(1568年)7月、織田信長を頼った将軍・足利義昭は、越前国から美濃国に移る途中、浅井長政の館に4日間滞在していた。その後、足利義昭は信長と対立(和睦を促す書状を無断で信長が送ったなど)。浅井長政は足利義昭から御内書《ごないしょ》により指示を受け、将軍への恩義を重視した浅井長政がこれに従い、連携して信長を排除しようとした説もある。

個人的な予想になるが、織田信長に敦賀湊を押さえられたら困る理由があったのかもしれない。浅井にとって織田との同盟は軍事面の意味合いが強いが、朝倉とは商業や物資の融通など、先祖の頃からのよしみでつながっていたのではないか。金ヶ崎は敦賀湾や越前国へ通じる重要拠点。既得権益を守るために動いたと思えば腑に落ちる点は多い。織田軍の狙いが若狭国ではなく越前国と知ったことで、信長を裏切ってでも商いを守るために決断したとなれば、これまでの浅井長政のイメージとはまた違った印象を受ける。

元亀2年
1571年

石川城《いしかわじょう》の戦《たたか》い

北津軽のトップを討つ！ 成り上がるための裏切り

大浦為信は南部家を裏切り、南部家・家臣の石川高信のいる石川城を急襲する。野心とともに、大浦家の家臣や領民のためという大義を掲げて。

「不制于天地人」の教えのもと主君からの独立を図る！

裏切りDATA

タイプ

野心型

裏切った理由

代々、南部家に不当に扱われていた大浦家。力を蓄えた大浦為信は、大浦家の家臣や領民のために南部家からの独立を画策。

裏切られた武将

石川高信《いしかわたかのぶ》

南部家の家臣で、一族きっての切れ者とされていた。石川城の城主として実質的に北津軽のトップだったために、野心を抱いた大浦為信に狙われることになる。

裏切り武将 （大浦為信軍）

大《おお》浦《うら》為《ため》信《のぶ》

天文19年（1550年）生まれ。のちの津軽為信。大浦家の惣領主となるまでの経緯はいくつかの説が存在し、詳細は不明。誰にも屈せず、自分の信念を貫き通す人生観を持ち、南部家から独立を目論む。

北津軽の南部家に迫害される大浦家

幕府を後ろ盾に、北津軽をほぼ手中に収めていた南部家。その圧政は強引で、周辺の豪族も容赦なく弾圧されていた。

大浦家の祖先は十三《とさ》湊《みなと》を領した十三《とさ》家で、南部家が北津軽侵攻の際に無理やり政略結婚をさせられ、一族に据えられた挙げ句、謀略で殺されたという。同じようなことが3代にわたって繰り広げられ、大浦家のなかでの南部家への鬱憤はたまっていた。

その後、種里城《たねさとじょう》に配置された初代大浦家の大浦光信《おおうらみつのぶ》が蜂起し、南部家に不満を持つ仲間を集めて戦いを挑んだが敗戦。以来、南部家の監視下に置かれた大浦家だが、着々と力を蓄え、南部家と対等に渡り合える戦力を有するようになった。

2代目の大浦盛信《おおうらもりのぶ》のとき、天文2年（1533年）、南部家が縁戚の葛西家を攻めて、その勢いで大浦家の所領まで攻め上がってきた。和睦によって戦いは終わったが、その後は両方が牽制し合いながら年月が流れていき、大浦為信が登場する。

大浦家庶流で大浦盛信の子・大浦為信は、永禄10年（1567年）に4代目当主・大浦為則《おおうらためのり》の娘をもらい、婿養子として大浦家を継いだ。その後、長覚寺で禅を学び、「不制于天地人《てんちじんにせいせられず》」

BATTLE

勢力 MILITARY FORCE

奇襲であったため大浦為信の兵は数百。石川高信の兵は不明。南部家が家督のことで内紛中だったことから、予期せぬ反乱だったと思われる。

大浦為信軍 総数 約数百兵 VS 石川高信軍 総数 不明

相関図 DIAGRAM

南部家の揉め事に乗じて、南部家からの完全独立、そして津軽制圧への大志を胸に挙兵した。

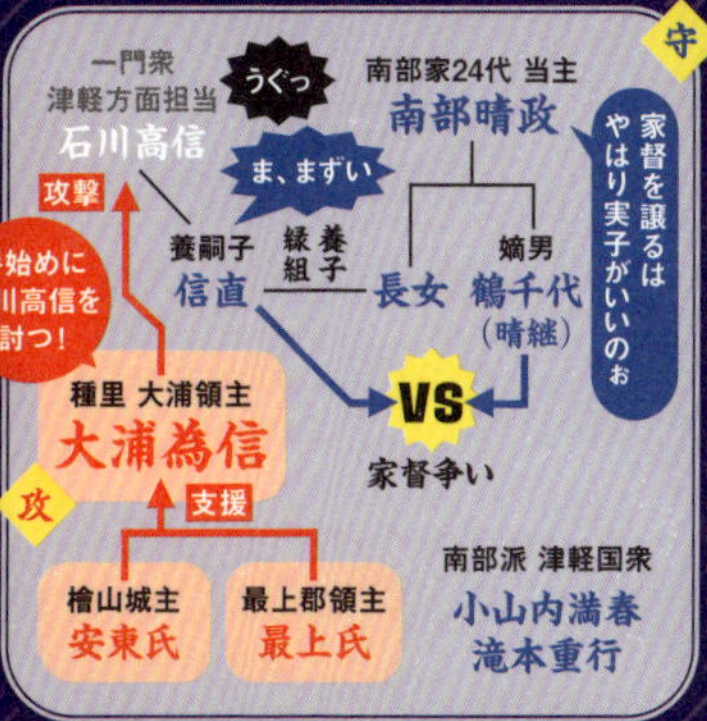

合戦地 BATTLEFIELD

陸奥国の石川城（現在の青森県弘前市石川大仏）周辺。現在は大仏公園として整備されている。

（※1）の教えを得る。

南部家の混乱に乗じて遂に為信が動く！

この頃、南部家は混乱の最中だった。当時の南部家当主は三戸《さんのへ》南部家当主・南部晴政《なんぶはるまさ》で、晴政は実子が誕生する前に、叔父である石川高信の子・石川信直《いしかわのぶなお》を長女の婿として養嗣子《ようしし》（※2）としていた。しかし、元亀元年（1570年）に嫡男・南部晴継《なんぶはるつぐ》が生まれたことで、家督を巡る争いの兆しが起きていた。

そんな南部家の状況を好機と見た大浦為信は、戦国大名となるべく南部家へ反旗を翻した。北津軽を任されていたのは石川城の郡代・石川高信で、大浦為信は実質的に北津軽のトップを倒すことで、他の南部勢の勢いを削ぐ計画を立てる。

元亀2年（1571年）5月、大浦為信は石川高信に堀越城《ほりこしじょう》の修繕を願い出て許可されると、石川城が手薄な時を狙って堀越城から出陣。不意を突かれた高信は自害する。津軽方面の大将が討たれたことで、南部派国衆は次々に大浦為信に降伏、または為信に滅ぼされていった。その後、為信は津軽地方を押さえ、南部家から独立した戦国大名として勢力を拡大させていく。

合戦■豆知識

この戦で討たれたとされる石川高信だが、南部家側の資料『奥南落穂集』では、この段階では石川城に入っておらず、高信は天正8年（1580年）に石川城にて病死したとされている。

合戦結果

勝 **大浦為信軍**

修繕という名目で石川高信を油断させ、準備を整えて堀越城から高信のいる石川城を襲撃した。この勝利は、大浦為信が南部家から独立するきっかけとなる。

※1 天地人に制されない、誰にも屈しないという意味で、大浦為信の人生観として知られる
※2 家督相続人となるべき養子

YUKIMURA'S EYE

「不制于天地人」の教えのもと仲間のために立ち上がる

大浦為信の出自ははっきりしておらず、先に述べた大浦盛信の子で、当主・大浦為則の養子となり家督を継いだ説と、南部一族の久慈家（七戸南部氏）から大浦家に養嗣子《ようしし》として入った説がある。

どちらにせよ、大浦家の棟梁となった大浦為信が主家である南部家から離反したことに違いはなく、南部家の迫害を受けていた大浦家臣や領民のためという大義を掲げて立ち上がったと考えるのが自然かと思われる。また、親密な関係になっていた最上義光《もがみよしあき》から書簡を受け、織田信長《おだのぶなが》が中央を統一しつつあり、勝手に私兵が起こせなくなる時代が来ることも知っていた。「勢力を広げるなら今のうちに」と、機を見計らって挙兵を決めたのもあるだろう。

一般的には「津軽為信《つがるためのぶ》」の名で認知されているが、いつから名を大浦為信から津軽為信に変えたのかははっきりとしていない。津軽郡全域を領土とした頃から書状に記すようになったのかもしれないが、天正19年（1591年）、九戸政《くのへまさ》実《ざね》が起こした騒乱の鎮圧を命じた豊臣秀吉《とよとみひでよし》の朱印状に書かれた名が「津軽右京亮」となっている。つまり、この頃までには大名・津軽為信として認知されていたと考えられる。

天正19年（1591年）からと仮定するなら、戦国時代に大名・津軽家は存在していないことになる。そして、人生の3分の2は大浦為信と名乗っていたことになる。それを知ると何か感慨深いものがある。

COLUMN 3

飛び道具

戦で使われていた飛び道具とその威力を解説する。
遠距離から攻撃できて、威力も絶大！
実は飛び道具こそ戦に欠かせない武器だった。

戦に欠かせない
伝統的な武器

弓矢

石器時代から始まる飛び道具として古い歴史がある。日本の弓矢は和弓といわれるが、縄文時代からはじまり、その後は神儀にも使用された。狩猟の道具としての意味合いが強かったが、武家が登場すると弓を射ることはステータスとなり、人を射る武器として進化を遂げてきた。戦国時代においても弓矢の重要性は高かった。

長所

- 自由度が高く、鍛錬すれば射手の技量と弓の性能でいくらでも強くなることができる
- 戦場において落ちている矢を拾い射返すことができる

短所

- 弓、矢ともに価格はピンからキリまであるが、基本的に高価で、足軽がすぐに購入できなかった
- 鍛錬を必要とし、それによって技量が決まるため、扱い方は難しい

攻撃力

- 有効射程距離…80m以内　・最大射程距離…400m

当時の飛び道具の性能

戦国時代の戦の道具としては、刀・槍・薙刀・弓矢・鉄砲などが浮かぶと思うが、やはりできるだけ接近戦は避けたいもので、遠距離から攻撃する方法が選ばれた。戦での死亡率でいえば、槍や刀の近距離武器で30％、弓矢や鉄砲の遠距離武器が70％と、断然遠距離での死亡率が高い。

戦国時代に急激に広まった最強の武器

鉄砲（火縄銃）

15世紀にヨーロッパで開発されて、戦国時代にポルトガルから伝来したことが始まり。それ以前にも火器使用の歴史はあるが、普及には至らなかった。戦国時代においては、鋳物技術が発達していたことで国内での生産が可能になり、その技術は各地に広まる。当時の最先端技術と高価な資材を使用していたので、高額な品であり一定の大名しか所有はできなかった。また、製鉄・鋳造技術が盛んだった地（薩摩・堺・国友・紀伊）でそれぞれ進化を遂げ、多様な和製の銃が誕生していった。

長所

- 破壊力だけではなく、轟音によって敵や馬を威嚇することができる
- 使い方を覚えてしまえば、弓矢よりも容易に使用できる

短所

- 弓矢に比べると断然高額な品であり、手に入れることは容易ではなかった
- 発射までの動作が速くても30秒ほどかかり、連射ができない
- 導火線が火縄で剥き出しになっており、雨や湿気がある場合、使用が困難

攻撃力

- 有効射程距離…200m以内　・最大射程距離…500m

原始的かつ有効な攻撃手段

石つぶて

意外にも、鉄砲・弓矢の次に死者が多いのは石（投石）である。その歴史は古く、弥生時代の投石の道具が見つかっている。当初は狩猟用として使用されたが、鎌倉時代には、合戦を模して両側に分かれて「石合戦」が頻繁に行われていて、死者も出ている。石による攻撃は印地（いんじ）ともいわれ、手で投げるだけでなく、投石器や手拭いなどを用いて投げることもあった。石投げ専門の部隊もあり、投石しやすいように加工を施す者もいた。

長所

- さほど費用はかからず、道端に落ちている石でさえも、当たりどころが悪ければ重傷あるいは死に至らしめることができる

短所

- 投石器や手拭いなどで投石しても弓矢や鉄砲に比べると威力は劣る

攻撃力

- 有効射程距離…投石者や道具により異なる
- 最大射程距離…400m（道具を使用）

天正4年
1576年

三《み》瀬《せ》の変《へん》

裏切りを嗅ぎつけて先に信長軍が同時襲撃！

名家のプライドか恨みか？
和睦に応じた信長に牙をむく

織田信長の侵攻を受けて和睦に応じた北畠具教。しかし、具教や北畠家の家臣たちは裏切りを画策する。それを事前に嗅ぎつけた信長は…。

裏切りDATA

タイプ

遺恨型

裏切った理由

身分の低い尾張国の国衆・織田信長の息子を半ば強制的に養子入りさせられ、家督が奪われることを阻止したかった。

裏切られた武将

織田信長《おだのぶなが》／織田信意《おだのぶおき》

織田信長の次男・織田信意が北畠具房の後継者として北畠家に入ることになったが、なかなか家督を譲らない具教に信長は不信感を募らせていた。

裏切り武将 （北畠具教軍）

北《きた》畠《ばたけ》具《とも》教《のり》

享禄元年（1528年）、伊勢国司・北畠晴具の長男として生まれる。従三位権中納言の官職を受けるほど朝廷との太いパイプを持つ戦国大名だったが、織田信長の圧力に屈する。その後、織田家に対して反乱を企てた。

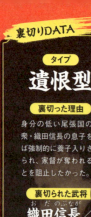

伊勢国を巡って争う北畠家と織田家

村上源氏の流れを汲む北畠家。南北朝時代には南朝方で後醍醐《ごだいご》天皇を助けたという、天皇に忠義を尽くしてきた名家で、伊勢国司《いせこくし》も代々務めてきた。

織田信長の伊勢侵攻が始まる前の永禄6年（1563年）、北畠家は北畠具教から嫡男・北畠具房《きたばたけともふさ》に家督が移るも、実権は父の具教が握り続けている状態だった。永禄10年（1567年）、織田信長は伊勢国への侵攻を始めると、神戸《かんべ》具盛《とももり》、長野《ながの》具藤《ともふじ》（北畠具教の次男）らを下して北伊勢を掌握する。南伊勢の北畠家は信長と対立を深めることになった。

　永禄11年（1568年）、滝川一益《たきがわかずます》を先鋒とし、織田信長による南伊勢の侵攻が始まると、永禄12年（1569年）に木造具政《こづくりともまさ》（北畠晴具《きたばたけはるとも》の三男）が調略され、織田方に寝返ってしまう。同年8月には、信長が7万の軍勢を率いて木造城に赴き、「大河内城《おかわちじょう》の戦い」で北畠家を追い詰めた。ここで織田方と北畠方の間で和睦が成立した。

和睦の条件をのんだ北畠具教だったが…

この和睦には条件があった。ひとつは、織田信長の次男・

BATTLE

勢力
MILITARY FORCE

兵数などは不明。そもそもの兵力では北畠具教に勝ち目はない。三瀬御所は滝川雄利、柘植保重、長野左京進の3隊に囲まれ、一方的な合戦だったと思われる。

北畠具教軍
総数 **不明**

VS

織田信長・織田信意軍
総数 **不明**

相関図
DIAGRAM

「三瀬の変」で北畠一族の大半が誅殺された。忠誠を誓っていた北畠具房は幽閉の身に。

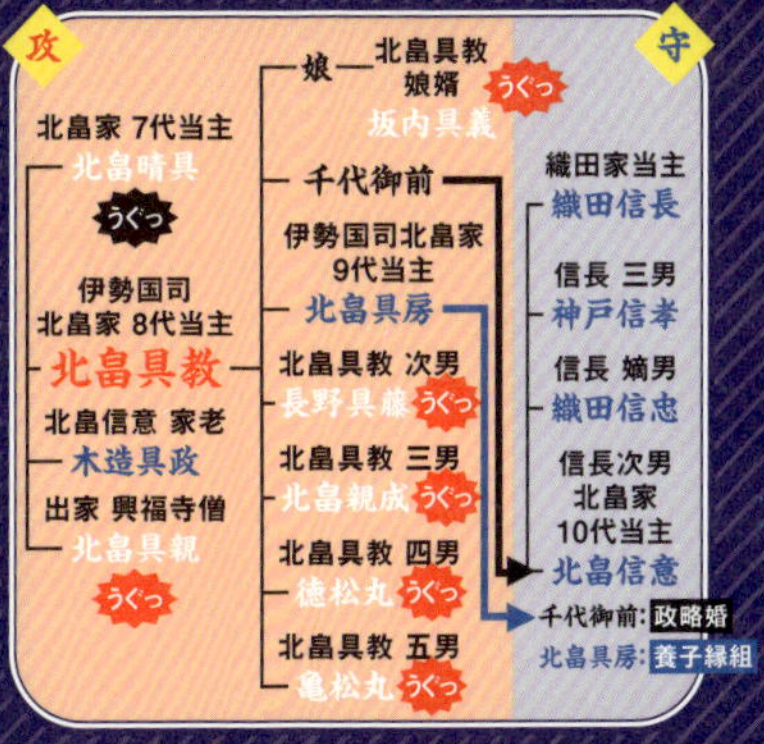

合戦地
BATTLEFIELD

伊勢国の三瀬御所（現在の三重県多気郡大台町）、田丸城（現在の三重県度会郡玉城町）。

織田信意（※1）を北畠具房の養子にすること。もうひとつが、北畠具教が大河内城を退去することだった。

元亀元年（1570年）、北畠具教は三瀬の谷に移り、隠居の身となった。しかし、北畠家における実権を具教は譲らなかった。

元亀4年（1573年）、北畠具教は武田《たけだ》信玄《しんげん》の西上作戦に呼応し、共闘する旨の書簡を送る。天正3年（1575年）、織田信長の命で北畠具房も隠居となり、北畠家の家督は織田信意に譲渡されることになった。

織田信意に家督が譲られるまで北畠具教が実権を握っていたことや、武田信玄との密約は織田信長も知るところであり、天正4年（1576年）、業を煮やした信長は北畠家臣を買収して北畠具教の暗殺と北畠一族を一掃することを計画する。信長はこの年の11月25日を粛清の決行日と決め、各将に命じた。

北畠具教のいる三瀬御所《みせごしょ》には、滝《たき》川雄利《がわかつとし》、柘植保重《つげやすしげ》、長野《ながの》左《さ》京亮《きょうのすけ》の隊を向かわせ、御所内に突入。具教を見つけるや長野左京亮が槍で突き刺して討つと、具教の四男・徳松丸《とくまつまる》、五男・亀松丸《かめまつまる》らも討ち取り、ほかにも北畠の家臣14人が殺害され、30人あまりの女子どもも自害した。一方、織田信意の入る田丸城《たまるじょう》では、宴を催すとの偽りの誘いを受けた長野《ながの》具藤《ともふじ》や北《きた》畠《ばたけ》親成《ちかなり》といった北畠具教の子、娘婿の坂内《さかうち》具義《ともよし》とその息子・坂内《さかうち》千松丸《せんまつまる》らが城に入った。そして信意の号令で家臣らが一斉に斬りかかり、皆殺害された。

「三瀬の変」で北畠一族はほぼ壊滅。北畠家は完全に織田家に乗っ取られることとなった。

※1 茶筅丸（ちゃせんまる）、北畠信意（きたばたけのぶおき）。のちの織田信雄。ここでは織田信意で統一

合戦結果

勝

織田信長・織田信意軍

北畠具房は長島城に幽閉され、北畠一門の誅殺に成功。その後も信長は抵抗する北畠衆を徹底的に排除するため、羽柴秀吉らの軍を派遣し、一門一派を駆逐した。

YUKIMURA'S EYE

恨みや信長包囲網の期待など複数の動機が考えられる

伊勢国司を代々務めた名家・北畠家。織田信長が伊勢国に侵攻し、永禄12年（1569年）の「大河内城の戦い」を経て一度は和睦に応じた北畠具教だったが、その条件が北畠家にとって不利な内容であったのは間違いない。

織田家に対する北畠具教の裏切りは「領土を侵害されたことへの恨み」「織田信意の養子縁組によって、自家を織田家に乗っ取られる懸念」「信長包囲網を確立することへの望み」「織田方と対等に渡り合えているという自負」「名門北畠家の誇り」など、さまざまな動機が考えられる。

将軍と織田信長の折り合いが悪いことを聞いてからは、一発逆転の機会を期待して、常に一族の者たちと密談していたのではないかとも思われる。織田方のスパイにより、その情報は信長の知るところであり、信長は見せしめも兼ねて北畠一族の一斉粛清に動いたのではないか。

伊勢国三瀬御所と田丸城で同時に行われた襲撃で、北畠家の大勢が討ち死にした「三瀬の変」。織田家による北畠家を完全に乗っ取るための事件であり、北畠一族のなかで助命された主な人物は、田丸城を早くから明け渡して、織田信意に忠誠を誓っていた田《た》丸直昌《まるなおまさ》と、信意の義父・北畠具房くらいであった。

ちなみに、北畠具教は剣術家で、剣士・塚原卜伝《つかはらぼくでん》に剣や兵法を学び、襲撃された際に19人を殺して100人に傷を負わせたという逸話が残っている。

天正5年
1577年

信《し》貴《ぎ》山《さん》城《じょう》の戦《たたか》い

大和国を取り戻すために老兵が最後の戦に挑む

織田信長に仕えていた松永久秀。しかし、一度信長を裏切ったことから冷遇を受けてしまう。復権するために大和国の信貴山城に籠城を決断。

授かった地を奪い返す老兵の決死の覚悟！

裏切り武将（松永久秀軍）

松《まつ》永《なが》久《ひさ》秀《ひで》

出自については諸説あり。摂津守護代・三好長慶に仕え、長慶が畿内を制して政権を樹立した際に貢献した。その後に大和国を支配し、織田信長の家臣としても活躍。筒井順慶とは深い因縁があった。

裏切りDATA

タイプ

保守型

裏切った理由

信長を裏切って三好家から与えられた大和国を奪われてしまい、それを取り戻すために再び織田家を裏切った。因縁のある筒井順慶の存在も大きいと思われる。

裏切られた武将

織《お》田《だ》信《のぶ》長《なが》

織田信長はかつて松永久秀に裏切られた際、久秀を許す代わりに領土などを剥奪。さまざまな権限も奪っていた。二度目の裏切りの際には説得を試みるなど、久秀を高く評価していたが、説得は失敗し討つことに。

名家出身ではない男 松永久秀の出世街道

松永久秀の出自については摂津国の商人との説が最も有力だが、阿波国や山城国の出であるともいわれている。天文9年（1540年）まで細川家の被官・三好長慶《みよしながよし》の右筆《ゆうひつ》として仕え、奉行の役にも就いて官途名《かんとめい》（※1）も弾正忠《だんじょうのじょう》と名乗っていることから、長慶に重用されていたことが分かる。三好長慶が畿内を制圧して政権を樹立した際、裏では松永久秀の活躍も多分にあった。また、長慶の名代《みょうだい》として公家や寺社との交渉にあたるなど能力は高く、三好家の家宰《かさい》（※2）にまで上り詰めていった。

松永久秀が信貴山城を拠点にしたのは永禄3年（1560年）頃といわれている。政務の城として、京への便の良い多聞山城《たもんやまじょう》も築城して勢力を強めていく。

大和国には守護がなく、代わりに興福寺《こうふくじ》を主とする宗徒が独自に治めていた。その頭が筒井城《つついじょう》を拠点とする筒井家であったが、当主・筒井順《つついじゅん》慶《けい》がまだ幼かったこともあり、久秀はそこを突くように大和国の地を手にしていった。永禄6年（1563年）に家督を嫡男・松永久通《まつながひさみち》に譲るも、実権は久秀が持ち続けていた。

潮目が変わったのは永禄7年（1564年）7月。主・三好長慶の死であった。松永久秀はその後に台頭した三好三人衆（三好長逸《みよしながやす》・三好宗渭《みよしそうい》・岩成友通《いわなりともみち》）らと政権維持を図るも、三人衆や松永久通らが将軍・足利《あしかが》義輝《よしてる》を襲撃して殺害する「永禄の変」が勃発する。その後に久秀は、足利《あしかが》義昭《よしあき》を擁して上洛した織田信長に近づき、信長が三好勢を駆逐。久秀は信長から大和一国の支配を認められ、幕臣として活動していく。

これを良しとしなかったのが、20歳に成長していた筒井順慶だった。有力豪族を集めて挙兵するも、織田の援軍を得た松永軍が筒井軍を押し返す。元亀2年（1571年）、足利義昭が養女を筒井順慶に嫁がせたことで、大和支配が危うくなると感じた松永久秀は、三好義継《みよしよしつぐ》といった三好勢の結集を始めた。

信長に対する 一度目の謀反

元亀4年（1573年）、将軍・足利義昭と織田信長が対立するようになると、松永久秀は将軍派に付き、これが織田信長に対する一度目の謀反となる。同年12月に織田軍に攻められて多聞山城を信長に譲って降伏。信長に命こそ救われたが、守護職は剥奪され、この段階で大和国の支配権を失うことになる。天正4年（1576年）、信長に仕えるようになっていた筒井順慶が大和国の支配権を得ると、積年の恨みを晴らすかのように、久秀の築いた多聞山城を破壊してしまう。こうして久秀の力は衰退する一方だった。

人生最後の大勝負！ 老兵が立ち上がる

このまま織田信長に従っていても復権が見込めないと判断した松永久秀は、上杉謙信《うえすぎけんしん》が上洛

勢力 MILITARY FORCE

早期攻略を狙った織田信長は大軍で攻める。兵力に差があったが、信貴山城の構造を生かして松永久秀は徹底抗戦。しかし、家臣の裏切りが勝敗の分かれ目となった。

松永久秀軍 VS **織田信長軍**

松永久秀軍：総数 約8,000兵

織田信長軍：総数 約3万兵

相関図 DIAGRAM

すでに畿内を押さえて巨大な勢力を誇っていた織田信長。普通に考えて松永久秀軍がかなうはずもなく、上杉謙信の上洛や毛利の援軍を期待していたと思われる。

攻		守
関東管領 上杉謙信	VS	柴田勝家 佐々成政 前田利家
信貴山城主 松永久秀 ― 松永家当主 松永久通（大坂本願寺 顕如／大坂家当主 毛利輝元／室町幕府 将軍 足利義昭）	VS	織田信長 ― 織田家当主 総大将 織田信忠 羽柴秀吉 丹羽長秀 佐久間信盛
片岡城 海老名勝正 森秀光	VS	筒井順慶 明智光秀 細川藤孝

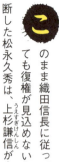

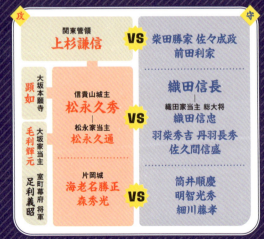

に立ち上がったことを好機と捉え、信長に対して二度目の謀反に動く。久秀は佐久間信盛《さくまのぶもり》の与力《よりき》として大坂本願寺の包囲に加わっていたが、天正5年(1577年)8月、再び信長に反旗を翻して信貴山城で挙兵。この時、久秀は68歳。もう次はないと腹を決めて、「信貴山城の戦い」に臨んだ。

二度目となる謀反を安土城《あづちじょう》で聞いた織田信長は、これまでの功績や畿内での政局を考慮し、まずは説得を試みた。しかし交渉は決裂し、顔に泥を塗られた信長は大和国の筒井城に大軍を集める。筒井順慶、明智光《あけちみつ》秀《ひで》、細川藤孝《ほそかわふじたか》、さらに織田信忠《おだのぶただ》隊も加わり、その数は3万兵を超えた。

同年10月、織田軍は筒井城を発つと、法隆寺《ほうりゅうじ》に入って本陣を構えた。その日のうちに筒井順慶率いる別働隊が信貴山城の支城・片岡城へ向け

BATTLE

合戦地
BATTLEFIELD

大和国の信貴山城（現在の奈良県生駒郡平群町）。支城の片岡城は筒井順慶や明智光秀らの隊によってあっさりと落城。しかし、大和国と河内国を結ぶ要衝の地・信貴山の山上に建てられた信貴山城の守りは堅く、織田軍は手を焼くことになる。

て進軍。短期攻略を目論む織田軍は一気に攻め、片岡城は瞬く間に落城した。同じ頃、織田信忠の隊は信貴山城の包囲を完成させる。同年10月5日、織田軍による一斉攻撃が開始。3万の兵が3方向から攻め込むが、細い山道と小さな帯曲輪《おびぐるわ》（※3）を設けた信貴山城の構造は、門を突破しても一度に攻め込むことができず、織田軍の城攻めは難航した。それでも数で勝る織田軍は、徐々に戦を優位に進めていく。

　このままでは耐えきれないと判断した松永久秀は、援軍を求めるべく家臣・森《もり》 好久《よしひさ》を城から放った。ところが、この森 好久に裏切られてしまう。森 好久は昔の主《あるじ》だった筒井順慶のもとに行き、鉄砲隊200兵を預けるように頼んだ。同月9日、鉄砲隊200兵を預かった森 好久は、何食わぬ顔で信貴山城に戻った。そして翌日、城内に火を放ち、城門を開ける。一斉に雪崩れ込む織田軍。城内は大混乱に陥り、松永軍は崩壊。松永久秀・久通親子は討ち取られた。

　森 好久が行動を起こしてからわずかの出来事で、堅固な要塞は落城し、「信貴山城の戦い」は幕を閉じた。織田軍によって松永家は滅亡、信貴山城は廃城となった。

合戦■豆知識

松永久秀は最後、織田信長が欲していた茶器「平蜘蛛の釜」に火薬を詰めて爆死したという逸話があるが、これは明治以降の創作である。『多聞院日記』には安土城へ複数の首が運ばれたとある。このなかに久秀の首が含まれていたのだとすれば、天守が炎上したとの話も創作の可能性が高い。以後、信貴山城が使われた形跡がないことから、間もなく廃城になったと思われる。

合戦結果

勝 織田信長軍

織田信忠のほか、筒井順慶、明智光秀、細川藤孝など、織田軍の総攻撃、そして森 好久の裏切りにより信貴山城は落城。松永久秀・久通親子は討ち取られた。

※1 官途状（主君が武功をあげた家臣に対して特定の官職を私称することを許した書状）に記した名前のこと
※2 家長に代わって家政を取りしきる立場
※3 城を守るために造られた土や石の囲い

YUKIMURA'S EYE

大和国を守りたい その一心からの謀反

「戦国時代の梟雄《きょうゆう》」と呼ばれた松永久秀。武家の血筋ではない久秀が、己の才で大和一国を手に入れた。久秀や息子の久通は、三好長慶から授かった大和国を死守することに執念を燃やし続けたのだと思われる。持ち前の商い力、そして政治力を駆使し、三好長慶、足利義昭、織田信長といった権力者と上手に付き合いながら、ライバルである筒井順慶の勢力を抑え続けた手腕は見事だ。

松永久秀が失敗したのは、生き残るためのずる賢さが裏目に出たことではないかと思えてしまう。不測の事態に備えるために、さまざまな方位で味方を増やそうとするがあまり、足利義昭にも織田信長にも不信感を与えてしまった。天下など望んでおらず、ただ三好長慶から与えられた大和国の領主であり続けたかっただけなのだが、将軍方の味方をして信長を裏切った罰として筒井順慶に領主の座を奪われた。さらに、財をはたいて築いた多聞山城も順慶の手により破壊された。家臣の城も次々に破壊され、我慢の限界を迎えた久秀。死を覚悟して謀反に動き、「信貴山城の戦い」で敗れ去った。

信長に何度も反抗したことのほか、真相は不明だが足利《あしかが》義輝《よしてる》の殺害に関わったこと、東大寺の大仏を焼いたことなど、斎藤道三《さいとうどうさん》や宇《う》喜《き》多《た》直家《なおいえ》と並んで悪名高き武将として描かれることが多い久秀。しかし、実際はそのような人物ではなかったと考えている。

三木合戦

天正6年～8年
1578年～1580年

その裏切りは地獄への入口か!?　約2年も続いた東播磨の争い

秀吉の兵糧攻めを耐え忍び　毛利からの援軍を信じて…

混乱の最中にあった播磨国を、織田軍の羽柴秀吉が手中に収める。一度は迎合した別所長治だが、叔父・別所吉親に反対され、織田軍から離反することに。

裏切り武将 (別所長治軍)
別所長治（べっしょ ながはる）

父・別所安治の死後、別所家の家督を継ぐ。別所家は播磨国内の有力勢力として、東播磨を支配していた。しかし、若くして家督を継いだことで、2人の叔父・別所吉親と別所重宗の意見に左右されてしまう。

裏切りDATA

タイプ
保守型

裏切った理由
長治は叔父・別所吉親の意見を受けて、織田信長に東播磨を明け渡すことで、いずれ別所家は冷遇されると判断。領民のためにも織田に反旗を翻す。

裏切られた武将
織田信長（おだ のぶなが）

畿内を制した信長は、羽柴秀吉に中国攻めを指示。中国地方の大大名・毛利の領を奪いに行く。当初は秀吉の指示に従っていた別所家だが、秀吉と別所吉親の口論をきっかけに、織田に対する裏切りへと発展していく。

毛利との決戦を睨み播磨国へ侵攻する織田軍

別

別所家が支配する東播磨の三木城。戦国時代になるまでは守護・赤松家の領国だったが、嘉吉元年（1441年）に赤松満祐が幕府6代将軍・足利義教を殺害。その後、幕府の討伐軍によって満祐が討たれる「嘉吉の乱」が起こる。この大事件をきっかけに赤松家は衰退していき、播磨国の国衆は独立した戦国大名となる。そのなかのひとつが別所家だった。赤松家のもとで守護代を務めていた浦上家の台頭、尼子や三好勢の侵攻、中国を制した毛利軍の東進、そして畿内を制した織田信長からの圧力など、さまざまな勢力が播磨国に入り乱れるなか、別所家は戦国大名としてどうにか勢力を維

BATTLE

勢力
MILITARY FORCE

加古川城や野口城をあっさりと羽柴秀吉軍に明け渡すことになり、別所長治は三木城に籠城。長治が頼みにしていた毛利軍が来れば風向きは変わったかもしれない。

 別所長治軍 総数 約7,500兵

VS

 羽柴秀吉軍 総数 約2〜3万兵

相関図
DIAGRAM

信長包囲網で各地の対応に追われていた織田信長。そこを狙った別所長治の裏切り。荒木村重が織田を裏切ることも事前に知っていたと思われる。別所吉親と別所重宗は兄弟で、別所重宗は別所家の離反を止められず、織田方に寝返った。

```
                尼子再興軍
        VS    尼子勝久  山中幸盛  ←支援  織田信長
                                            │
                                      織田家当主
                                      織田信忠
  毛利家当主
  毛利輝元                                  羽柴秀吉  羽柴秀長
  吉川元春        三木城 別所家   長治 叔父   黒田官兵衛 竹中半兵衛
  小早川隆景   ┃ 別所長治  別所吉親  VS
             兵糧
             支援  離反に恭順した近隣国衆
  室町幕府 将軍    別所重宗  長井重
  足利義昭         梶原景行  淡河定範   VS     丹羽長秀  滝川一益
                                                明智光秀
                 大坂本願寺
                   顕如            VS
```

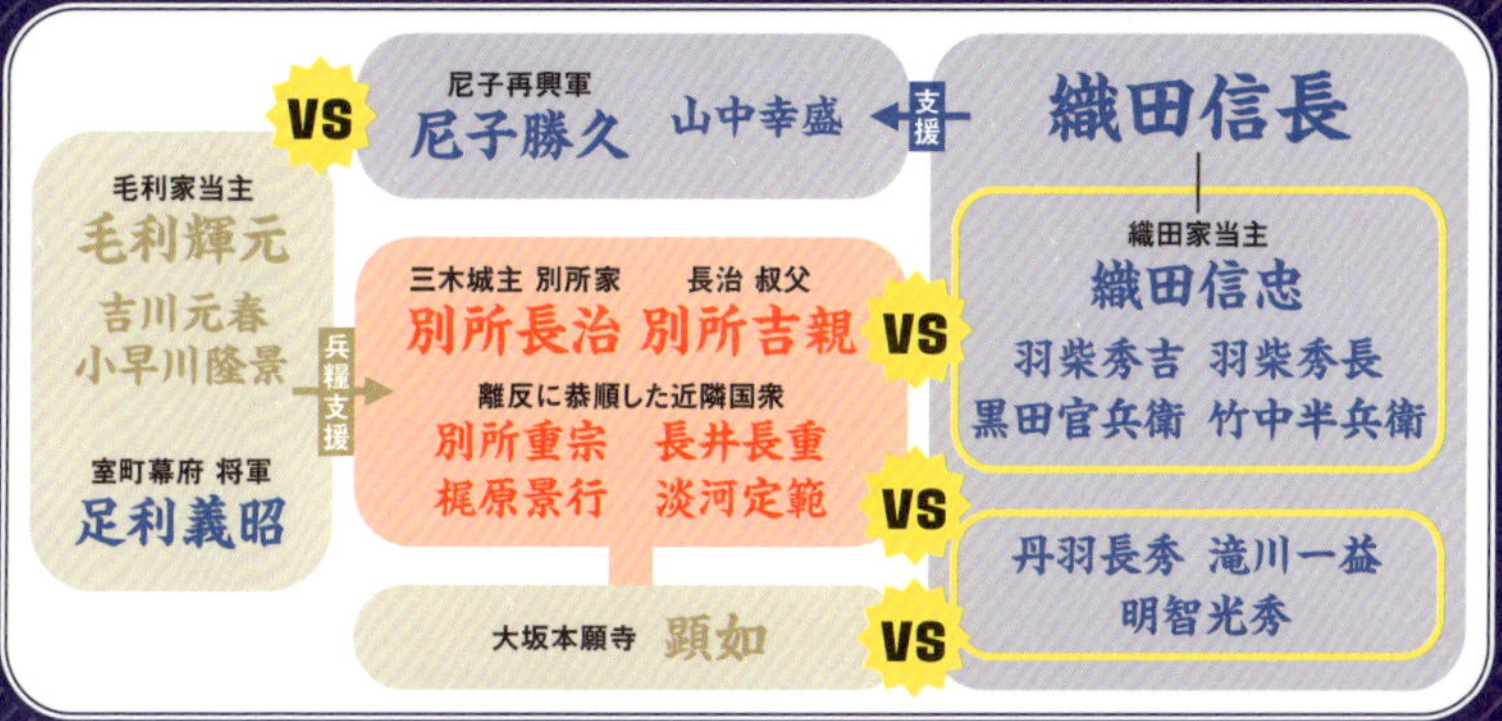

合戦地
BATTLEFIELD

播磨国の三木城（現在の兵庫県三木市）。播磨は複数の勢力が入り乱れ、東播磨を押さえる別所家がその筆頭格だった。播磨国を押さえることで羽柴秀吉の軍は順調に西へと進軍できるはずだったが、別所長治に裏切られて孤立した状態になってしまう。

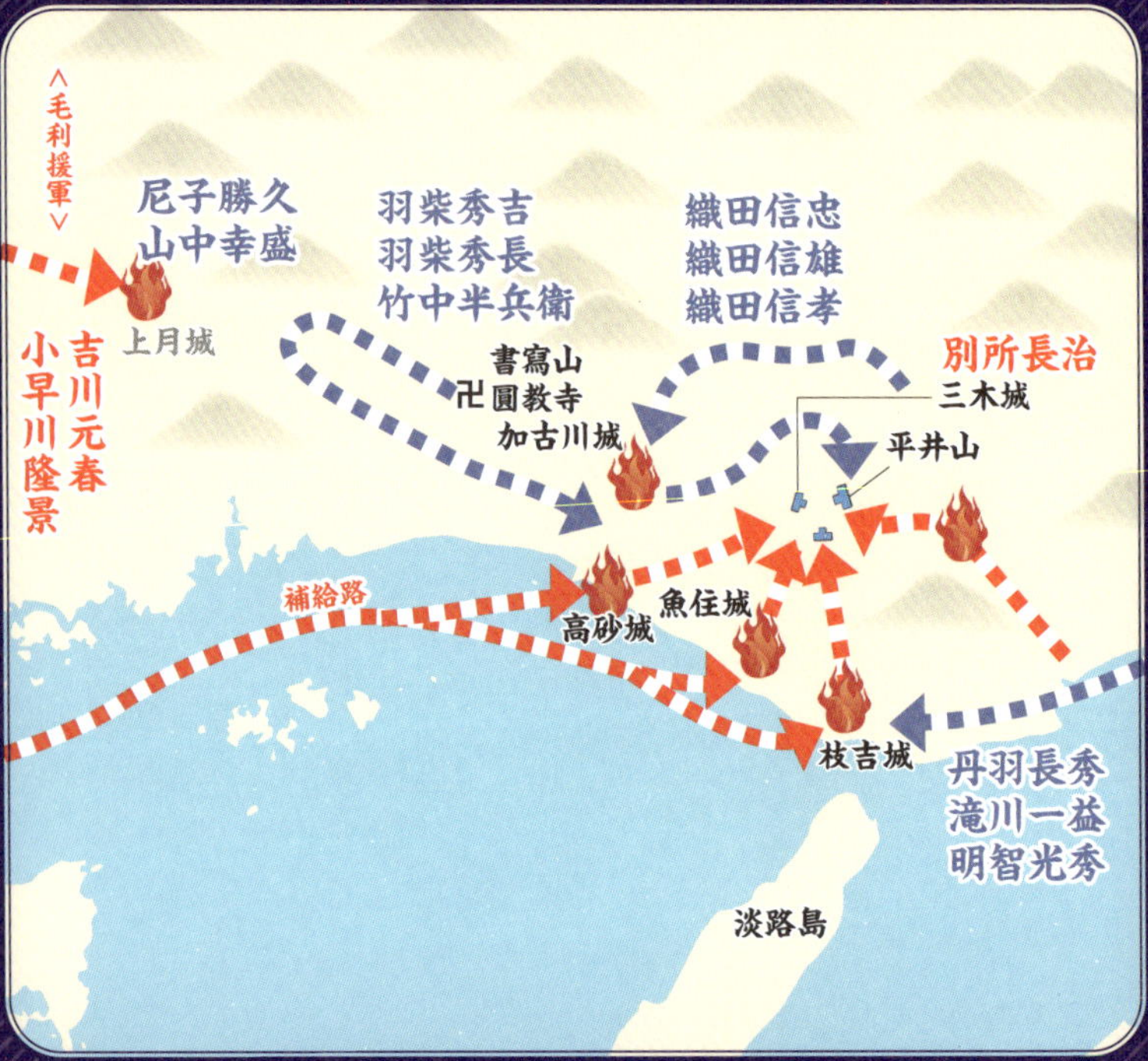

持してきた。

　そんな混乱の続く播磨国で、元亀元年（1570年）に別所家当主・別所安《べっしょやす》治《はる》が死去してしまう。家督はまだ13歳（永禄元年誕生説の場合）の別所長治が継ぐことになり、後見人を務めたのが叔父の別所吉親や別所重宗《べっしょしげむね》だった。

　当時の情勢を整理しておくと、元亀4年（1573年）に織田信長が15代将軍・足利義昭《あしかがよしあき》を京から追放。実質的に室町幕府は終わりを迎える。足利義昭は毛利輝元《もうりてるもと》のもとに逃げ込み、中国地方の大大名・毛利家の加護のもと、再び権威を取り戻そうと動いていた。畿内を領地として、新政権の構築に乗り出していたのが信長で、越後国の上杉謙信《うえすぎけんしん》や「信貴山《しぎさん》城《じょう》の戦い」（P126）での大和国の松永《まつなが》久秀《ひさひで》のように、信長の政治を良しとしない大名や豪族は反信長の勢力となり、信長包囲網を形成する。信長は、上杉謙信には柴田勝家《しばたかついえ》を総大将とした北陸軍を、松永久秀には長男の織田信忠《おだのぶただ》軍を派遣。

その後も手を緩めず、天正5年（1577年）、大坂本願寺の包囲が強められた頃、織田信長は本願寺に味方する中国方面の大名国衆を打破するため、羽柴秀吉や尼子再興軍を播磨国に向かわせた。播磨国は中国地方の大大名・毛利家を攻めるうえで欠かせない拠点。羽柴秀吉は軍師・黒《くろ》田官兵衛《だかんべえ》とともに戦略と策略で、2か月で播磨国を手中に収めた。

織田方と別所家の関係が悪化

こうした動きを受け、東播磨の別所家は当初、羽柴秀吉に従っていたが、とある事件が起こる。天正6年（1578年）2月、毛利侵攻のための軍議に出席するべく、秀吉や近隣の大名が播磨国の加古川《かこがわ》城《じょう》に集まっていた。この戦略会議「加古川評定」の場で、別所長治の後見の一人・別所吉親と秀吉は口論になり、吉親は軍議途中で退場した。

別所吉親は秀吉に従うべきではないと訴え、別所長治を説得して別所家は大坂本願寺や毛利派に転じた。別所家は事前に毛利輝元や宇喜多《うきた》直家《なおいえ》らと通じ、上杉軍や毛利水軍など信長包囲の動きに合わせて立ち上がることになった。これにより、2年にもわたる壮絶な籠城戦「三木合戦」が幕を開けることになる。

別所裏切りの一報は姫路城にいた羽柴秀吉の耳にも入る。姫路城の西には毛利がおり、東には別所家の三木城があった。摂津国と播磨国を結ぶ西国街道を別所軍に押さえられ、羽柴軍は補給路を断たれて孤立した状態になる。別所家の鎮圧に時間がかかれば、さらに苦しい状況になることが予想された。秀吉は西から毛利輝元や宇喜多直家の侵攻が始まる前に、西国街道を取り戻すことを選択した。

同年3月29日、西国街道の周辺にある城を攻めていく羽柴軍。まずは因縁の地である加古川城に向かう。加古川城を守っていた糟屋武則《かすやたけのり》と黒田官兵衛はつながりがあり、官兵衛からの書状で内応することを約束していた。あっさりと加古川城を手にするとその4日後、羽柴軍は野口城《のぐちじょう》を攻める。数万で攻めかかる羽柴軍を前に野口城も落城。羽柴軍は西国街道を取り戻した。その後、羽柴軍

は別所長治のいる三木城の北にある平井山に本陣を置くべく動き出した。所領に侵攻を始めておよそ半年後のことになる。

援軍はまだかっ！ 兵糧が尽きる城内 そして長治は決断する

平井山に砦が完成した頃、羽柴軍にとって新たな事件が起こる。摂津国の荒《あら》木《き》村重《むらしげ》が織田を裏切り、西国街道を閉鎖したのだ。これによって羽柴軍は再び畿内への道を絶たれてしまう。これは別所家があらかじめ内通し、荒木村重も織田を裏切ることになっていたからだ。しかし、荒木村重のいる有岡城は畿内から来た織田の援軍が包囲した（「有岡城の戦い」P144）。さらに、天正7年（1579年）、宇喜多直家は毛利と手を切って信長に臣従する。いよいよ別所長治に残された勝ち筋は、毛利の援軍を待つことしかなくなった。羽柴秀吉は三木城の支城を次々と落としていき、長治のいる三木城の孤立化を進めていった。

孤立した三木城内は兵糧が尽き、飢えに苦しむ兵や領民たち。しかし、どれだけ待っても毛利から音沙汰はない。天正8年（1580年）1月、このときになっても援軍が来ない場合、城兵の助命を条件に降伏と決めていた別所長治は、別所吉親の反対を押し切って三木城を開城した。長治が降伏しても徹底抗戦を訴えた吉親は城兵に討たれてしまう。同月14日に別所長治は降伏し、3日後の17日に自害。約2年にも及んだ「三木合戦」は幕を閉じた。

合戦■豆知識

羽柴秀吉の三大兵糧攻め（三木城・鳥取城・備中高松城）のひとつがこの「三木合戦」だ。別名「三木の干殺し（みきのひごろし）」とも呼ばれ、毛利から届く兵糧を秀吉はことごとくブロックし、城内の7,500の兵を干上がらせていった。それでも網の目をくぐって届く兵糧で、およそ2年も耐えた別所長治は見事だったと思う。

合戦結果

勝 羽柴秀吉軍

西国街道を押さえられて補給路を絶たれた状態になるも、黒田官兵衛らの策をもとに危機を脱出。兵糧攻めで別所軍の士気を奪い、別所長治を降伏させた。

YUKIMURA'S EYE

叔父の声に流されて 君主の若さが出た離反

別所長治が叔父・別所吉親の進言を受け、織田から離反したのが21歳（永禄元年誕生説の場合）になる。分別のつく年齢ではあるが、混乱の続く播磨国で外交や軍事面は別所吉親や別所重宗といった叔父に頼り切りであっただろう。織田を裏切るとき、後見の2人の叔父は意見の相違で対立。別所重宗は終始、織田から離れるべきではないと訴えていたが、別所吉親の意見が通ることになり、重宗は三木城を出て織田派として別所家と戦っている。

まず、この両叔父の対立をなだめることができなかったことから、別所長治には当主としての器量や威厳を感じることができない。声の大きい吉親に言われるままに従い、織田を裏切ったがために戦国大名・別所家は滅んでしまった。そんなタイプに思えてしまう。

別所長治は毛利の援軍に期待していたが、2年ほど待ってもやってくることはなかった。

長治には「今はただ 恨みもあらじ 諸人の いのちにかはる 我身とおもへば」という辞世の句がある。己の命で多くの城兵が救われるなら、もはや恨みなどありません、という意味だ。羽柴秀吉の兵糧攻めによって、多くの餓死者であふれていた城内。こんな惨事を招いたのは、すべてが自分の落ち度であることを認めている。賭けには負けてしまったが、潔い別所長治の人間性を感じることができる。

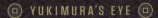

天正6年～7年
1578年～1579年

御館《おたて》の乱《らん》

「越後の龍」の死により上杉家で権力争いが勃発！

裏切り武将 （上杉景虎軍）

上《うえ》杉《すぎ》景《かげ》虎《とら》

天文23年（1554年）、北条氏康の七男として誕生。永禄12年（1569年）に北条と上杉の越相同盟が締結し、人質扱いで謙信の養子として越後国入り。謙信の初名「景虎」の名を授かったことから第一後継者と見られた。

織田や北条との争いが続く戦乱の最中、当主の上杉謙信《うえすぎけんしん》が急死した。上杉家は誰が継ぐのか、2人の養子による跡目争いが勃発する。

裏切りDATA

タイプ

野心型

裏切った理由

裏切りよりも乗っ取りのイメージが近いかもしれない。北条家の出身であり、謙信が亡きあと、跡目争いは血縁の景勝が有利に見えるなか、景勝に戦を挑んだ。

裏切られた武将

上杉景勝《うえすぎかげかつ》

上杉謙信の姉（仙桃院）の子として、弘治元年（1556年）に誕生。嫡子のいない叔父・謙信の養子となり、上杉一門衆筆頭の扱いを受ける。謙信の血縁であることから家督争いで有利と見る者もいた。父は長尾政景。

景勝と景虎 2人の養子の奇妙な物語

越後国の当主である上杉謙信は「越後の龍」の異名で知られ、武田信玄《たけだしんげん》や織田信長《おだのぶなが》と争っても負け知らず。そんな謙信は妻を持たず、実子がいなかった。そうした背景があり、2人の養子を取ることとなった。そのひとりが上杉景勝だ。

上杉景勝は、長尾家の庶家・上田長尾家に生まれ、母は上杉謙信の姉・仙桃院《せんとういん》。父の長尾政景《ながおまさかげ》は、当初は義弟にあたる謙信と争っていたが、戦いに敗れたあとは重臣として謙信に従属している。景勝は、父の長尾政景が溺死したことをきっかけに謙信の養子となるが、その年代は定かではない。通説では、長尾政景が死去したのは永禄7年（1564年）、景勝が9歳の頃とされている。船遊び中に酒に酔って溺死した説、謙信の謀略で宇佐美定満《うさみさだみつ》に殺された説などがある。上杉景勝が養子に入ることで、上田長尾家は上杉家に吸収されて事実上の断絶となった。

2人の養子のうち、もうひとりが上杉景虎だ。

永禄11年（1568年）、甲斐国の武田信玄が今川領へ侵攻すると、武田家と北条家の間で結ばれていた甲相同盟が決裂する。代わりに、敵対していた上杉家と北条家の間で越相同盟が締結された。永禄12年（1569年）に結ばれた越相同盟は、武田信玄に対抗するために上杉謙信と北《ほう》条氏康《じょううじやす》・氏政《うじまさ》が結んだ軍事同盟である。この同盟の見返りとして北条氏政の次男が上杉家へ養子に行く予定となっていたが、氏政が直前になって嫌い、永禄13年（1570年）4月、次男の代わりに七男が養子に出された。この七男が上杉景虎である。

景勝と景虎、どちらも最初は上杉謙信に抗う立場からの養子縁組であるが、長尾政景のところには姉の仙桃院が嫁いでおり、上杉家と上田長尾家のつながりは越後国のなかでは強いと感じられる。ちなみに、上杉謙信と北条氏康・氏政の間で結ばれた越相同盟だが、元亀2年（1571年）、北条氏政の代になってから破棄された。両者は再び争うことになるが、それでも謙信と景虎の養子縁組は解消されず、景虎は上杉家の後継者になる可能性が残されたままだった。その数年後、上杉家を悲劇が襲う。

偉大な謙信の死 それが家督争いの引き金となる！

「手《て》取川《どりがわ》の戦い」で上杉謙信軍が織田信長軍を撃破した翌年、天正6年（1578年）3月、関東出陣の手筈を整えている最中に上杉謙信が急死した。

この頃、上杉家は加賀国で織田と、上野国で北条と争っていた。領主の座を空けておくことができない上杉家は、上杉景勝と上杉景虎、2人の間で家督争いが勃発する。どちらが裏切ったということではなく、どちらが越後国を継ぐかの争いである。

母が謙信の姉・仙桃院ということもあり、越後国に住む多くの家臣たちは上杉景勝に味方した。越後国を守ろうとする勢力だ。

一方、上杉景虎に付いたのは、景虎が北条家の出身ということもあり、関東勢や関東管領《かんれい》の上杉家、陸奥国の伊達家など、越後国の利権を求める者だった。越後内外で謙信を良く思っていなかった者たちになる。

上杉謙信が死去した直後、上杉家の家督争いが始まる。天正6年（1578年）3月中旬、景虎派の家臣・柿《かき》崎晴家《ざきはるいえ》が何者かに暗殺される。その後、上杉景勝は春日《かすが》山城《やまじょう》本丸を占拠し、金蔵や兵器蔵を押さえた。しかし、景勝の高圧的な態度が国衆の反発を招き、景虎派になびく者が増えていく。こうした反景勝の勢力の動きを受けて、景虎は担がれる形で挙兵を決める。

同年5月5日、景勝方は本丸から景虎方の三の丸に攻撃を開始した。

劣勢になった景虎は三の丸から御館《おたて》（関東管領館）に移った。御館に移った景虎は攻撃に出る。北条や武田に援軍を要請しつつ、景勝が占拠した春日山城を攻めるも失敗に終わる。

激しく争う景勝と景虎は、それぞれが家督争いを有利に進めるために、家臣や周辺諸国に対して工作を行っていく。そんななか、同月下旬、景虎の要請を受けた武田勝頼《たけだかつより》が大軍とともに越後国に入った。これで景虎の勝利になるかと思われた。

武田の登場で 景虎有利に見えたが 景勝の調略が発動！

景虎が武田の大軍を味方にして、戦況は一変したかのように見えた。ところが、同年7月、武

勢力
MILITARY FORCE

武田の援軍を味方に付けて、一時は上杉景虎が有利に見えた。しかし、武田軍を率いて上杉景勝を攻めるには至らなかった。そこが勝敗の分かれ目に思われる。

上杉景勝軍 VS **上杉景虎軍**

総数 約**4,000**兵　総数 約**6,000~1**万兵

相関図
DIAGRAM

養子入りは、景勝が永禄7年（1564年）～天正3年（1575年）のどこか、景虎が永禄13年（1570年）とされる。ポイントは、上杉景勝の母が謙信の姉・仙桃院であること。この血縁関係が家臣の判断において大きな影響を与えたと想像できる。

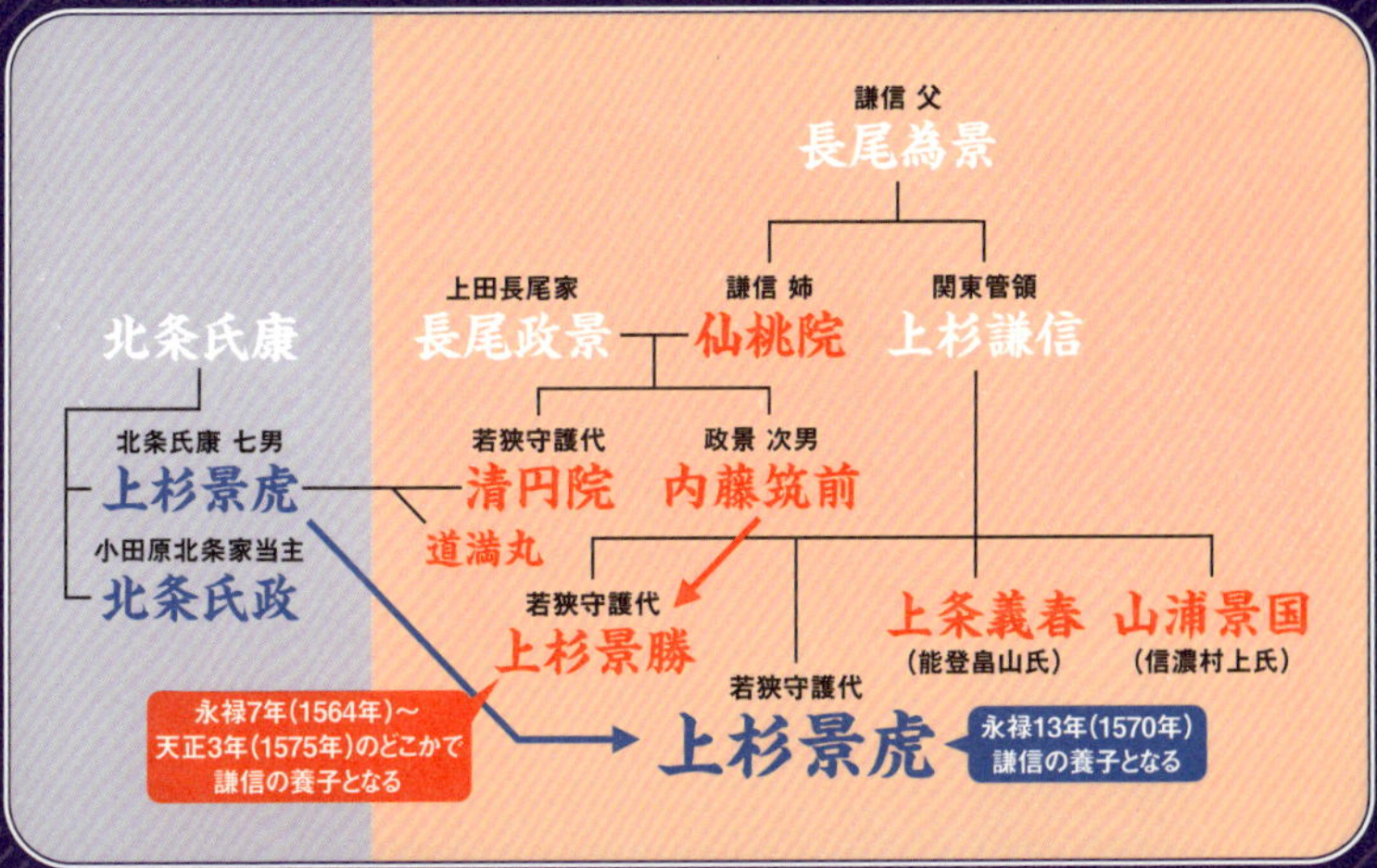

合戦地
BATTLEFIELD

越後国の御館（通称、上杉館。現在の新潟県上越市）、春日山城（現在の新潟県上越市春日山町）、鮫ヶ尾城（現在の新潟県妙高市）ほか。越後国の勢力が二手に分かれて、各地で合戦が繰り広げられた。

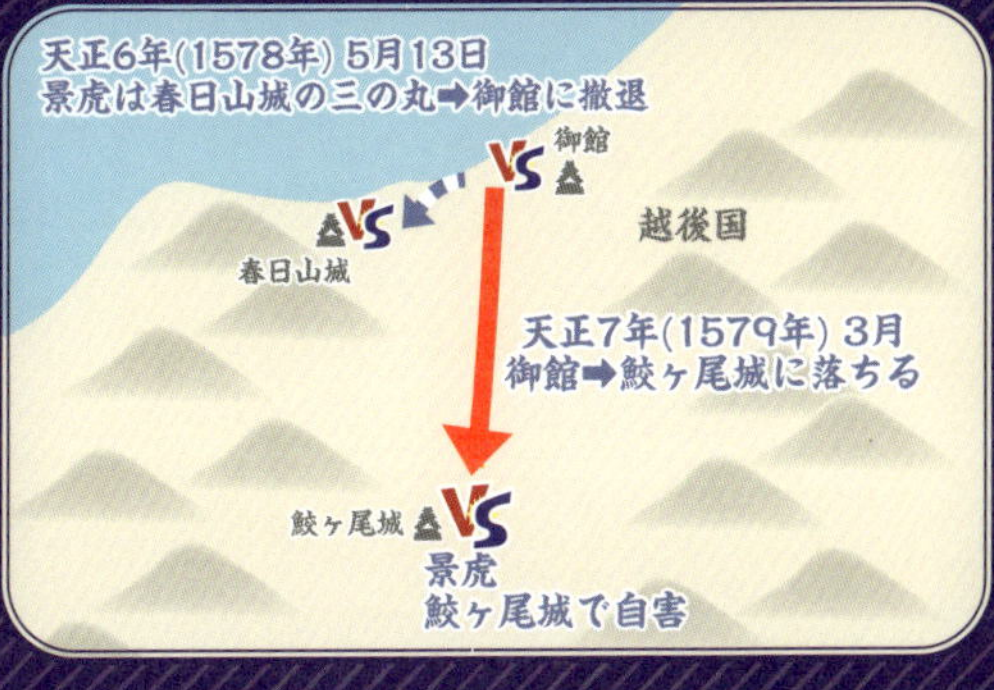

田勝頼による和睦調停で、景勝と景虎は和議を結ぶことになる。武田軍は「長篠の戦い」で大きな痛手を負ったばかりで、武田勝頼は今後に向けて余計な戦は避けたかった思いがあったのだろう。そこに景勝による金銭調略を受けて、武田勝頼が中立的な立場をとった格好だ。こうして一度は一段落したかのように見えた家督争い。しかし、同年8月下旬、徳川軍が駿河の武田領に侵攻してきたため、武田勝頼の大軍は甲斐国へ撤退することになってしまう。頼みの武田軍がいなくなり、これによって戦況は大きく逆転。武田軍の撤退を受けて和議は破棄され、再び景勝と景虎による争いが始まった。

　天正7年(1579年)2月1日、雪が残るなか、景勝は御館への総攻撃を命じた。雪に囲まれた越後国で景虎は援軍も見込めず、窮地に追い込まれていく。同年3月17日、景虎派の上杉憲政《うえすぎのりまさ》が景虎の長子・道満丸《どうまんまる》を連れて御館を脱出するも包囲されて殺害される。同年3月下旬に御館は落城。景虎は脱出して味方の堀江《ほりえ》宗親《むねちか》を頼り、鮫ヶ尾城《さめがおじょう》へ逃げ込むも堀江宗親が景勝派に寝返って城は包囲される。景虎は鮫ヶ尾城で自害し、上杉家の家督争いは決着した。

　上杉景勝勝利という結果を受けて越後国の豪族たちも追従し、景勝は上杉家の当主となる。ただ、上杉家の軍事力の衰退やその後の恩賞問題などにつながり、謙信亡き後の上杉家にとってはマイナスの影響が大きい家督争いとなった。

合戦■豆知識

上杉家臣内での景勝の呼び名に「公」が付き、景虎には付いていないところを見ると、跡目争いは景勝のほうが有利だったように思われる。また、謙信の葬儀の際は両者参列しているが、喪主的な位置は景勝だったようである。

合戦結果

勝 上杉景勝軍

武田軍が撤退したことにより、戦況は一変。総攻撃を仕掛けたタイミングも見事で、景虎は敗れて自害。景勝のこの戦の上手さは謙信の血縁関係ゆえか…。

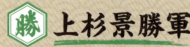

YUKIMURA'S EYE

景勝が一枚上手だった!?
機を捉えた名采配

上杉家については、2人の養子それぞれに権力を与えた分割統治が行われていたなど、さまざまな説がある。結果として、家督の決まっていない状態で上杉謙信が急死したことにより、家臣の間での利権争いを発端に「御館の乱」は起きている。越後国に領地を持つ者は北条やほかの大名の侵略を恐れて、上杉景虎を支持しないスタンスをとったと思われる。また、上杉景勝の母方が謙信の姉・仙桃院だったことも大きく影響を及ぼしていたと想像できる。

戦力的には景虎のほうが大きかったが、景勝は先に春日山城に籠り、資産と軍備を掌握できたことが命運を分けた格好だ。当然、景虎にも多くのチャンスはあった。武田軍や北条軍が主力を率いて援軍に入っていれば、たとえ堅牢な春日山城といえども落とせていたと思われる。しかし、実家の北条の軍は関東で佐竹、宇都宮、里見と争いを繰り広げており、すぐに主力を回せない状況だった。頼みの武田勝頼も「長篠の戦い」で重臣らを多く失ったばかりで、徳川や織田との戦いに備えて兵力を温存させたい思いが強く、和睦交渉役に徹してしまう。それを景勝派に見透かされてしまい、金銭調略を受けて武田軍は撤退してしまった。

年明けの春には北条の主力が援軍に駆けつけることになっていたが、それを察知した景勝は雪で越山できない時期に決着をつけようと、2月に総攻めを決断した。そう考えると、機を捉えた景勝派の名采配だと言わざるを得ない。

天正6年～7年

1578年～1579年

有《あり》岡《おか》城《じょう》の戦《たたか》い

信長の恐ろしさを痛感！ 裏切り者に対する凄惨な仕打ち

中国地方の大大名・毛利家の領土へ侵攻を目論む織田信長。しかし、重臣の荒木村重が突如裏切り、摂津国の有岡城に立て籠ってしまう。

裏切って逃げて生き延びる！
戦乱を生き抜くしぶとさは特A級

裏切り武将 （荒木村重軍）

荒《あら》木《き》村《むら》重《しげ》

摂津国衆・池田家の家臣・荒木義村の子として天文４年（1535年）に誕生。池田一門衆になると、池田家を牛耳ることに成功。手腕を信長に評価され織田家に仕えるようになり、武功を重ねて摂津国の主にまで出世した。

裏切りDATA

タイプ

保守型

裏切った理由

独自の支配体制にあった播磨国を維持するのが目的。信長の政権に従っていくよりも、足利家や毛利家、大坂本願寺の陣営に身を投じたほうが有利と考えた。

裏切られた武将

織田信長《おだのぶなが》

さらなる領土拡大のために、信長は中国地方の大大名・毛利家の領土へ侵攻を開始。羽柴秀吉の軍を向かわせるが、「三木合戦」に参戦していた荒木村重に裏切られてしまう。信長は有岡城に籠る村重を説得するも失敗に終わる。

信長に認められた！豪族から守護に成り上がる荒木村重

荒木村重は、摂津国の守護・池田勝正《いけだかつまさ》に仕える、摂津国の小さな豪族のひとつに過ぎなかった。自らの手腕で池田勝正の信頼を勝ち取り、池田家で徐々に発言力を得ていくと、その後、主君の池田勝正を追放して池田家の実権を握る。元亀2年（1571年）の「白井河原《しらいかわら》の戦い」では、ライバル関係にあった摂津守護・和田惟政《わだこれまさ》に勝利。地方豪族の家臣から出世し、織田家の重臣にまで上り詰めていった。

天正5年（1577年）、畿内を領地として、新政権の構築に乗り出していた織田信長。さらなる勢力拡大のために、中国地方の大大名・毛利家の領土へ侵攻を開始する。

信長は中国地方侵攻の拠点になる播磨国へ羽柴秀吉《はしばひでよし》や尼子《あまご》再興軍を向かわせた。ところが、羽柴秀吉に従っていた東播磨の別所長治《べっしょながはる》は、叔父・別所吉親《べっしょよしちか》の説得を受けて信長を裏切ってしまう（「三木合戦《みきかっせん》」P132）。裏切り者を成敗し、播磨国を安定に導くため、秀吉はいくつもの別所領にある城を攻め落としていくのだが、その合戦に荒木村重も参戦していた。

突然の裏切り！信長は説得するが失敗に終わる

しかし、天正6年（1578年）7月、羽柴秀吉の与力《よりき》として「三木合戦」に参戦していた荒木村重は突如、戦から離脱し、織田信長に反旗を翻した。裏切った動機は諸説あるが、毛利による調略が成功したのではないかと見ている。

織田家の重臣・荒木村重は、天正元年（1573年）の「若江城《わかえじょう》の戦い」で武功をあげるなど、信長もその手腕を買っていた。評価している男だったからか、信長はすぐに手を下すのではなく、明智光秀《あけちみつひで》や松井友閑《まついゆうかん》を使者として派遣し、村重の説得を試みた。しかし、村重の意志は固く、説得に失敗してしまう。こうして信長は村重の討伐を決める。

荒木村重の裏切りに呼応するように、天正6年（1578年）11月、毛利家直属の村上水軍《むらかみすいぐん》、小早川水軍《こばやかわすいぐん》の船が織田領の木津川河口を襲撃する。これに対して、織田信長の水軍武将・九鬼嘉隆《くきよしたか》が鉄甲船で対抗し、返り討

ちにした。この「第二次木津川口の戦い」の勝利が狼煙となったのか、その数日後に織田信長は自ら5万の兵を従え、摂津国の山崎に布陣。織田軍の滝川一益や明智光秀の隊が、摂津国に点在する荒木派の城を狙って動き出す。

織田の大軍を前にして、荒木村重の家臣は次々と寝返っていく。高槻城の高山右近や茨木城の中川清秀、さらに大和田城などの城主たちも信長に寝返ってしまい、村重は孤立することになる。

天正6年（1578年）12月には有岡城に総攻めが開始された。しかし、有岡城の堅い守りに跳ね返され、織田軍は家臣を含めて2000兵ほど失ってしまう。そこで信長は力攻めの攻城戦から兵糧攻めに切り替えて、自らは安土城に帰還した。

勢力
MILITARY FORCE

織田軍が動き出せば兵力の差は一目瞭然。荒木村重は籠城して、毛利の援軍を待つしかなかった。毛利の水軍が木津川で勝利していれば状況は変わったかもしれない。

荒木村重軍 VS **織田信長軍**
総数 約1万兵　　　総数 約5万兵

相関図
DIAGRAM

中国地方の大大名・毛利家の庇護を受ける将軍・足利義昭から荒木村重に猛烈な調略が入っていたのだろうと思われる。その後、荒木村重は毛利家のもとに逃げている。

攻　　　　　　　　　　守

毛利家当主　　摂津国 領主
毛利輝元　　**荒木村重**　　**織田信長**

将軍　　　　嫡男 大物城主　　織田家当主
足利義昭　　**荒木村次**　　**織田信忠**

小早川水軍　　一門 家臣　　主な荒木討伐軍の将
村上水軍　　　荒木久左衛門　　滝川一益
　　　　　　　荒木重堅　　　　明智光秀
　　　　　　　荒木元清　　　　蜂屋頼隆
　　　　　　　吹田村氏　　VS　氏家直昌
　　　　　　　塩川国満　　　　安藤守就
　　　　　　　能勢頼道　　　　細川藤孝
　　　　　　　高山右近　　　　稲葉良通
　　　　　　　中川清秀

調略／兵糧支援／軍事支援

第二次木津川口の戦いで織田の鉄甲船に敗れる

VS

浄土真宗総本山
大坂本願寺
第11世宗主 顕如

元亀元年（1570年）〜天正8年（1580年）10年にも及ぶ大坂合戦の真っ最中

VS

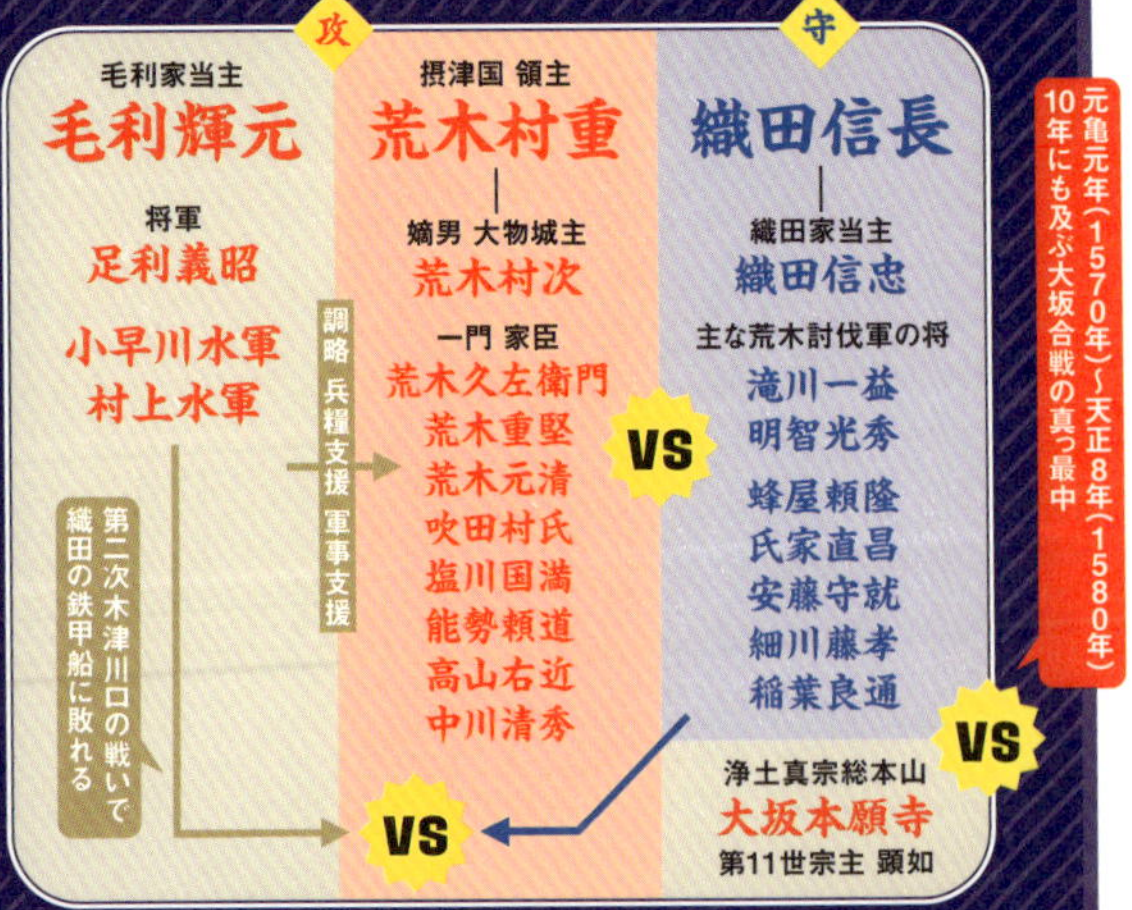

頼みの毛利がやって来ない！荒木村重は逃亡！

荒木村重は毛利からの援軍を待っていたものと思われる。しかし、いつまで待っても援軍はやって来ない。天正7年（1579年）9月2日、村重は夜に船で川を下り、嫡男・荒《あら》木《き》村次《むらつぐ》が籠る尼崎城（大物城）へ逃亡した。同年10月15日、村重《むらしげ》の逃亡の影響や、長らく続いた兵糧攻めで士気が下がっていた有岡城に向けて、織田軍は総攻撃を開始。この攻撃が始まる前、織田軍・滝川一益による城内兵の調略もあったとされる。村重が不在のなか、城将・荒木久左衛門は降伏して城を明け渡した。

BATTLE

合戦地
BATTLEFIELD

摂津国の有岡城（現在の兵庫県伊丹市伊丹）およびその周辺。東から攻めてくる織田軍を前に、荒木村重は有岡城から荒木村次のいる大物城へ、さらに荒木元清のいる花隈城へと逃亡。織田軍に捕らえられた人質を見捨てて逃げ延びた。

信長の恐ろしさ 凄惨極まる 荒木一族の最期！

織田信長は荒木村重の家臣たちに条件を出した。その内容は、尼崎城へ逃げていた荒木村重を連れてくること、尼崎城と支城の花隈城《はなくまじょう》を明け渡すこと、そうすれば家臣や一族など人質となった者たちの命は助けるという内容だった。この提案を受けて、荒木久左衛門は尼崎城に逃げていた村重のもとに向かい説得を試みるも、村重は提案を受け入れることはなかった。荒木久左衛門は人質たちを見捨ててそのまま逃亡。同年12月13日、尼崎城で捕らえられた荒木一族やその家族、約670名が信長の命にて処刑された。

荒木村重も同じく処刑された…と思いきや、同月に尼崎城から逃げて花隈城に移動し、信長への抵抗を続けた。天正8年（1580年）に「花隈城の戦い」で再度、織田軍に挑むも敗北。その後、中国地方の毛利家のもとへ亡命した。

合戦■豆知識

羽柴秀吉の軍師として有名な黒田官兵衛は、天正6年（1578年）10月、村重を翻意させるべく有岡城に入るも説得に失敗し、有岡城で幽閉されてしまう。信長は、なかなか羽柴陣営に戻らない官兵衛のことを村重派に寝返ったと考え、人質である官兵衛の子・松寿丸（のちの黒田長政）の処刑を命じる。しかし、秀吉のもう一人の軍師・竹中重治の機転で、松寿丸を美濃国で匿い、別の子を身代わりとさせたことで松寿丸は助かったとの逸話がある。

合戦結果

勝 織田信長軍

一度は荒木村重の説得を試みた信長だが、村重の意志は固く失敗。自ら5万の兵を従えて、村重やその家臣がいる城を攻めた。村重は逃亡し、織田軍の勝利となる。

毛利輝元や足利義昭から調略を受けて寝返った!?

織田家を裏切って返り討ちにされるも、親族や家臣を見捨てて逃げ、戦乱の時代を生き延びた荒木村重。裏切りに至った動機や原因は諸説あり、一般的には織田信長の強硬な支配に対する反感であったり、大坂本願寺や毛利の調略を受けて寝返ったりといった説で知られている。

個人的な推測としては、毛利に庇護されている将軍・足《あし》利義昭《かがよしあき》や毛利《もうり》輝元《てるもと》から荒木村重は調略を受けた説が有力ではないかと思う。足利義昭の家臣・小林家孝《こばやしいえたか》や毛利の属将を有岡城に入城させていたり、村重が毛利家に提出した帰服《きふく》誓約《せいやく》（※1）があったりするのが、そう考える理由だ。村重は織田信長に従うよりも、足利家や毛利家、大坂本願寺の陣営に身を投じたほうが有利と考えていたのではないか。もしくは、一門や家臣らに懇願されて村重は動いたとも考えられる。

摂津国内では、信長の勢力が進出するまで国衆などが比較的独自の支配体制を築いていた。信長はこうした勢力を統制下に置こうとし、摂津国衆たちの反発は強まった。信長配下の村重も信長から同様の圧力を受け、村重は信長に反旗を翻して彼らの支持を受けたほうが、摂津支配を保てると判断したとする説も存在する。実際、村重の反逆の直後、これまで大坂本願寺の目の前にありながら大坂合戦に中立的であった摂津西部の一向一揆が蜂起し、尼崎城や花隈城での戦いでは百姓主導による抵抗が行われている。

※1 ここでは起請文（きしょうもん）を意味し、契約の内容を書いて信仰する神仏の名前を列挙したもの

COLUMN 4

大名と宗教

時の権力者は宗教を政治の道具として使用していた節がある。名だたる大名は何を信仰していたのだろうか。

織田信長 禅宗一般

自身を第六天魔王と称し、腐敗した神仏を根絶やしにするといったイメージがあるが、実際はそうでもない。「桶狭間の戦い」の前に自国の神である熱田神宮に戦勝祈願し、勝った暁には熱田神宮に塀を寄進している。また、旗印の招きには「南無妙法蓮華経」を掲げている。本願寺、いわゆる一向宗との対立はただ政治的対立であり、信長の政治に反するものを排除したかったのだろう。そう考えると、利があると判断したからキリスト教も受け入れたと感じる。

豊臣秀吉 神道

織田信長より豊臣秀吉のほうが合理的に宗教を政治に利用していた節がある。幼少の頃に預けられたのは浄土宗の寺で、あとになって神道に興味を持ち、伏見稲荷を崇拝したり、死後になって新八幡神として祀られることを希望したりしている。一向宗の集団的な熱狂の怖さを理解していた秀吉。西本願寺の建立やキリスト教弾圧なども、彼の合理的な考えからだろう。

戦国大名が信仰した宗教

科学という概念がなかった戦国時代において、天災や説明できない現象、人の生死に対しては神秘的な捉え方をしていた。日本の宗教は、奈良時代から神道と仏教が両立しており、戦国時代も同様である。神道の神はこの日本古来の神々であり、またその土地の神々であり、その信仰は日常生活において常にそこにある信仰である。一方、この時代の仏教は大まかに13宗派に分かれており、人が死に、極楽浄土に行くためにはどうしたらいいかという教えを説いていた。乱世の時代、人が生き死に、土地が混沌とするなか、武家も神や仏を信仰し、出陣の際は祈願して勝負を占い、陣中には僧を帯同させていた。

徳川家康 浄土宗

徳川家の始まりである松平の菩提寺は大樹寺で、浄土宗の寺である。松平4代当主・親忠が苦しんでいたときに助けてもらったのが浄土宗の僧で、その頃から深く信仰があった。晩年は天台宗にも帰依していたよう。幕府を開いたのち、徳川家康は寺をランク分けし、檀家制度を築き上げて仏教宗派の統制を図った。

伊達政宗 臨済宗

幼少の頃、臨済宗圓通寺の虎哉和尚（こさいおしょう）のもとで教育を受け、師と仰いだ。旗印は父輝宗の命で白地に赤丸とした。兜の前立ては有名な三日月である。これは太陽と月を表しており、曼荼羅（まんだら）の金剛界と胎蔵界を意味し、仏の加護を願ったものである。政宗はキリスト教に対して好意的で、キリシタンを擁護していた。

武田信玄 天台宗・臨済宗

武田家は先祖代々天台宗を信仰しているが、信玄自身は臨済宗に帰依していた。臨済宗の寺にて出家し、「徳栄軒信玄（とくえいけんしんげん）」と号した。それだけではなく、ほかの宗派の名のある寺に関しては、積極的に保護していった。また、武田家は甲斐源氏の流れを汲んでおり、氏神は八幡神であるが、甲斐国で絶大な信仰を受けていた諏訪や飯綱信仰・浅間信仰なども取り入れていた。

上杉謙信 曹洞宗

幼少の頃に出家し、長尾家の菩提寺、曹洞宗の寺で禅を学んだ。小さい頃から武芸を好み、軍神たる毘沙門天を信仰し、自身を毘沙門天の化身と言うようになっていった。また、不動明王にも関心があった。不動明王は人々を災いや迷いから救う仏であり、よけいな殺生をしない謙信はそれを体現していたのかもしれない。旗印の「毘」は毘沙門天、「龍」は不動明王を表しているという。上杉家の氏神は春日社であるが、謙信は毘沙門天をひとえに崇拝していたようだ。

島津義弘 禅宗一般

島津家の菩提寺は曹洞宗の寺である。島津家は鎌倉時代から南北朝までは時宗を信仰していて、そのほかに真言宗とも深い関わりを持っていた。キリスト教に対しても寛容で、父・島津貴久はザビエルらに布教を許している。逆に浄土真宗は厳しく弾圧している。島津家には信仰した5つの神社がある。諏訪神社、祇園神社、稲荷神社、春日神社、若宮神社で、そのなかでも初代・忠久の誕生伝説がある稲荷神社が有名だ。

天正10年
1582年

甲《こう》州《しゅう》征《せい》伐《ばつ》

一人の裏切りを機に織田・徳川・北条が武田の討伐へ

優勢な君主はどっちだ!?
優れた判断で戦乱を生き抜いた男

裏切り武将 (織田信長軍)

木《き》曾《そ》義《よし》昌《まさ》

信濃国木曾谷の国衆・木曾義康の長子として天文9年(1540年)に誕生。信濃国に侵攻を続ける武田信玄に屈服し、信玄の三女を妻にもらって武田一門衆となる。信玄存命中は主に美濃国や飛騨国で武功を重ねた。

無理を強いる政治、援軍を見送る判断など、武田勝頼の振る舞いは同志の忠誠心を失わせるには十分だった。木曾義昌も勝頼を見限ることになる。

裏切りDATA

タイプ

保守型

裏切った理由

無理な重税を課す政治や、援軍を送らず同志を見捨てるような判断。これ以上、武田勝頼には付いていけないという気持ちから謀反を決めたと思われる。

裏切られた武将

武《たけ》田《だ》勝《かつ》頼《より》

北条家との甲相同盟は破棄され、織田信長との和睦交渉も平行線のまま進展せず。織田・徳川・北条と三方から敵に囲まれ、衰退の兆しを見せていた武田家。そして、木曾義昌の裏切りが決定的な一打となってしまう。

信玄の娘をもらい武田傘下となった木曾義昌

天文9年（1540年）、木曾義昌は信濃国木曾谷の領主・木曾《きそ》義康《よしやす》の嫡子として誕生する。木曾義康の頃は、信濃守護・小笠原家や有力国衆・村上家らとともに武《たけ》田信玄《だしんげん》の信濃侵攻軍と戦っていたが、力尽きて武田信玄に降伏。木曾谷を治める条件として、信玄の三女・真理《まり》姫《ひめ》と木曾義昌は結婚することになり、主だった家臣らは武田信玄の所領である甲府に人質として捕らえられた。

木曾義昌は真理姫を妻に迎えたことで武田一門の格を有するようになり、永禄年間頃には木曾家の家督を継承していたと思われる。その後、武田家・西方面の軍団長的な存在となった義昌は、美濃国・遠山家との戦いで大活躍を果たす。さらに木曾義康・義昌の親子は武田信玄の命に従い、武田の家臣・秋山虎繁《あきやまとらしげ》とともに西の美濃国の切り崩しを主に任されるようになる。秋山虎繁は美濃国・岩村城に入って、織田領の最前線の守備を任されていた。

信玄の死…そして武田家に陰りが見えはじめる

ところが、元亀4年（1573年）に武田信玄が死去。信玄の死から2年後、天正3年（1575年）5月に潮目が変わる。三河国の長篠城を巡って起きた「長篠《ながしの》・設楽《したらが》原《はら》の戦い」で、武田家の家督を継いだ武田勝頼は織田・徳川連合軍に大敗を喫してしまう。織田・徳川連合軍は、その勢いのままに三河国や美濃国に侵攻を開始し、秋山虎繁の籠る岩村城にも攻め込んだ。同年12月、岩村城は落城し、秋山虎繁は捕らえられて処刑されてしまう。この大敗から、明らかに武田家の衰退の兆しが見えはじめていた。

この時、武田勝頼から木曾義昌へ岩村城の援軍に向かう要請が入っていたが、財政難を理由に義昌は断っている。

武田勝頼は織田信長《おだのぶなが》との関係修復に努めるも成果は得られず、織田・徳川・北条との三方位で起こる戦いに出兵を余儀なくされ、財政難を埋めるために年貢割合を上げて穴埋めせざるを得なくなっていった。また、勝頼は新たな居城・新府城《しんぷじょう》を築くこ

とを決め、そのための労働力の確保は一門衆である木曾義昌に重くのしかかることになった。

衰退する武田一方の織田には風が吹く

この頃の勢力を確認しておくと、織田信長が15代将軍・足《あし》利《かが》義昭《よしあき》を京から追放し、畿内を押さえた。足利義昭は中国地方を支配する毛利家のもとに逃げ込み、再び京に戻るべく、打倒信長の旗を掲げる。足利義昭に呼応するように、中国地方は毛利輝元《もうりてるもと》や宇喜多直家《うきたなおいえ》、畿内周辺では丹波国の波多野、大和国の松《まつ》永久秀《ながひさひで》などが立ち上がり、信長包囲網が形成されていく。北信越地方では越後国の上杉謙信《うえすぎけんしん》が北陸へ攻め込み、「手取川《てどりがわ》の戦い」で柴田勝家《しばたかついえ》率いる織田北陸軍を圧倒していた。負け知らずの上杉謙信は越前国まで進軍する。甲斐国を領地にしていたのが、信玄の死後、元亀４年（１５７３年）に武田家の家督を継いだ武田勝頼だった。

織田信長からすれば、北は上杉、西は毛利、そして東は武田に囲まれた状態だった。こうした状況のなか、信長は織田・徳川連合軍で先の「長篠・設楽原の戦い」で武田軍に大勝利。徳川家康《とくがわいえやす》は三河国の実権を完全に握り、遠江国の重要拠点である諏訪原《すわはら》城《じょう》や二俣城《ふたまたじょう》を攻略していく。また、信長は「天王寺砦の戦い」で本願寺を黙らせると、畿内を押さえることに成功。「信貴山城《しぎさんじょう》の戦い」（P126）で自身を裏切った松永久秀を倒し、さらに織田軍の主力を各地へ次々と派遣。丹波国に明智光秀《あけちみつひで》を、播磨国に羽柴秀吉《はしばひでよし》を、北陸に柴田勝家を、信濃国に織田信忠《おだのぶただ》を向かわせて、敵対勢力と対峙していた。

天正６年（１５７８年）３月、織田信長に風が吹く。京に向かうべく軍を整えていた包囲網の有力大名・上杉謙信が病死すると、信長包囲網の状況は変わっていく。上杉謙信が死去したことで、上杉家では家督争いが勃発（「御館《おたて》の乱」P138）。上杉景勝《うえすぎかげかつ》が家督を継ぐのだが、軍事力の衰退や褒美となる土地を家臣にどう分け与えるかなどの恩賞問題につながり、上杉家は後退していった。この際、武田勝頼は仲裁役として上杉家に関わるのだが、北条氏政《ほうじょううじまさ》の子で謙信の養子となっていた上杉景虎《うえすぎかげとら》が家督争いに敗れて死んだことで、北条家との甲相同盟《こうそうどうめい》（※１）が破棄される。こ

勢力
MILITARY FORCE

織田信忠を総大将に据えた武田征伐軍。強大な織田軍を前に、次々と武田方の国衆たちは白旗をあげていく。木曾義昌の離反がなくても結果は変わらなかっただろう。

武田勝頼軍 VS **織田信長軍**

総数 約 **数千** 兵　　総数 約 **5~6** 万兵

相関図
DIAGRAM

上杉謙信死後の上杉家しか頼ることのできない武田家。しかし、上杉家は「御館の乱」の影響で、援軍を送れるような状況ではなかった。木曾義昌や穴山梅雪といった、武田に尽くしてきた将が離れていくほど、武田家の権威は失墜していた。

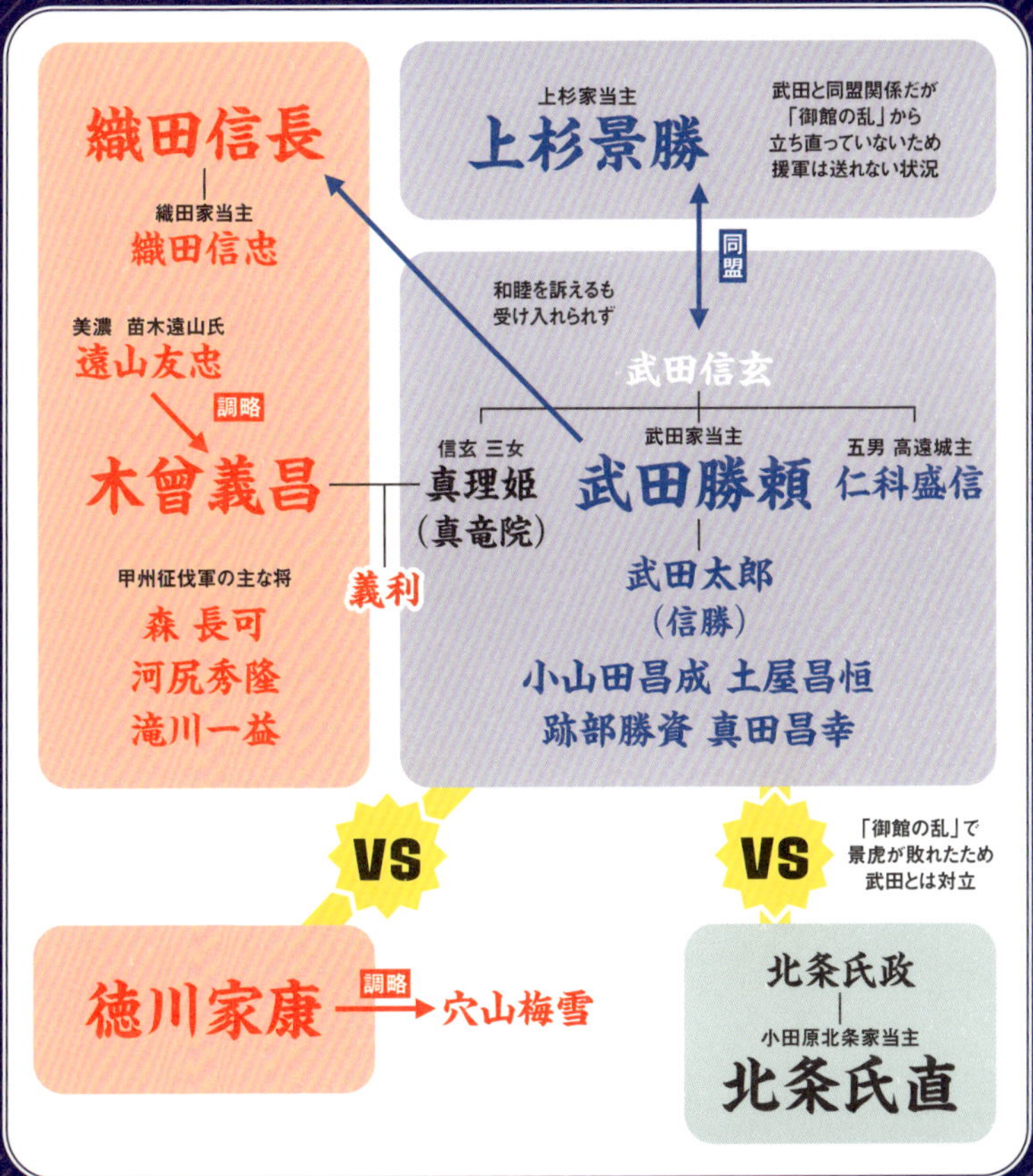

合戦地
BATTLEFIELD

駿河国（現在の静岡県東部）、信濃国（現在の長野県）・甲斐国（現在の山梨県）一帯。織田、徳川、北条が3方向から武田領に攻め込んだ。北条とは甲相同盟を結んでいたが、「御館の乱」の際に武田勝頼が上杉景勝に味方したことで、北条との関係が悪化。同盟は破棄された。

れで武田家にとって領土維持が困難になってしまう。

織田信長の命により、中国攻めの総大将を務めていた羽柴秀吉は、天正7年（1579年）に、備前国や美作国を領地とする宇喜多直家を織田方へ寝返らせることに成功する。

織田軍は丹波国や播磨国を次々と平定し、各地の一向一揆を鎮圧すると、天正8年（1582年）には、摂津国の大坂本願寺が降伏したことで信長包囲網は瓦解した。

羽柴秀吉の活躍もあり、毛利の脅威が薄れたと判断した織田信長。北と西の反抗勢力の抑え込みに成功し、いよいよ武田領への侵攻を検討する。

また、天正9年（1581年）には、武田勝頼にとって手痛い事件が起こっている。徳川軍が武田方の高天神《たかてんじん》城《じょう》を兵糧攻めで追い詰めていく状況にもかかわらず、勝頼は救軍を送らなかったのだ。結果、高天神城は徳川軍の手に落ちてしまう（「高天神城の戦い」）。

失望した！ 主君を見限った 木曾義昌が織田方へ

この一件で武田勝頼の人望と威信は大きく失墜し、木曾義昌や穴山信君《あなやまのぶただ》といった織田・徳川との境界を領する諸将の心が離れたと捉えることもできる。

これまでの武田勝頼の振る舞いや負け戦を見て、木曾義昌は勝頼を見限ることにした。そうして兵糧の買い入れや軍備強化などを進め、義昌は織田信長の調略に乗ると、天正10年（1582年）2月、弟を織田の家臣のもとへ人質に出した。こうして武田方から織田方へ寝返った。義昌の裏切りを知った武田勝頼は、義昌の母や妻といった甲府の人質を処刑し、木曾を攻めるために挙兵する。

木曾義昌からの援軍要請を受けた織田信長は、朝廷からの大義名分も得て、武田討伐の軍を動かすことを決める。信長は織田家当主・織田信忠を総大将に据え、自らを後詰《ごづめ》（※2）とする武田征伐軍を編制。いよいよ「甲州征伐」の幕開けとなる。

あの武田が瞬く間に… 3大勢力による 武田領の奪い合い

天正10年（1582年）2月3日、武田を討伐すべく、織田軍が動き出した。信濃国の飯田付近まで進軍した織田先鋒隊は近隣の城主に織田への投降を呼びかけていく。織田軍を恐れて、あっさりと織田方に寝返ったり、城を捨てて逃げたりする武田方の国衆たち。織田軍はほぼ無傷の状態で南信濃の制圧に成功する。また、織田方の徳川軍も駿河国の制圧に成功。同年2月下旬になると関東の北条家も機を逃すまいと動き出す。織田・徳川・北条の侵攻は、まるで武田領の奪い合いの様相となった。

木曾義昌の裏切りから始まり、鳥居峠での敗戦、高遠城《たかとおじょう》の落城と、わずか1か月足らずで武田勝頼は信濃国の半分を失ってしまった。勝頼は甲府の新府城まで後退を決めるも、撤退時に兵は次々と逃げていく。新府城にたどり着いた頃には、1万いた兵は1000人ほどまでに減っていた。

勝頼が最期の場所に選んだのは…甲斐武田家、滅亡へ

天正10年(1582年)3月3日、畿内より集められた信長率いる6万の大軍が動き出した。負けが続いていた武田勝頼は織田軍との決戦を考えることなどできず、早々に新府城を捨てることを決める。すでに勝頼に従う兵は数百にまで減っていた。

武田勝頼一行の次の目的地は、大叔父であり家中屈指の重臣・小山田《おやまだ》信茂《のぶしげ》が守る岩殿城《いわどのじょう》になった。岩殿城に逃げ込むことを決めた勝頼だが、すでに小山田信茂は織田方に寝返ることを決めており、岩殿城までの道を封鎖し、鉄砲を放って勝頼を拒絶。わずかな希望は絶たれてしまう。

小山田信茂に見放され、後方からは織田軍の追手が迫る勝頼一行。逃げ場がないと悟ったのか、最後に武田勝頼が向かった先は天目山《てんもくざん》だった。

天目山とはかつて武田家13代当主の武田信満《たけだのぶみつ》が戦に敗れて自害した場所で、天目山栖雲寺《せいうんじ》には武田家の祖先の墓がある。この時点で残る戦力は数十人になっていた。やっとの思いで天目山の山麓に到着したのだが、その直後に織田軍の敵兵に追いつかれてしまう。勝頼は徹底抗戦を選び、最後の家臣たちが奮闘するなか、嫡男の武田信勝《たけだのぶかつ》、正室の北条夫人とともに自害(「天目山の戦い」)。甲斐武田家は滅亡し、「甲州征伐」は幕を閉じた。

合戦結果

勝 織田信長軍

大きな痛手を負うことなく、武田領を制圧していった織田軍。仲間も領土も失っていった武田勝頼は天目山で自害を選択。甲斐武田家は滅亡した。

※1 甲斐・武田家と相模・北条家との間で結ばれた同盟
※2「うしろづめ」ともいわれる。味方の後方に控え、戦況に応じて投入される軍のこと

YUKIMURA'S EYE

鞍替えの連続で領土死守 木曾義昌の優れた判断

『木曾福島町史』によれば、天正9年(1581年)8月26日に苗木《なえぎ》遠山《とおやま》氏の遠山友忠《とおやまともただ》より、織田信忠からの武田攻めの準備に関する書簡が木曾義昌のもとに届いている。これは「甲州征伐」が開始される半年以上前には、義昌が織田方と通じていたことを示している。時期的には天正9年(1581年)3月、高天神城の落城がきっかけになったと考えられる。無論、新府城を築城することによる夫役《ぶやく》(※1)増大と重税に不満はあっただろうが、織田に攻められたときに援軍を送ってくれないような主君には従えないという気持ちが、謀反に向かわせたのだと思われる。

天正10年(1582年)2月に弟を人質として送ったことで織田への寝返りが露呈するのだが、この段階ですでに織田軍による「甲州征伐」の段取りは整っていたわけだから、武田を滅ぼす合戦の合図であったと捉えることもできる。しかし、木曾義昌は木曾谷の領土を守り抜く能力に長けているのがよく分かる。「甲州征伐」のときに織田に鞍替えし、「本能寺の変」(P160)で織田信長・信忠が死去すると、北条に鞍替え。しかし、武田の残った領土を北条・上杉・徳川が奪い合う「天正壬午《てんしょうじんご》の乱」が勃発すると優勢な徳川に鞍替え。羽柴と徳川の「小牧・長久手の戦い」が起こると秀吉に従う。このように、優勢な側へころころと転属して領土を守ったのは、戦乱の世を生き抜いた将として「見事！」というほかない。

※1 農民のような特定階級の人々に課せられた労働で、労働者はほぼ無給で働かされた

天正10年

1582年6月21日

本能寺《ほんのうじ》の変《へん》

巨星落つ！ 信長父子が裏切られて時代が変わる

黒幕がいた!? 冤罪か？ 首謀者か？

日本三大ミステリーに数えられる変

裏切り武将 （明智光秀軍）

明《あけ》智《ち》 光《みつ》秀《ひで》

美濃国明智荘出身の将といわれているが、出自も年齢も諸説あり定まっていない。越前国の朝倉家の庇護を受け、そのあとに足利義昭に仕えた。織田信長に重用され、外様でありながら織田家の重臣に上り詰める。

裏切りDATA

タイプ

保守型

裏切った理由

「怨恨説」「朝廷黒幕説」「足利義昭関与説」「冤罪説」など裏切りの理由は諸説あり、その真偽は不明。本書では「四国征伐回避説」が有力と推測する。

裏切られた武将

織田信長《おだのぶなが》・信忠《のぶただ》

武田家を滅ぼして東国を手中に収めた信長。その目は西国に向けられた。信長は四国統一のため、土佐国の長宗我部家を討伐しようと動き出す。しかし、四国侵攻の早朝、織田信長・信忠父子は明智光秀の裏切りにあってしまう。

武田家を滅ぼし、いよいよ日の本統一の総仕上げに動く織田信長。しかし、明智光秀によって裏切られ、織田信長・信忠父子は最期を迎える。

謎に包まれている明智光秀の出自や背景

明智光秀の出自は謎だらけであるが、一般的には美濃国の明智一族の一人といわれている。光秀は「長良川《ながらがわ》の戦い」（Ｐ082）で斎藤《さいとう》道三《どうさん》派として戦ったことから、この戦に勝利した斎藤義龍《さいとうよしたつ》に明智城を落とされ、美濃国を脱出することになった。越前国の朝倉義景《あさくらよしかげ》を頼り、そののちに教養を買われて幕府奉公衆となり、それから織田信長に仕えて出世していく。これがよく知られた光秀の背景である。しかし、将軍・足利《あしかが》義昭《よしあき》に仕えるまでの青年期をどのように過ごしていたのかは不明である。

明智光秀は、茶道や和歌などの教養面だけでなく、剣術や砲術といった武芸にも長けた将だった。また、幕府や朝廷との人脈も巧みに構築し、織田政権下の内政や外交もこなしていく。こうした高い能力を持った武将だったからこそ、長らく仕えてきた家の出身でもない光秀が、わずか数年で織田家臣のなかでも上層の地位に上り詰めることができた。それを裏付けるのが、天正３年（１５７５年）７月、光秀は新しい姓をもらって「惟任《これとう》」と名乗ることになったことだろう。

惟任とは、平安時代に豊後国一帯で栄えた大神家という武士団のひとつ。鎌倉時代に幕府から派遣されて豊後国に入った大友家に敗れ、大神家は領土を失い、一族は名を変えて各地に散っていった。そのひとつが惟任家である。少弐《しょうに》家・秋月《あきづき》家・戸次《べっき》家・原田家・菊池家と同様に、惟任家も武家として鎌倉時代から室町時代にかけて、九州のいずれかの勢力として君臨していた。戦国時代のどこかで滅亡か断絶のような状況に追い込まれたのだと思われる。

織田信長は、日《ひ》の本《もと》統一の総仕上げが九州になると考えていた。そのため、明智光秀に九州の名族であった「惟任」を継がせ、従五位下《じゅごいのげ》・日向《ひゅうがの》守《かみ》の官位を授けた。当時としては非常に価値ある褒美であり、以後、光秀は自らを「惟任日向守《これとうひゅうがのかみ》」と名乗っている。ちなみに、「本能寺の変」の

光秀裏切りの理由 1

怨恨説

大勢の前で恥をかかされるなど屈辱を受けていた光秀。安土城で家康や公卿をもてなす饗応役に選ばれた光秀だが、その準備に失敗し、信長から叱責されてこの大役を外されてしまった。または、畿内管領としての役職を外され、別の地に赴任させられる可能性に不満を覚えた。こうした恨みから信長を裏切ったという説。

際も「惟任光秀《これとうみつひで》」が正しい名前だが、ここでは明智光秀のままで進める。

四国や九州に向けて日の本統一の総仕上げが始まる

天正10年（1582年）3月、織田信長は武田勝頼《たけだかつより》を天目《てんもく》山《ざん》に追い詰めて自害させた（「甲州征《こうしゅうせい》伐《ばつ》」P152）。東北地方の伊達家や蘆名《あしな》家は信長に従う姿勢を見せ、関東の北条家も従属となり、東国で信長に逆らうのは北陸の上杉家くらいになった。信長は柴田勝家《しばたかついえ》、滝川一益《たきがわかずます》らに上杉討伐を指示し、嫡男・織田《おだ》信忠《のぶただ》とともに安土城《あづちじょう》へ帰還する。

いよいよ信長は日の本統一への総仕上げに動き出す。それがあと回しにしていた西国であり、中国地方の大大名・毛利家の討伐、そして四国と九州を手にすることだった。

毛利家のいる中国攻めは、天正5年（1577年）より羽柴秀吉《はしばひでよし》を中心とする軍が行っており、天正10年（1582年）5月には備中国の高松城を水攻めしていた（「備中高松城《びっちゅうたかまつじょう》の戦い」）。

土佐国を領土とする四国の有力勢力が長宗我部《ちょうそかべ》家で、21代当主・長宗《ちょうそ》我部《かべ》元親《もとちか》は信長と協力関係にあったが、信長は元親の四国征服を良しとせず、従うように迫る。これを元親が拒否したことで敵対関係に発展。信長は三男・織田《おだ》（神戸）信孝《のぶたか》を総大将にした四国侵攻軍を編制する。同年5月末には侵攻軍が続々と集結。四国へ向けた出航は同年6月2日と決まった。これに先立ち、信長は「甲州征伐」で活躍した徳川家康《とくがわいえやす》や穴山梅《あなやまばい》雪《せつ》、同行していた公卿《くぎょう》などをもてなすため、安土城に呼び寄せていた。この大事な接待を任されたのが明智光秀である。

信長の死そして世は豊臣へ

四国へ侵攻するはずだったその日、天正10年（1582年）6月2日の早朝、明智光秀が謀反を起こした。

丹波国の亀山城を出陣した明智光

光秀裏切りの理由2

朝廷黒幕説

朝廷の権威を下げて、信長は新しい国の制度を作ろうとしていた。つまりは、日の本の王になるような構想があった。そうした動きに危機感を持った朝廷が、光秀に信長を討つように指示した。朝廷の指示を受けた誰かが信長を討ち、光秀は殺していないという冤罪説もある。

勢力
MILITARY FORCE

早朝に亀山城から大軍を率いて京に入った明智光秀軍。家臣の斎藤利三らも参加している。もともと信長から京へ来るように呼ばれていたという説もある。

織田信長軍 VS **明智光秀軍**

総数約 約20~500兵　総数 約1万3,000兵

相関図
DIAGRAM

土佐国の長宗我部元親は、明智光秀の家臣・斎藤利三と親戚関係にあった。四国を巡って信長と長宗我部元親が対立。四国侵攻を決めた信長に対して、光秀の立場や斎藤利三からの懇願などが関係して、変に至ったのではないかと考える。

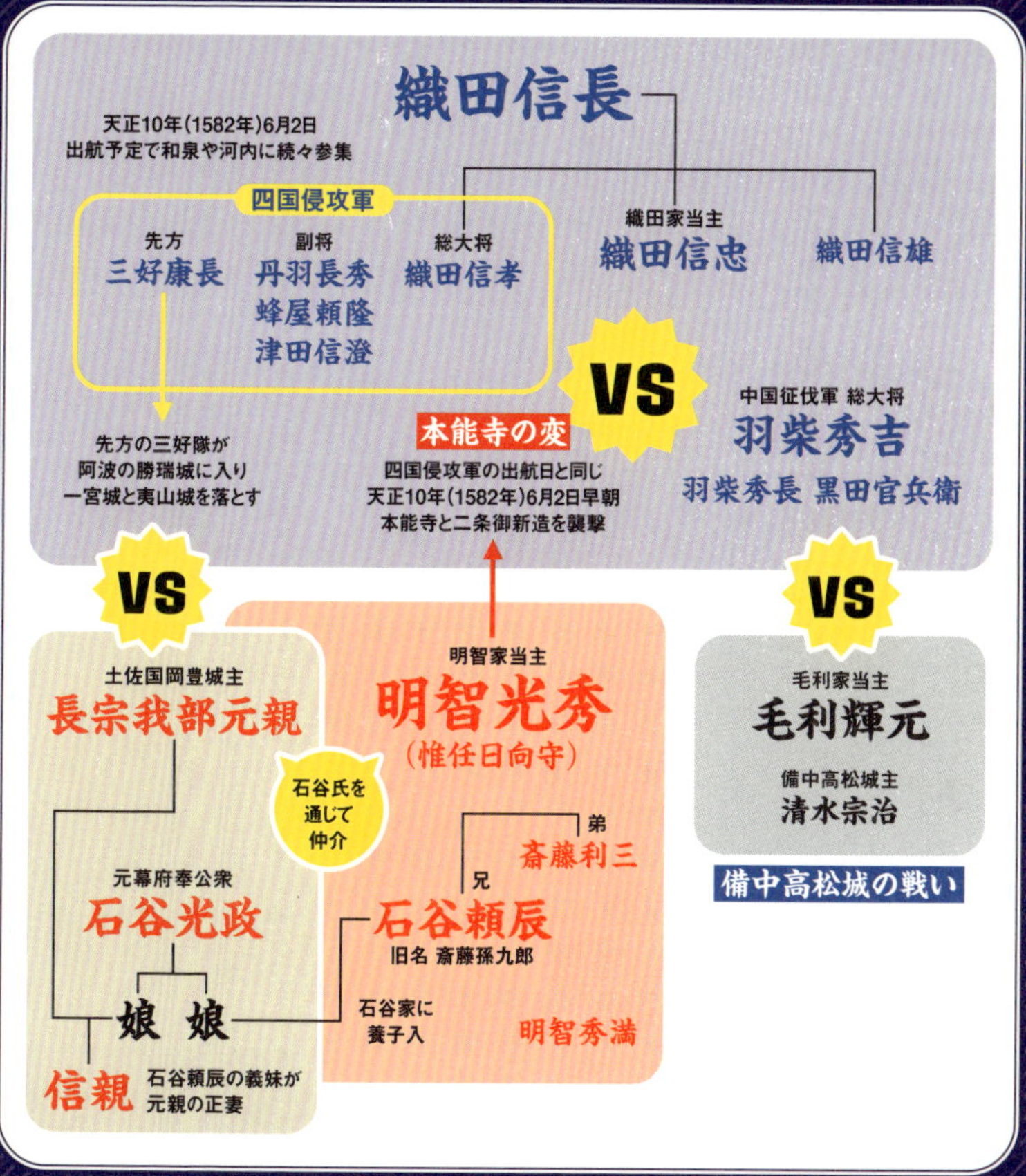

領土図
TERRITORY

「本能寺の変」の前の情勢を見ると、中国、四国、九州を除くと、ほぼ日の本を統一していた信長。北条も織田と同盟関係にあった。残すところ大きな勢力は、北陸の上杉、中国の毛利、四国の長宗我部、九州の大名たちぐらいであった。

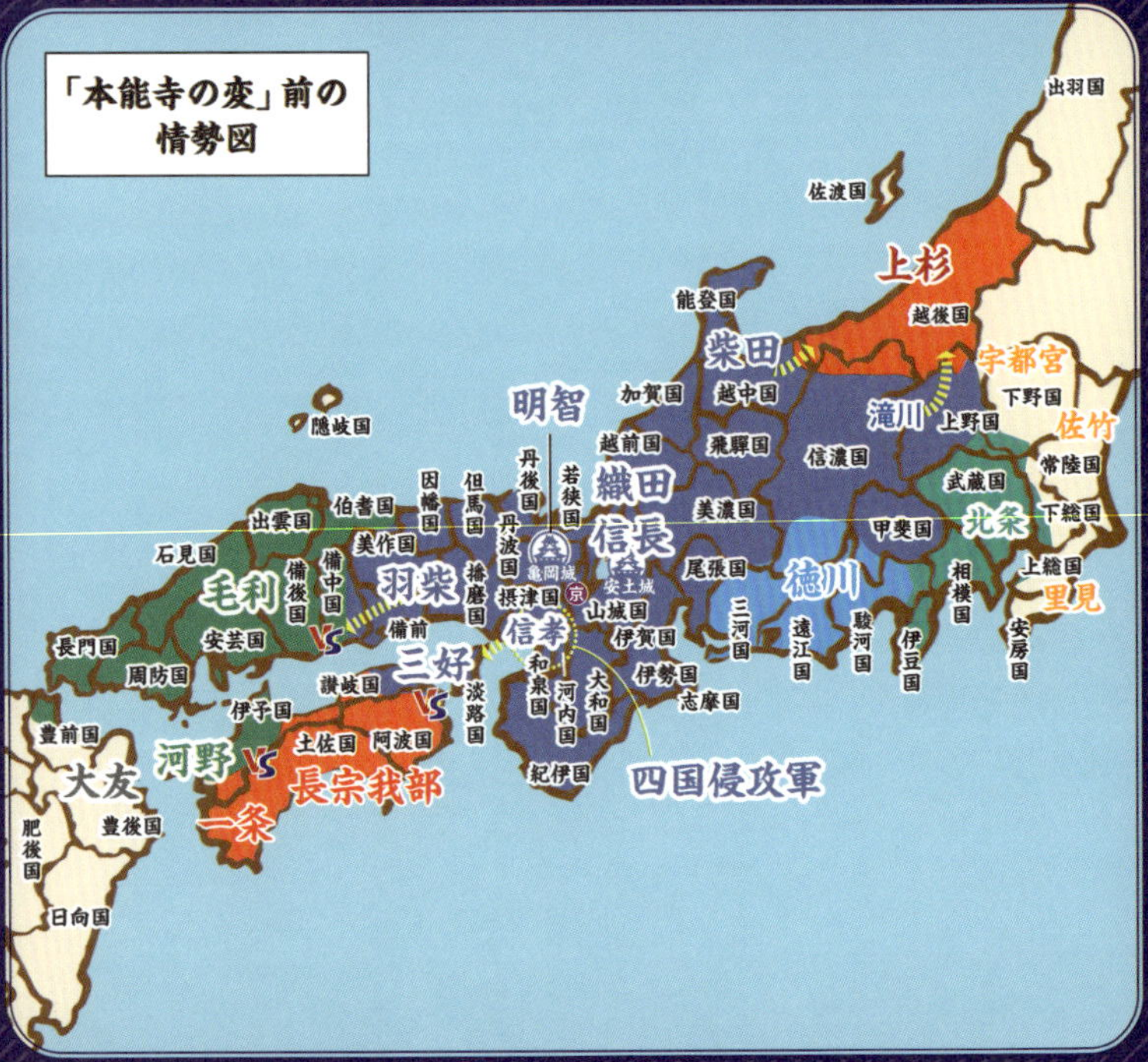

秀軍は、1万3000兵を従えて京へ進軍。京の本能寺に滞在する主君・織田信長を襲撃した。領土拡大の影響で、有力な家臣は各地に飛び、畿内に残った兵はわずかだった。信長は寝込みを襲われ、包囲されたことを悟ると、寺に火を放ち、自害して果てた。信長の嫡男で織田家当主の織田信忠も襲われ、宿泊していた妙《みょう》覚寺《かくじ》から二《に》条《じょう》御《ご》新造《しんぞう》に移って抗戦したが、やはり建物に火を放って自害した。

わずか数時間で織田信長・信忠父子がこの世を去った。これによって織田政権は崩壊する。「備中高松城の戦い」の最中だった羽柴秀吉は、信長の自害を知ってすぐに毛利家と手打ちを進め、大急ぎで京へ戻った。この大移動は「中国大返し」といわれ、わずか10日ほどで備中国（現在の岡山県岡山市）から京へ戻る。そして同年6月13日、「山崎の戦い」で明智光秀を討った。「本能寺の変」は秀吉が台頭して、豊臣政権を構築するきっかけとなり、その後の天正11年（1583年）の「賤《しず》ヶ《が》岳《たけ》の戦い」で秀吉は柴田勝家に勝利し、信長の築いた権力を引き継ぐことになる。こうして戦国乱世は終焉に向かっていく。

「本能寺の変」は日本三大ミステリーのひとつ

明智光秀が謀叛を起こした動機については、これといった定説がないまま今に至っている。明治以降、『信長公記』をもとにした「怨恨説」や「野望説」が通説として描かれてきたが、それを立証する一級資料が存在しないのが理由だ。朝廷を軽んじた信長が王になることを目論むことに危うさを覚えて挙兵した「義憤説」もよく聞く説である。

ミステリアスであるがゆえに、光秀単独ではなく「共犯説」「主犯別在説」「陰謀説」「黒幕説」「濡れ衣説（冤罪説）」などさまざまな考察がされるも、結局どの説も十分な根拠がないことには変わりない。

光秀裏切りの理由3

非道阻止説

これまで光秀は幕府や朝廷と良好な関係を築いてきた。一方の信長は、将軍・足利義昭を追放、幕府を蔑ろにし、朝廷への口出しや部下の虐殺など、非道な行動を続けてきた。これ以上の信長の暴走を阻止するため、義憤に駆られた光秀が世直しのために行動したという説。

合戦結果

勝 明智光秀軍

明智光秀の奇襲によって織田信長・信忠父子が自害。天下を奪ってやろうと考えていたかは不明。その後の「山崎の戦い」で光秀は羽柴秀吉に討たれる。

YUKIMURA'S EYE

動機として有力に思える「四国征伐回避説」

明智光秀が主犯であった場合、一番可能性が高いと感じるのは「四国征伐回避説」だ。2014年6月、林原美術館と岡山県立博物館が発表した『石谷家文書』から、長宗我部元親から明智光秀の重臣・斎藤《さいとう》利三《としみつ》に宛てた書状が見つかった。そこには、信長の「長宗我部の四国の領土は土佐国と阿波国の南半分とせよ」との命に従うといった内容が書かれていた。つまり「逆らわないので四国侵攻はやめてほしい」といった趣旨だ。

長宗我部元親の正室の実家が石谷家で、石谷頼辰《いしがいよりとき》は明智光秀の家臣。頼辰の弟・斎藤利三は光秀の側近であった縁から、光秀を頼って信長に接近。そうして元親は信長の後ろ盾を得て四国統一に乗り出していた。その際、織田と長宗我部の仲介（名代）として活動していたのが明智光秀と思われる。しかし、天正8年（1580年）頃に関東の北条氏政《ほうじょううじまさ》も織田に従属することが決まると、信長は日の本統一への総仕上げに動き出す。

これまで信長は「四国は切り取り次第（自分で奪って領土にせよ）」と元親側に伝えていたが、方針転換して「土佐一国と阿波半国で我慢せよ」と光秀を介して元親に命じた。元親は信長の変更に怒り、これを拒絶する。こうなると困るのが仲介役だった明智光秀である。恐らく、幾度も元親を説得していたが、阿波国や讃岐国を手放したくない元親の意志は固かった。信長の鶴の一声で、光秀は面目を潰された格好だ。

長宗我部が譲歩したことを光秀は知らずに行動した

武田家が滅亡してから信長は中国の毛利攻めにシフトし、四国の長宗我部も討伐対象に入ってしまった。冒頭の『石谷家文書』の書状が発せられたのが、まさにこの頃。結局、元親は信長の命令を渋々受け入れている。ここで問題となるのが、この書状が信長に届いていたかどうかだが、信長どころか光秀にも届いていない可能性が高い。

通説によれば、明智光秀や斎藤利三は5月のどこかで丹波国の亀山城《かめやまじょう》に入っていた。元親が書いた日は5月21日。四国侵攻が6月2日（本能寺の変も同日）。この間10日ほど。SNSも電話もない時代、この伝達が間に合うとは到底思えない。

この書状は、斎藤利三にも届けられなかったと考えるのが自然だ。石谷頼辰が書状を弟の利三に送ろうとするも、丹波国にいることが分かった頃には「本能寺の変」が起きてしまっていた。頼辰は実家の土佐国に逃げたとされているので、書状は利三にも光秀にも渡らず、頼辰が持ち帰った。だから石谷家に残っていた。そう解釈している。

この説が正しいとは言い切れないが、「光秀冤罪説」でない限り、光秀には信長を裏切る強い動機が見つからない。長宗我部とのパイプ役を担ってきた光秀が、信長の方針転換で顔に泥を塗られた。そこに秀吉の援軍を命じられたことへの「屈辱説」や、斎藤利三の親族（長宗我部）を助けてほしいという「斎藤利三主犯説」も絡まっての「四国征伐回避説」と捉えることもできる。少なくとも、家康や秀吉と通じた「黒幕説」より可能性が高いと思う。

天正12年
1584年

沼《ぬま》尻《じり》の合《かっ》戦《せん》

反北条派が立ち上がる！ 関東の大決戦の幕開け

その要求には応えられん！
強大な北条家に反抗を決意

裏切り武将 （佐竹・宇都宮連軍）

由《ゆ》良《ら》国《くに》繁《しげ》

天文19年（1550年）、由良成繁の嫡男として誕生。上野国の金山城城主。弟は長尾顕長。北条、上杉、武田といった有力大名のはざまで、鞍替えをしながら領土を守っていく。母は戦国随一の女武将といわれる妙印尼。

領土を巡って、北条氏直と周辺豪族の思惑が交錯していた上野国。氏直の城明け渡しの要求を機に、北条家と反北条派による戦が勃発することに。

裏切りDATA

タイプ

保守型

裏切った理由

北条氏直から城の明け渡しを要求された由良国繁と弟の長尾顕長。大切な城を渡すことはできず、2人はこの要求を拒んだ。これをきっかけに大規模な合戦に発展する。

裏切られた武将

北条《ほうじょう》氏直《うじなお》

関東で一大勢力を築く北条家の5代当主。武田家が滅亡し、上野国へ侵攻する北条軍。反抗した佐竹家を攻めるために由良・長尾兄弟に城の明け渡しを要求するが、断られて2人を幽閉してしまう。結果、由良方と争うことに。

誰に付くべきか？ 選択を迫られる 上野国の豪族たち

「沼尻の合戦」の戦地となった上野国は、関東・甲斐・越後の街道的な役割を担っており、それはそのまま北条・武田・上杉の争いの地となっていた。この地の豪族は領地拡大のために、どの大名に味方するか選択を迫られていた。由良家もそのなかのひとつである。

由良家は上野国の金山《かなやま》を拠点に領土を広げていった家系で、隣接した領主に足利長尾《あしかがながお》家、富岡家、阿久沢《あくざわ》家、北条《きたじょう》家がいた。足利長尾家と由良家は、由良成繁《ゆらなりしげ》の子で由良成繁の弟・長尾顕長《ながおあきなが》が養子になるなど、共同体のような関係だったが、そのほかの豪族は大きな勢力を糧に自分の

BATTLE

勢力 MILITARY FORCE

関東を治めていた北条氏直は強大な兵力を有していた。しかし、決め手となる大きな戦闘もなかったとされ、引き分けに持ち込んだ佐竹・宇都宮連合の健闘が光る。

佐竹・宇都宮連合軍
総数 約2万兵

VS

北条氏直軍
総数 約7万兵

相関図 DIAGRAM

徳川と婚姻同盟を結んでいた北条家。そんな強大な存在を敵に回した佐竹・宇都宮連合だが、当時の最新兵器である鉄砲を8,000丁以上も用意したといわれている。佐竹・宇都宮連合方の佐野宗綱は「唐沢山城の戦い」（P088）で登場した佐野昌綱の子。

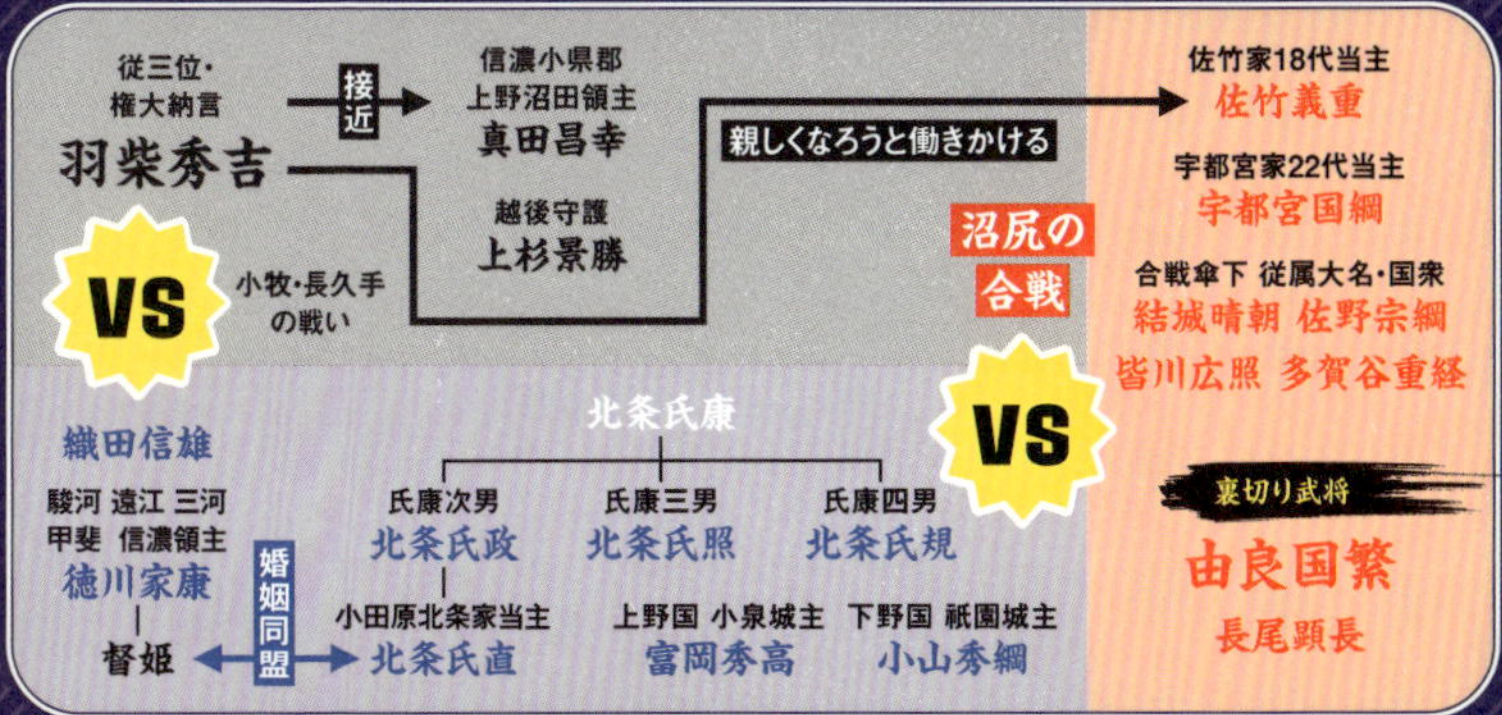

合戦地 BATTLEFIELD

上野国（現在の群馬県）、下野国の沼尻（現在の栃木市藤岡地域）など。両軍は対峙し、長いにらみ合いが続いた。和睦となって退陣の際、北条軍は上野国の館林城（現在の群馬県館林市城町）と上野国の金山城（現在の群馬県太田市金山町）を攻め落としている。

領地を拡大しようと常に模索していた。由良家も、あるときは上杉方、ある時は北条方、ある時は織田方と、戦況を見て鞍替えをしながら戦乱を生き延びていた。

天文19年（1550年）、由良成繁の嫡男として由良国繁が誕生。天正6年（1578年）に家督を継ぎ、由良家の9代当主となる。このとき、由良家は北条方であったが、北条からの命令や要求が厳しくて嫌気が差していた。

そんななか、天正6年（1578年）から天正7年（1579年）にかけて「御館《おたて》の乱」（P138）が起きると勢力図が変化。小田原・北条の北上と甲斐・武田の侵攻により、上野国は戦乱に巻き込まれる。それはやがて、上杉・武田・佐竹VS北条の図式に変わり、国繁はどちら側に付くのか選択を迫られた。

北条派と反北条派の因縁がついに戦いへと変わる

天正10年（1582年）、「甲州《こうしゅう》征伐《せいばつ》」（P152）で武田勝頼《たけだかつより》が死んで武田家が滅ぼされると、上野国は織田方の将・滝川一益《たきがわかずます》が統治することになる。由良国繁は、一時は滝川家に付くが、滝川家が北条方に敗れると再び北条のもとに戻った。さらに同年、北条と徳川との間で、上野国の領土についての話が出てしまう。隣接する富岡家・阿久沢家は北条に従うことになり、領地を拡大しようと目論み、懇意にしていた北《きた》条《じょう》家や真田家は、自領を守らんと北条に反発した。国衆と戦国大名の領国支配を巡る権力闘争である。その国衆側の最大の当事者が、金山城主・由良国繁と館林《たてばやし》領の国衆・長尾顕長の兄弟で、二人はまたしても選択を迫られる。

天正11年（1583年）、北条家に抗った北条高広《きたじょうたかひろ》を厩橋城《まやばしじょう》で北条氏直が破り、氏直はそのまま城を奪った。この祝いのために由良国繁・長尾顕長兄弟が北条氏直のもとを訪れると、北条氏直から佐竹家を攻めるための拠点として、金山城と館林城の明け渡しを要求されてしまう。由良・長尾兄弟がそれを拒否すると、北条氏直は二人を拘束。小田原に連行して幽閉した。

これをきっかけに、当主不在の由良・長尾家臣団は佐竹義重《さたけよししげ》らに援軍を要請。北条方と反北条方の争いが激化し、北条VS佐竹・宇都宮連合の戦いに発展した。

強大な北条家が勝つかと思われたが…

天正11年（1583年）、北条氏直は自ら上野国へ出陣し、佐竹派に寝返った長尾一族の守る足利城を落城させる。さらに東に進み、佐野家の唐沢山城《からさわやまじょう》を攻撃した。

宇都宮城に参集した佐竹・宇都宮連合軍は、北条派の祇園城《ぎおんじょう》を攻撃。祇園城の救援に向かうべく北条軍は東に向かい、それを迎え討つべく佐竹・宇都宮軍も西に進軍。両軍は沼尻の地で対峙するが大きな合戦には発展せず、にらみ合いが続くなか、両軍ともに裏工作に励む。

北条氏直の調略により、佐竹派の皆川広照《みながわひろてる》が寝返り、北条軍は岩船山《いわふねさん》の陣城を落城させ、退路を押さえた。佐竹派の策士であり、太田《おおた》資正《すけまさ》の次男・梶原政景《かじわらまさかげ》の調略も成功させ、佐竹・宇都宮陣営は動揺する。

北条側が優位に見えたが、このときすでに天正12年（1584年）7月になっていた。長期にわたる戦により兵の士気は低下し、後方を由良や長尾の軍に狙われ続けていることも懸念された。こうした状況を踏まえて、北条氏直は和睦を検討する。

同年7月22日、和睦が成立し、翌日の7月23日には両陣営ともに兵を引き上げ、約1年にわたる戦いは幕を閉じた。由良・長尾兄弟は助命されて再び北条方に戻り、以後、由良国繁は桐生城《きりゅうじょう》、長尾顕長は足利城を居城とした。

合戦結果

引き分け

北条氏直は和睦の道を選び、由良国繁や長尾顕長もそれに応じた。由良・長尾兄弟はその後、北条方へと戻り、豊臣や徳川の世になっても活躍を見せた。

YUKIMURA'S EYE

由良・長尾兄弟の裏切りは妻や母に関係がある!?

由良・長尾兄弟の北条離反については、文献によると大きく2つの流れが存在する。厩橋城を落城させた北条軍は佐竹との戦に備え、金山城と館林城を明け渡すよう由良と長尾に要請するのだが…。ひとつは、城を明け渡すことはできないので佐竹派に寝返った。もうひとつが、兄弟は要請に応じるも、母・妙印尼《みょういんに》や家臣らが反発して籠城した、というものだ。

後者だとすると、兄弟は北条を裏切るつもりはなかったことになる。これは『石川忠総留書』という一級資料に記されており、信ぴょう性は高そうだ。しかし、石川忠総《いしかわただふさ》は天正10年(1582年)生まれで、この頃はまだ3歳。さらに由良国繁は、北条が滅亡したのち、徳川家《とくがわいえ》康《やす》に仕えており、江戸城の留守居役を与えられるほどに重用されていることから、兄弟を悪く扱わないように変えられている可能性がある。

由良国繁の妻が佐竹派の結《ゆう》城《き》晴朝《はるとも》の娘であったことも動機として考えられる。そこから推測できるのは、妻と母に懇願されて北条を裏切った説。その裏付けとして、母・妙印尼の武勇伝がある。豊臣軍による小田原攻めの時、兄弟は小田原城に入ったため、妙印尼は桐生城で指揮し、豊臣北国軍が来たら早々に総大将・前田利家《まえだとしいえ》に降伏。すぐさま豊臣軍の先陣として松井田城《まついだじょう》攻めに加わった。その功績もあり、妙印尼の訴えで兄弟は助かり、由良の家名も残すことができた。母に頭の上がらない由良・長尾兄弟だったのかもしれない。

天正13年
1585年

第《だい》一《いち》次《じ》上《うえ》田《だ》合《かっ》戦《せん》

徳川を裏切って真田の名を日の本に轟かせた一戦

上田城の築城を願い出た真田昌幸。これを許可した徳川家康だが、完成間際になって昌幸は家康を裏切り、上杉の味方に付くことになる。

信玄のもとで学び
戦国を生き抜く術を身に付けた知将

裏切り武将 （真田昌幸軍）

真《さな》田《だ》昌《まさ》幸《ゆき》

武田家の家臣・真田幸隆の三男として生まれる。武田家に人質として出されていた昌幸は、武田信玄のもとで英才教育を受けていく。その後、真田家の家督を継ぐ。昌幸の次男・真田信繁は真田幸村の名で知られる。

裏切りDATA

タイプ

野心型

裏切った理由

沼田の地を譲りたくない理由があり、徳川家康から代替地を提案されるもこれを固辞。上田城が完成するタイミングを見計らって、家康を裏切って上杉方に付いた。

裏切られた武将

徳川家康《とくがわいえやす》

武田勝頼亡きあと、北条氏直と徳川家康で武田が残した領土を巡る争いを続けていたが、お互い手打ちして同盟を結ぶ。その際、真田昌幸の沼田領を北条に譲る約束になっていた。それがきっかけで昌幸に裏切られてしまう。

武田家の人質として信玄のそばで育った真田昌幸

天文16年（1547年）、真田昌幸は真田幸隆《さなだゆきたか》の三男として生まれる。当時、真田家は武田家の軍門に下り、武田に仕える状態だった。昌幸は、真田家が武田家を裏切らないための人質として、7歳の時に武田領の甲府に入ることになる。

昌幸は武田信玄《たけだしんげん》のすぐそばで仕え、学問や軍略などの英才教育を受けながら成長していった。その後、真田家の三男であったことから、武田一族の武藤家に養子として入る。名を武藤喜兵衛《むとうきへえ》として「三増峠《みませとうげ》の戦い」や「三方ケ原《みかたがはら》の戦い」などの合戦にも参加。信玄の死後、武田家の家督を継いだ武田勝頼《たけだかつより》にも同様に仕えた。

天正3年（1575年）5月、織田《おだ》信長《のぶなが》・徳川家康連合軍と武田勝頼軍が戦った「長篠《ながしの》・設楽原《したらがはら》の戦い」で、長兄・真田信綱《さなだのぶつな》、次兄・真田昌輝《さなだまさてる》が討ち死にしたため、真田昌幸は真田家に戻って家督を継ぐことになった。

上杉謙信《うえすぎけんしん》の死をきっかけに、天正6年（1578年）に起こった上杉家の内乱（「御館《おたて》の乱」P138）で武田勝頼と上杉景勝《うえすぎかげかつ》が同盟を結ぶと、武田勝頼の命を受けた真田昌幸は北条領の上野・沼田城を攻め、天正8年（1580年）頃には北信濃から西上野の一部を領する国衆になる。

領土の拡大に成功し、明るい未来が見えてきた真田家。しかし、この北条から奪った沼田の地が以降の災いの種となってくる。

状況に応じて鞍替えを繰り返す昌幸だが…

天正10年（1582年）3月、織田信長・信忠《のぶただ》による「甲《こう》州征伐《しゅうせいばつ》」（P152）により、武田勝頼は自害。武田家が滅亡すると、真田昌幸は織田信長の傘下になり、関東に入った滝川一益《たきがわかずます》の与力《よりき》となる。しかしその数か月後に「本能寺《ほんのうじ》の変」（P160）が起きてしまう。信長や信忠が討たれ、信濃国、甲斐国、上野国に入っていた織田派の将はみな、美濃国や尾張国に撤退していく。そうして織田派がいなくなった旧武田領を巡って、徳川家康、上杉景勝、北条氏直らによる熾烈な争奪戦が繰り広げられることとなった（「天正壬午《てんしょうじんご》の乱」）。

この混乱期において、昌幸は上杉から北条へ、北条から徳川へと鞍替えを続け、領土維持に成功する。滝川家に譲っていた沼田城もこの時に奪還している。

上田城の築城 果たしてその真意は!?

「天正壬午の乱」は北条氏直と徳川家康とで和議が結ばれて終焉となるが、その和議の条件のひとつに、真田昌幸が手に入れた沼田領が北条氏直へ譲られる旨が含まれていた。沼田は昌幸の叔父にあたる矢沢頼綱《やざわよりつな》が必死で開拓した土地である。昌幸は代替地を家康に求めるも、なかなか話は進展しないまま時が流れていった。

この徳川傘下となった期間に、真田昌幸の提案により築城されたのが真田家の新たな居城・上田城である。そこは千曲川《ちくまがわ》分流の尼ヶ淵《あまがふち》に面し、上田盆地一帯と街道を監視できる立地だった。当時、徳川家康は上杉景勝の北信濃侵攻を阻止するため、甲府まで出陣していた。昌幸の上田城築城の申し出は家康にとって信濃防衛に好都合。周辺城主たちにも築城を援助するよう取り計らった。上杉を牽制する目的のもと、徳川の命で築かれた、いわば徳川家の城でもあったのだ。

城がおおかた完成した天正13年(1585年)7月、真田昌幸は次男・信《のぶ》繁《しげ》を上杉家に人質に出し、徳川家康から上杉景勝に鞍替えする。この事態に怒った家康は真田討伐軍を立ち上げる。家臣の鳥居元忠《とりいもとただ》、大久保《おおくぼ》忠《ただ》世《よ》、平岩親吉《ひらいわちかよし》ら計8000兵ほどの軍を編成して上田城へ向かわせた。徳川と同盟を組んでいた北条氏直も、叔父の北条氏邦《ほうじょううじくに》を矢沢頼綱のいる沼田城に向かわせて、真田家の討伐が開始された。こうして同年8月2日、「第一次上田合戦(神川《かんがわ》合戦)」の火蓋が切って落とされる。

徳川から上杉へ 昌幸の裏切りが 家康の逆鱗に触れる!

徳川軍は甲斐国から諏訪道を北国街道に進み、上田盆地の信濃国の国分寺付近に兵を展開した。真田軍は、上田城には真田昌幸の兵、戸石城《といしじょう》には昌幸の長男・真田《さなだ》信幸《のぶゆき》(※1)の兵、支城の矢沢城《やざわじょう》には昌幸の従兄弟・矢沢頼康《やざわよりやす》と上杉景勝

勢力

MILITARY FORCE

真田軍はわずか2,000兵ほど。戦が幕を開けてから、徳川軍には井伊直政、大須賀康高、松平康重の援軍も加わっている。数では真田軍が圧倒的に不利な状況だった。

真田昌幸軍　総数 約2,000兵

VS

徳川家康軍　総数 約8,000兵

相関図

DIAGRAM

徳川と戦うことは、北条も敵に回すこと。真田方にとって不利な戦に思われたが、昌幸の策によってこの困難を乗り切る。羽柴秀吉の小田原攻めによって北条家が没落したあと、慶長5年（1600年）にも徳川と真田は「第二次上田合戦」で争っている。

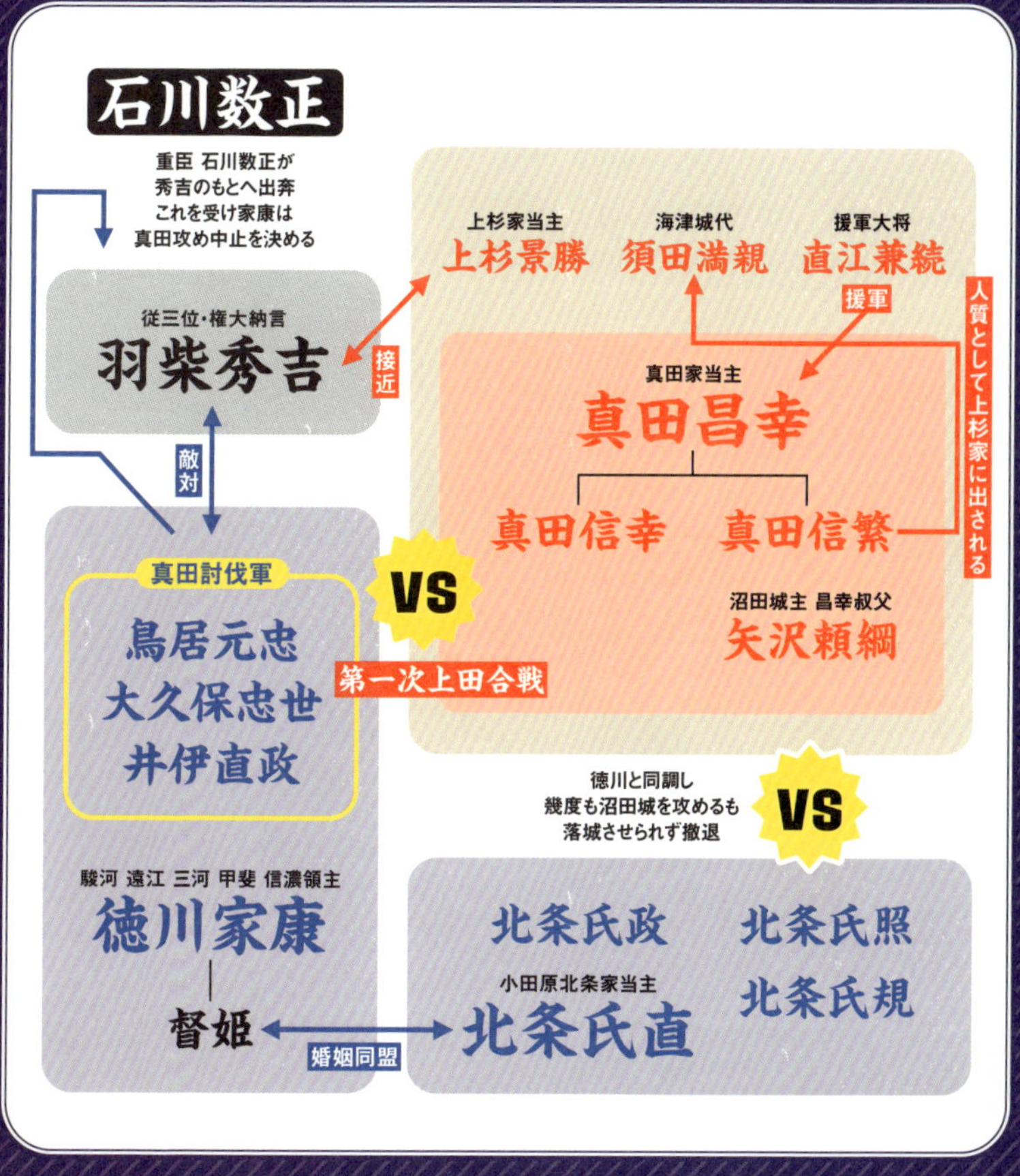

の援兵がいた。このとき、真田軍は上杉の援軍を合わせて2000にも満たなかったとされる。一方の徳川軍は8000の兵ほどで、圧倒的に兵数で勝っていた。

合戦が始まると、真田昌幸が指揮する兵と徳川軍の先鋒隊が衝突した。兵数の差は大きく、真田軍は上田城付近まで押され、破竹の勢いで迫る徳川軍によって上田城二の丸まで制圧されてしまう。しかし、昌幸は上田城の狭い二の丸に徳川軍が雪崩れ込む好機を待っていた。昌幸の合図でこれまで鳴りを潜めていた真田軍が反撃。鉄砲隊と弓隊が一斉に射撃を行うと、徳川軍は多くの犠牲者を出し、一気に混乱状態に陥る。さらに城下町に潜んでいた忍びが徳川軍に奇襲をかけると同時に、町に火を放った。徳川軍の統制は乱れるばかり。

領土図
TERRITORIE

「天正壬午の乱」では武田領を巡って北条・徳川・上杉が争う。北条と徳川が同盟を結んだことによって乱は終結。昌幸の沼田城は、越後国と北関東、北信濃を結ぶ軍事上の重要拠点。昌幸はこの三者の争いにおけるキーマンだった。

徳川兵が退却を開始すると、神川《かんがわ》上流で待機していた兵がせき止めていた川を開放し、濁流が徳川兵を直撃。多くの兵が溺死した。この日の戦いで真田側の犠牲者が40人だったのに対し、徳川側は1000人を超える大被害を被ったといわれている。

翌日、徳川方の鳥居元忠は丸子城攻めに作戦を切り替えるのだが、これも地形と頑強な抵抗に阻まれて攻略できない。その後は両軍、膠着した状態が続いた。

徳川家康の命で井《い》伊《い》直政《なおまさ》、大《おお》須《す》賀《が》康高《やすたか》、松平康重《まつだいらやすしげ》の援軍が八重原《やえはら》に到着。再び上田城の攻略戦が始まろうとする矢先、徳川軍が撤退の動きを見せる。理由は、徳川家の重臣・石川《いしかわ》数正《かずまさ》が羽柴秀吉《はしばひでよし》に寝返ったからだ。家康は兵が必要となり、真田攻めの撤退を余儀なくされた。

BATTLE

合戦地
BATTLEFIELD

信濃国の上田城周辺（現在の長野県上田市周辺）で合戦が行われた。当時、真田家が領有していた地域は、信濃国の上田や上野国の沼田など。北条・徳川・上杉に囲まれた場所で、昌幸はそれぞれに鞍替えしながら手にした領土を守り抜いていた。

天正13年（1585年）9月から翌年5月までの間、沼田城にも北条家が数回にわたって攻撃を仕掛けていたが、城代・矢沢頼綱が撃退に成功している。こうして上野城や沼田城を守り抜き、「第一次上田合戦（神川合戦）」は、真田昌幸の策略によって徳川の大軍を跳ね返すことに成功した。この大勝利はたちまち日《ひ》の本《もと》の各地に轟き、真田家は戦国大名として名を馳せることになった。

真田の名を知らしめた大勝利！そしてその後は…

この合戦を終えてまもなく、豊臣秀吉《とよとみひでよし》の命令で真田家は渋々、徳川家の与力大名となってしまう。しかしのちの「関ヶ原の戦い」（P194）では、真田家存続のために親子で分かれて参戦する選択をするなど、その後の立ち回りも見事で、真田の名を後世に残していった。

こうした背景には、真田昌幸が7歳の頃から、軍才に秀でた武田信玄のもとで過ごした影響が大きいと思われる。信濃国・駿河国・西上野・遠江国・三河国・美濃国・飛騨国と領土拡大を続けていった、信玄の黄金期を間近で見てきた。武田一門衆の武藤家を継いだこともあり、立場は実家である真田家よりも上。実兄ら以上に、信玄の軍略を間近で学べた。そして、信玄の跡を継いだ武田勝頼が、武田家を滅亡に追いやってしまった経緯も学ぶことができた。だからこそ、戦国大名として生き残る術を身に付けることができたのだと考えられる。

※1 真田信之と表記される場合もある。真田家の通字である「幸」の字をはばかったともいわれる

合戦結果

勝 真田昌幸軍

上田城と沼田城を守り抜き、小領主だった真田家が強大な徳川を撃退。「第二次上田合戦」でも徳川軍に勝っており、二度も徳川を破る金星を上げた。

YUKIMURA'S EYE

徳川方と見せて最初から上杉方だったと想像する

沼田の地をどうしても手放したくなかった真田昌幸。徳川家康からは沼田の代替地として信濃国伊那郡中を提示されたが、そこは土地の一部がよそに離れた「飛び地」で、領土維持が困難だった。

また、これは個人の妄想にすぎないが、沼田の地を手放すことができなかった本当の理由は、上杉景勝や直江《なおえ》兼続《かねつぐ》と通じていたからではないかと想像する。それも合戦の起こる5年も前の天正8年（1580年）、武田と上杉が盟約を結び、真田昌幸が武田勝頼の命によって沼田を北条から奪ったそのときから、真田家は北条と上杉の緩衝地帯である沼田を死守する役を担ったのではないか、というもの。それは地図を見れば明らかである。信濃国から越後国へは千曲川沿いを北上する道、そこには真田家の居城・上田城がある。上野国から北上して越後国に入る道には沼田城や名胡桃《なぐるみ》城《じょう》がある。つまり、真田家の領土は「御館の乱」で家督を相続したばかりの上杉景勝にとって、北条と徳川、どちらからの侵攻にも備える重要な場所であった。上杉景勝と真田昌幸の利害は一致することから、5年前から通じていたとしても不思議ではない。

徳川から上杉に鞍替えしたのではなく、真田昌幸はとうの昔から上杉景勝と裏で通じており、支度が調ったから徳川離反を表明しただけなのでは。豊臣秀吉や石田《いしだ》三成《みつなり》に「表裏《ひょうり》比興《ひきょう》の者」と言わしめた知謀は、まさにこのことであろうかとも思われる。

COLUMN 5

金山・銀山

戦国時代の重要な財源だった「鉱山」。
当時の国内において主要な
「金山・銀山」を紹介する。

石見銀山《いわみぎんざん》

石見国(島根県大田市)

所有家 大内家 ▶ 小笠原家 ▶ 尼子家 ▶ 大内家 ▶ 尼子家 ▶ 毛利家 ▶ 豊臣家

大永6年(1526年)	大内家のもとで採掘を行う。
享禄3年(1530年)	小笠原家と大内家の間で争いが起きる。
天文2年(1533年)	灰吹法という技法の導入で、銀が効率よく取れるようになり、採掘が盛んになる。
天文6年(1537年)	尼子家と大内家の間で争いが起きる。大内義隆が死亡すると、尼子家と毛利家の間で争いが起きる。
永禄5年(1562年)	尼子家と毛利家の間で和議の提携をし、所有は毛利に移行された。
天正12年(1584年)	毛利家が豊臣家に降ると、管理は豊臣家に移った。

石見銀山の銀の採掘量は、世界の3分の1を誇る有数の採掘場であり、それを資金に大内家は一時の栄華を誇る。その後はこの銀山を巡り争いが絶えず、最終的に毛利が手中に収めて領土を拡大していった。秀吉の傘下に入ったあとは、さらに採掘事業は拡大していき明治まで続くことになる。

大きな財源だった鉱山

自国を維持するにも、家臣を養うにも、戦を仕掛けるにも、何に対してもお金がかかる。戦国時代においても、財力のない家はことごとく淘汰され、ほかの家に組み込まれていくことになる。財源となる要素は、主に「年貢」「貿易」「商業」の3つであり、戦国時代当初は、荘園を掌握していた守護大名や貿易によって潤っていた者たちが幅を利かせていた。そしてもうひとつの財源になるものが「鉱山」である。商業的に物の売り買いは紙幣でも行われており、室町時代から中国の明から「永楽通宝」という銅銭を輸入し使用していた。そのうちポルトガルから伝達された鉱物の精錬技術によって、鉱物資源の採掘が盛んになっていく。そうして紙幣の代わりになったのが金・銀である。金・銀の採掘は豊臣秀吉の時代に盛んに行われたが、それ以前にも採掘し財源を確保していた大名がいた。では金山・銀山でどんな大名が栄華を誇ったのだろうか?

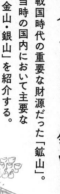

生野銀山《いくのぎんざん》

但馬国（兵庫県朝来市）

所有家 山名家 ▶ 織田家 ▶ 豊臣家 ▶ 徳川家

天文11年（1542年）	**守護大名の山名家のもとで石見銀山から灰吹法を導入し、本格的な採掘が始まった。**
永禄12年（1569年）	**秀吉の但馬侵攻で所有は織田家に移る。その後、豊臣家から徳川家に移る。**

生野銀山は、石見銀山に次ぐ銀の採掘量を誇り、織田・豊臣・徳川にとって重要な鉱山となっていた。この銀山は第二次世界大戦後まで採掘が行われていた。

黒川金山《くろかわきんざん》

甲斐国（山梨県甲州市）

所有家 武田家 ▶ 徳川家

明応7年（1498年）	**初めて文献に現れる。当初から武田家の管理下にあったと思われる。**
大永元年（1521年）	**武田信玄が生まれた頃から採掘が盛んになる。**
天正10年（1582年）	**武田勝頼が当主の時代に採掘量が激減しひとまず閉山となる。その後江戸時代になって採掘が再開されるが元禄時代に再度閉山される。**

最強といわれた武田の礎となった重要な金山。武田信玄は採掘した金で碁石金という金貨を造り、自国内での流通を確立させて、国内の強化に至った。武田勝頼が当主になったあとも採掘は行われていたが、勝頼の没落と同じ頃に採掘量が激減して閉山した。富士山近辺には、このほかにも金山があり、その多くは武田の管理下に置かれていた。

佐渡金山《さどきんざん》

佐渡国（新潟県佐渡島）

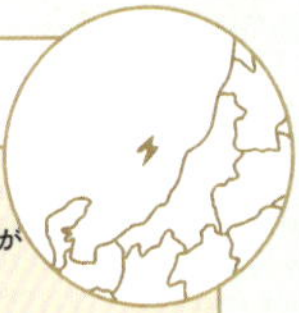

所有家 本間家 ▶ 上杉家（豊臣家）

弘治元年（1555年）	**掘削での採掘が始まる。**
天正17年（1589年）	**上杉景勝が豊臣秀吉の許しを受けて、本間家を攻略。秀吉下で採掘が盛んになる。その後明治に至るまで採掘が盛んに行われていた。**

佐渡にはいくつかの鉱山があり、鉱山を転々として採掘をしていた。平安時代には金があることが判明しており、鎌倉時代に守護に任命された本間家が流れ出る金を河川で採取していた。世界遺産でもある佐渡であるが、採掘の全盛期が来るのは秀吉の頃であり、それまでは、本間家が細々と採掘ないし河川で採取するにとどまっていた。謙信が佐渡を領有したことはなく、ここから金を調達していたことはない。

梅ヶ島金山《うめがしまきんざん》

駿河国（静岡県静岡市）

所有家 今川家 ▶ 武田家 ▶ 徳川家 ▶ 豊臣家 ▶ 徳川家

延喜2年（902年）	**この頃から金の産出があったという。享禄年間以前から今川家のもとで採掘が行われたという。**
永正16年（1519年）	**今川氏親が幕府に金を進呈している。**
永禄11年（1568年）	**武田家の駿河侵攻にて武田家が管理をすることになる。**
文禄4年（1595年）	**豊臣秀吉から駿河国を任された中村一氏の管理となる。**

今川家の財力の源となった金山、義元もこの金山の財力をもって東海一の弓取りとなった。今川時代には安倍川に流れ出る砂金を採取していた。採掘が盛んに行われたのは、慶長6年（1601年）再び徳川領になってからである。第二次世界大戦中に閉山する。

天正19年

1591年

九《くの》戸《へ》政《まさ》実《ざね》の乱《らん》

九戸家の壮絶な最期！ そして秀吉は天下統一を決める

家督を巡ってクーデター！

戦国の覇王・秀吉に挑む

南部家の後継者争いに敗れた九戸政実・実親《さねちか》兄弟。憎き南部信直に反旗を翻すも、それは政権樹立を果たした秀吉を敵に回すことを意味していた。

裏切り武将 （九戸政実軍）

九戸《くのへ》政《まさ》実《ざね》

天文5年（1536年）、南部家の家臣・九戸信仲の長男として生まれ、弟・九戸実親とともに南部家の勢力拡大に貢献していく。しかし、南部家の家督を巡って九戸政実・実親兄弟は南部信直と対立してしまう。

裏切りDATA

タイプ

保守型

裏切った理由

南部信直が南部家惣領主の座を強引なやり方で奪ったことに立腹。また豊臣軍による奥州仕置にも納得できず、主家である三戸南部家に対し反乱を起こした。

裏切られた武将

南部《なんぶ》信直《のぶなお》

南部一族・石川高信の長男として天文15年（1546年）3月に誕生。南部惣領主・南部晴政の娘婿となると、政治力で家督を継承し、南部家の26代当主となる。南部家に仕えていた九戸政実・実親兄弟に裏切られる。

南部家を支えてきた 九戸政実・実親兄弟

九戸家は、甲斐《かい》源氏《げんじ》の流れを組む南部家の祖・南部《なんぶ》光行《みつゆき》の六男・九戸行連が九戸郡伊保内に入部した際、九戸の姓を名乗ったのが始まりとされる。天文5年（1536年）に南部家の家臣・九戸《くのへ》信仲《のぶなか》の嫡子として生まれた九戸政実は、九戸家の11代目当主（※1）といわれている。主君である南部《なんぶ》晴政《はるまさ》に仕え、永禄12年（1569年）、鹿角郡の奪取に協力するなど数々の功績を残した。

さらに、元亀2年（1571年）、斯波《しば》詮真《あきざね》の侵攻を破ったことを皮切りに、南部晴政の次女と結婚した九《くの》戸《へ》実親《さねちか》を含めた、3人の弟の婚姻関係を利用して勢力を拡大していく。

九戸家は武将としての器量も良く、九戸政実の時代に大きく勢力を拡大したとされている。

南部信直と九戸実親 婿養子同士が家督を争う構図に

南部晴政には嫡子がなかったため、叔父である石川高信《いしかわたかのぶ》の子で従兄弟にあたる南部信直（石《いし》川信直《かわのぶなお》）を長女の婿養子として三戸《さんのへ》城《じょう》へ迎える。しかし、元亀元年（1570年）に南部晴政に実子、南部《なんぶ》晴《はる》継《つぐ》が生まれると、家督をそちらに継がせようとして南部信直を疎むようになる。加えて、長女が早死にしたことにより南部晴政と南部信直の関係はさらに悪化。南部晴政・晴継親子と九戸家の一派と、南部信直とそれを擁護する南部家の家臣・北《きた》 信愛《のぶちか》、南《みなみ》 長義《ながよし》の一派が対立する構図が生まれる。この対立は南部信直が家督を継ぐことを辞退し、三戸城を出ることにより一旦は沈静化した。

天正10年（1582年）、南部晴政が亡くなると、家督を継いだ息子の南部晴継も急死（暗殺されたとの説もある）。これが南部家の婿養子同士の家督争いに発展する。北 信愛や八戸《はちのへ》政栄《まさよし》、南 長義らに推された南部信直が後継者となり、この家督争いで敗れたのが九戸政実の弟・九戸実親だった。

九戸政実としては、恩のある南部宗家の主君・南部晴継を暗殺した疑いがある南部信直が、弟の実親を差し置いて家督を継いだことに大きな不満を抱き、自領へと帰還することになった。

秀吉の朱印状で対立は決定的に

天正18年（1590年）6月、小田原攻め・奥州仕置へ行軍中の南部信直に九戸政実が戦いを仕掛け、三戸南部にて南部家の家臣・南 盛義が殺されてしまう。こうして南部家と九戸家の関係は極度の緊張状態になる。同年7月、南部信直は小田原攻めの活躍を評価され、豊《とよ》臣秀吉《とみひでよし》から南部家の宗家であることを認められた朱印状を受け取った。豊臣政権では、宗家以外は有力一族であっても独立性は認められないため、家臣として服属することを求められ、反発した九戸政実は南部信直に対し、さらに不満を募らせていく。同年10月ごろ、奥州仕置に対する不

勢力
MILITARY FORCE

総大将に豊臣秀次を据え、南部信直や石田三成、浅野長政などの隊が参戦し、数万の兵が九戸城を囲んだ。地の利を生かして九戸政実は抗戦するも勝ち目は薄かった。

九戸政実軍
総数 約5,000兵
VS
奥州再仕置軍
総数 約6万5,000兵

相関図
DIAGRAM

南部信直と九戸実親はともに南部晴政の婿養子。南部家だけでは九戸兄弟を抑えられず、秀吉へ援軍を要請。九戸兄弟の裏切りは関白・秀吉に対する裏切りでもあった。

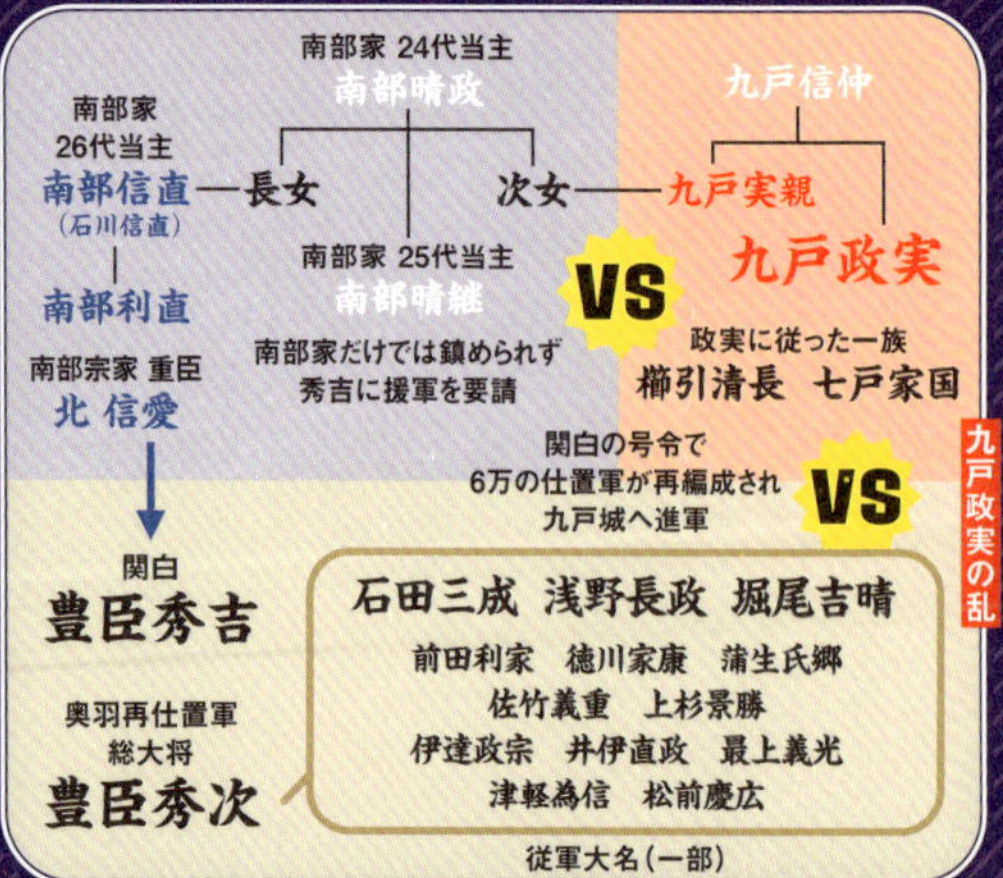

満から各地で大規模な一揆が勃発。これに対して、南部信直は奥州再仕置軍を立ち上げるが、九戸政実が積雪により討伐軍を出せなかったこともあり、信直と政実のわだかまりは大きくなっていった。

情勢が不穏のなか、天正19年（1591年）の正月を迎えると、九戸政実は南部家への年賀の挨拶を欠席。同年3月には挙兵し、南部本家への反意を明確にした。

一揆勢とともに攻勢に出るも圧倒的な軍に大敗

同年3月、九戸政実は5000の兵で挙兵し、九戸家に協力的ではない周囲の城館を次々に攻めはじめた。もともと南部家の精

BATTLE

合戦地 BATTLEFIELD

陸奥国の九戸城周辺（現在の岩手県二戸市福岡）。馬淵川など三方を河川に囲まれた天然の要害で、守備に長けていた。奥州再仕置軍は逃げ道を塞ぐように、九戸城を囲んで城攻めを行った。九戸城はのちに南部家の居城となり、名を「福岡城」と改められた。

鋭であった九戸家勢に南部領内の一揆勢が加わり、九戸の勢力は強大化する。これに苦戦した南部信直は、自力での九戸政実討伐を断念し、豊臣秀吉に援軍を要請した。秀吉は、奥州仕置に反する行動を起こした九戸側を敵と見なし、要請に応答。総大将・豊臣《とよとみ》秀次《ひでつぐ》が率いた3万の兵に徳川《とくがわ》家康《いえやす》などが加わった豊臣軍は、南部領内の一揆を平定しながら8月下旬には南部領近くまで進撃していた。9月1日、九戸城に集合した豊臣軍や南部信直ら奥州再仕置軍6万5000と、九戸軍5000の戦が開始された。九戸城は天然の要塞であったため、九戸政実はこの地形を利用。奥州再仕置軍の包囲攻撃に対して少数の兵で健闘する。しかし、圧倒的な数の差に、城兵の半数が討ち死にしてしまう。

9月4日、豊臣方が長興寺《ちょうこうじ》の和尚を使者に立てて、九戸政実に城を明け渡すよう説得。政実は兵たちの命を助けてもらうことを条件に降伏した。しかし、約束は反故にされて、九戸兄弟も部下たちもすべて惨殺。こうして「九戸政実の乱」は幕を閉じた。

その後、豊臣秀吉の命により、奥州再仕置軍に参加していた蒲生《がもう》氏郷《うじさと》が九戸城の改修を行い、南部信直は「九戸」の地名を「福岡」（現在の岩手県二戸市福岡周辺）と改めた。この乱以後、豊臣政権に対して大規模な組織で反抗する者はいなくなり、秀吉の天下統一が完成したとされている。

合戦結果

勝　奥州再仕置軍

九戸城を大軍で攻められて、九戸政実は説得に応じて降伏した。その後は弁明の機会すら与えられず、九戸兄弟や家臣たちは奥州再仕置軍によって惨殺された。

※1 九戸家の家系は諸説あり

YUKIMURA'S EYE

家督を巡った謀反ではなく政権への不満が真相か!?

九戸政実の反乱理由は『南部根元記』や『八戸家伝記』などに記されている。南部信直が南部家惣領主の座を強引なやり方で奪ったことに立腹したこと、さらに豊臣軍による奥州仕置にも納得できず、主家である三戸南部家に対して反乱を起こしたといった内容だ。

反乱から鎮圧までの流れはこれまで述べた通りであるが、忘れてならないのは勝者によって記録は書かれ、過去の記録が変えられてしまうということ。「石川城の戦い」(P116)でも述べたが、南部家の家系図の改ざんはお家芸である。九戸家の家系図が改ざんされたり、九戸家の過去を記した文献が排除されたりしていることが判明している。

平成以降の研究では、九戸家は南部家と同格の大名であった(奥州・二《に》階堂《かいどう》家の系統)説があり、これが正しければ、三戸南部家の庶家のひとつとして九戸家が誕生したという定説は根本から覆される。それならば九戸政実の反乱理由はひとつのみ。豊臣政権によって三戸南部家が惣領主と認められ、九戸や二戸《にのへ》といった一族がすべて三戸南部の家臣として位置付けられてしまったことに対する反発である。

南部信直が家督を相続したのが天正10年(1582年)とされ、九戸政実が反乱を起こす9年も前のこと。家督を巡る反乱とするには無理があると思っていたが、前田利家《まえだとしいえ》や浅《あさ》野《の》長政《ながまさ》に擦り寄り、九戸家の力を削ぎ落とした南部信直の謀略に対する挙兵ならば腑に落ちる。

慶長4年～5年
1599年～1600年

庄《しょう》内《ない》の乱《らん》

父の仇討ち！　頼れる家臣が起こした薩摩国の大乱

父の仇を生かしてはおけない！
島津家を支えてきた男の怒り

裏切りDATA

タイプ
遺恨型

裏切った理由
父・伊集院忠棟を殺され、その仇である島津忠恒に復讐するために挙兵。日向国の都城を占拠して立て籠る。

裏切られた武将
島津《しまづ》忠恒《ただつね》
島津義久の弟・島津義弘の子。のちの島津家久。家老・伊集院忠棟を伏見の島津邸で斬殺した。伊集院忠真の恨みを買い、家臣反乱の鎮圧に追われることになる。

裏切り武将　（伊集院忠真軍）
伊《い》集《じゅう》院《いん》忠《ただ》真《ざね》

薩摩国島津家の宿老・伊集院忠棟の嫡男として天正4年（1576年）に誕生。父同様、島津宗家を支えていく。豊臣秀吉の命により慶長の役にも出兵し、6,500の首級を挙げる功績を残した猛将として知られる。

島津家を支える伊集院家。しかし、家督を継いだ島津忠恒は伊集院忠棟《いじゅういんただむね》を斬殺してしまう。忠棟の子・伊集院忠真は父の仇討ちで立ち上がる。

薩摩守護・島津家とそれを支える有能な伊集院家

伊集院忠真の父・伊集院忠棟は、薩摩国の守護で島津宗家の当主・島津義久《しまづよしひさ》に筆頭家老として仕えていた。島津宗家の全盛期を支えた立役者の一人で、豊臣秀吉《とよとみひでよし》による九州征伐では豊臣方との和平交渉役を務めるなど、多大な功績を挙げた将であった。豊臣秀吉の天下となってからも忠棟が名代を務め、秀吉の信頼を得たことで、日向国の庄内8万石や肝付《きもつき》一郡を豊臣秀吉から直接拝領するなど、大名としても勢力を強めていった。

しかし、島津義久から家督を継いだ島津忠恒はこのことを快く思っておらず、慶長4年（1599年）3月9日、伏見の島津邸に伊集院忠棟を呼び寄せ、斬殺してしまう。忠真は天正4年（1576年）生まれで、このとき24歳。父の死を知った忠真は一族らと協議を行い、島津宗家が伊集院家を滅亡させようとしていることが分かり、挙兵を決意した。

鉄壁の都城に伊集院忠真が籠城

挙兵した伊集院忠真は都城《みやこのじょう》に籠城を決める。日向国の都城は本城と、そのほか12か所の外城

BATTLE

勢力 MILITARY FORCE

兵力では差があるが、伊集院忠真が籠城した都城の守備は堅く、島津忠恒軍は大苦戦。長引く戦いの影響を考慮し、徳川家康が仲裁に入った。

伊集院忠真軍 総数 約8,000兵 VS **島津忠恒軍** 総数 約3~4万兵

相関図 DIAGRAM

父の仇討ちのために島津宗家に背いた伊集院忠真。豊臣秀吉の信頼を得ていた伊集院家は、秀吉の死後も豊臣奉行衆と良好な関係を築いていた。そんななか、家康は島津忠恒に肩入れしていた可能性がある。結果的に家康の仲裁によって乱は終結する。

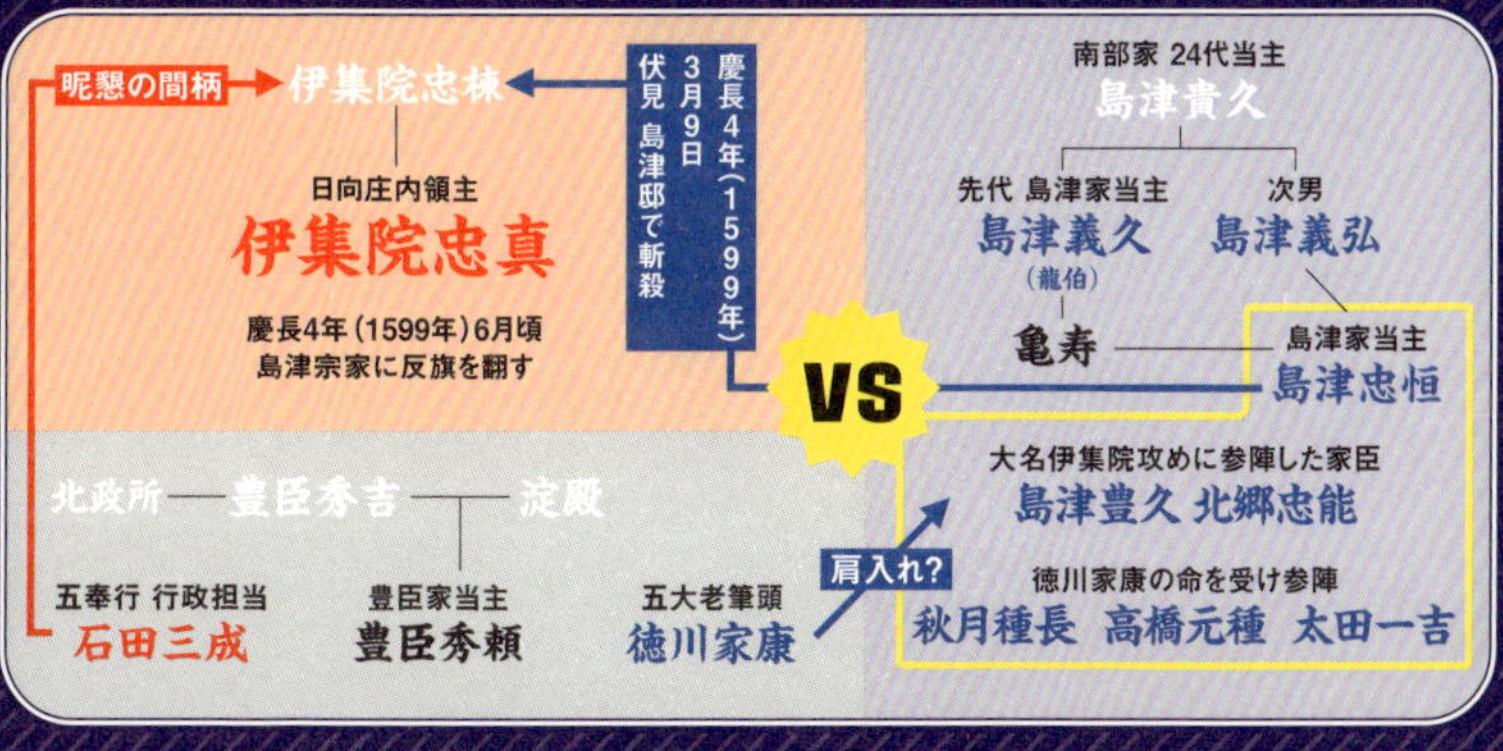

に守られており、忠真はさらに各外城の防御を厚くして守りを固める。忠真軍の兵力については諸説あるが、『高城町史』によると8000人程度だった。一方、島津忠恒は自身がきっかけで起きた乱を鎮圧するため、徳川家康《とくがわいえやす》の許可を得てから薩摩国へ帰国。その後、薩摩国を出て、都城のある庄内を攻めた。『高城町史』によると、島津忠恒の兵力は3万から4万人程度であった。

九州の情勢を考えて徳川家康が動く

兵数に差があるものの、戦いが始まって半年が過ぎても戦況に変化はなかった。そこで徳川家康は九州の諸大名に島津軍を支援するよう出陣を要請した。しかし、家臣の反乱を鎮圧するのに他家の援軍を仰ぐことを良しとしない島津家が固辞し、実際に庄内まで軍勢を進めたのは、秋月種長《あきづきたねなが》、高橋元種《たかはしもとたね》、太田《おおた》一吉《かずよし》くらいだった。

島津軍は都城の外城である山田城と恒吉城を落としたが、その後は戦果を上げられず、戦いは膠着状態が続く。また、伊集院忠真側の智将・白《しら》石永仙《いしえいせん》らの活躍により、島津忠恒側の死傷者は多数にのぼった。

徳川家康はこのまま内乱が続けば九州の情勢に悪影響が出ると考え、家臣の山口直友《やまぐちなおとも》を派遣し、忠真が降伏すれば今回の件は不問とする旨の約束をした。これに忠真も納得し、降伏。忠真は乱を起こした責任で頴《え》娃《い》1万石へ、のちに帖佐《ちょうさ》2万石へ領地を移された。こうして「庄内の乱」は終結した。

合戦結果

勝 島津忠恒軍

伊集院忠真が降伏し、島津忠恒が勝利。ちなみに「関ヶ原の戦い」（P194）の2年後、伊集院忠真は狩りの最中、島津忠恒の命により討たれた。

YUKIMURA'S EYE

伊集院忠棟斬殺の裏には黒幕説も!?

伊集院忠棟を斬殺した島津忠恒は、戦国大名・島津家の礎を築いた島津《しまづ》貴久《たかひさ》の次男・島津義弘の三男である。島津義弘は「鬼島津」の異名で知られる猛将であり、その気質を受け継いだのか、島津忠恒の気性は荒かったともいわれている。

島津忠恒が家督を継いだのは、朝鮮の役から戻った慶長4年（1599年）1月9日であるから、伊集院忠棟を斬る2か月前のことである。つまり、家督を継いで早々に伊集院忠棟を斬り殺したのだ。

これをどう捉えるかは多くの説が存在する。石田《いしだ》三成《みつなり》と伊集院忠棟が親しい仲であったことへの警戒や、島津忠恒を毒殺しようと目論んでいたからという説、島津宗家への介入を嫌った説などなど。注目したいのは、伊集院忠棟を斬殺後、石田三成ら豊臣側の命にて忠恒が高雄山で謹慎処分になっていること。しかし、福島正則《ふくしままさのり》らの襲撃により石田三成が隠居となると、徳川家康の計らいで謹慎処分は解除されて許された。伊集院忠真の挙兵はこれを知った直後であることから、父を殺めた島津忠恒が無罪放免となったことへの憤りと、父の仇討ちという強い意志のもと島津宗家に反旗を翻したのだと考えられる。

天下人を狙う徳川家康にとって、豊臣奉行衆と近い伊集院忠棟を消しておきたいと考え、島津忠恒に「伊集院は薩摩、大隅、日向の太守を狙っている」などと吹き込み、斬殺に向かわせたという家康黒幕説があってもいいのではないかと思う。

慶長5年
1600年

関《せき》ケ《が》原《はら》の戦《たたか》い

15万を超える兵が集結した天下分け目の大決戦!!

臆病者として描かれることが多いが
その真の姿はいかに!?

裏切りの武将 （西軍）

小《こ》早《ばや》川《かわ》秀《ひで》秋《あき》

天正10年（1582年）、木下家定の五男として生まれる。叔父・豊臣秀吉の猶子として豊臣秀俊と名乗り、豊臣秀次に次ぐ継承者となるも、秀吉の実子（秀頼）誕生を機に、小早川隆景の養子になる。

豊臣秀吉《とよとみひでよし》の死後、巧みに権力を拡大させていく徳川家康《とくがわいえやす》。会津征伐で大坂を離れた隙に反家康派が決起し、西軍と東軍に分かれた大決戦が始まる。

裏切りDATA

タイプ

保守型

裏切った理由

何不自由なく育ち、命を懸けた戦の経験は乏しかった小早川秀秋。好条件を提示する黒田長政ら徳川派の調略を受け、早くから離反の機を探っていたと思われる。

裏切られた武将

西軍

豊臣政権の維持のため、徳川家康を倒そうと立ち上がった毛利輝元、石田三成、宇喜多秀家ら西軍の将たち。しかし、小早川秀秋、脇坂安治、朽木元綱らに裏切られ、頼みの陣形は崩壊し、大勢の兵が敗走することになった。

小早川秀秋の生い立ち

小早川秀秋（※1）は、木下家《きのしたいえ》定《さだ》の五男として近江国の長浜で生まれる。木下家定は秀吉の妻・ねねの異母兄で、秀秋はねねの甥となる。実子のいない豊臣秀吉（※2）は木下家定に頼み、秀秋が2歳の頃に猶子としてもらい、以後はねねが育てていく。この段階で関白・豊臣秀次《とよとみひでつぐ》に次ぐ、豊臣継承権の保持者である。転機は文禄2年（1593年）、秀吉に実子・豊臣秀頼《とよとみひでより》が生まれたこと。秀秋の将来を心配した黒田孝高《くろだよしたか》は、後継者のいない小早川隆景《こばやかわたかかげ》に話を持ちかけた。小早川隆景は毛利元就《もうりもとなり》の三男で、秀吉に養子受けの申し出をすると認められ、翌年に秀秋は小早川家に入る。文禄4年（1595年）、小早川隆景が隠居すると、秀秋は小早川領30万7千石を相続して筑前国の国主となる。このとき、まだ14歳だった。

豊臣秀吉の朝鮮侵略のあと、秀吉から小早川秀秋に越前国への減封《げんぽう》（※3）と転封《てんぽう》（※4）の命令が下る（理由は諸説あり）。領土縮小で秀秋は苦労するも、慶長4年（1599年）2月5日付で筑前国・筑後国に復帰。所領高も59万石と大幅に増加する。「関ヶ原の戦い」で秀秋が東軍に寝返る動機のひとつと考えられる。

豊臣政権の確立と「関ヶ原の戦い」が起こるまで

「本《ほん》能寺《のうじ》の変」（P160）のあと、天正11年（1583年）に豊臣秀吉と柴田勝家《しばたかついえ》による「賤ヶ岳《しずがたけ》の戦《たたか》い」が起こる。織田勢力を二分する戦いの末、秀吉が勝利し、信長の築いた権力と体制を継承することになった。秀吉は毛利家と協定を結び、毛利輝元《もうりてるもと》は秀吉に従うことを決める。小早川秀秋が毛利方の小早川家に養子に入ったのも、この背景があるため。秀吉は四国と九州を平定し、天正18年（1590年）の「小田原攻め」で関東の北条家を事実上滅亡させ、天下統一を果たした。この間に秀吉は朝廷から関白に任命され、豊臣政権が成立している。

そんな豊臣秀吉も慶長3年（1598年）8月18日に伏見城で死去。秀吉の独裁が終わり、後継者・豊臣秀頼を筆頭に、五大老（徳川家康・毛利輝元・上杉景勝《うえすぎかげかつ》・前田利家《まえだとしいえ》・宇喜多《うきた》秀家《ひでいえ》）と五奉行（浅野長政《あさのながまさ》、前田玄以《まえだげんい》、石田三成《いしだみつなり》、増田長盛《ましたながもり》、長束正家《なつかまさいえ》）が支える体制に移行する。豊臣秀頼が幼かったこともあり、秀吉は豊臣家に尽くすよう遺言を残すが、それを破るものが現れた。それが五大老の一人、徳川家康だった。

慶長4年（1599年）1月、遺言で政略結婚が禁止されていたにもかかわらず、徳川家康と伊達政宗《だてまさむね》ら諸大名が、私的婚姻を計画していたことが発覚。こうした動きを牽制していたのが、同じく五大老の一人・前田利家だった。秀吉の死後、軍務を担う武断派と行政担当の文治派の争いもあったが、これも利家が収めていた。しかし、同年閏3月、利家が死去すると、争いが一気に表面化していく。

五奉行の一人で、文治派の代表格だった石田三成が襲撃される事件が起こる。その後、徳川家康らによる仲裁で石田三成は奉行職を解かれ、近江国の佐和山城《さわやまじょう》で謹慎となる。同年9月には、家康の暗殺計画が発覚。首謀者は前田利家の嫡男・前田利長《まえだとしなが》で、五奉行の一人・浅野長政などが加わり、大坂城に入った家康を襲撃するというものだった。同年10月2日、暗殺計画に加担した諸将の処分が家康より発表され、浅野長政は隠居、ほかの者は流罪に。翌日、家康は加賀征伐の号令を発する。結局、前田利長は母や重臣を人質として江戸に送ることで落着。これは父・前田利家から継いだ大老の地位を事実上、失うことだった。

こうして複数の五大老や五奉行を排除し、徳川家康の権力は上昇。家康は大坂城に入り、独断で大名へ領地を与えたり、国替えをしたりしていった。これは味方を増やすための多数派工作と考えられている。

会津征伐を発端に「関ヶ原の戦い」へ

慶長5年（1600年）春、会津国に戻っていた五大老の一人・上杉景勝と徳川家康の関係が悪化。家康は上杉景勝の征伐を決定し、豊臣秀頼と淀殿《よどどの》に会津征伐の許可を得て大坂を発つと江戸に向かった。すると、家康不在の大坂で動きが起こる。豊臣三奉行（前田玄以・増田長盛・長束正家）が毛利輝元に大坂入りを要請し、石田三成や宇喜多秀家などの反家康派が決起。豊臣秀頼を支えていくことを確認し、西軍を結成する。これを知った家康は会津征伐を中止し、江戸から戻ることに。こうして「関ヶ原の戦い」に向かっ

BATTLE

勢力
MILITARY FORCE

陣形を見ると西軍が有利に見えたが、頼みの西軍総大将・毛利輝元が不在。数ではほぼ互角でも、西軍は指揮系統が整理されておらず、勝負は一方的だったと思われる。

VS
西軍
総数 約8万4,000兵
東軍
総数 約7万4,000兵

相関図
DIAGRAM

天下分け目の戦いだけあって、そうそうたる諸将が参加している。どちらに味方するか、全国の大名にとって大きな岐路だったと思われる。西軍より小早川秀秋をはじめとした複数の隊が東軍に寝返った。戦後、東軍大名は軒並み所領が加増されている。

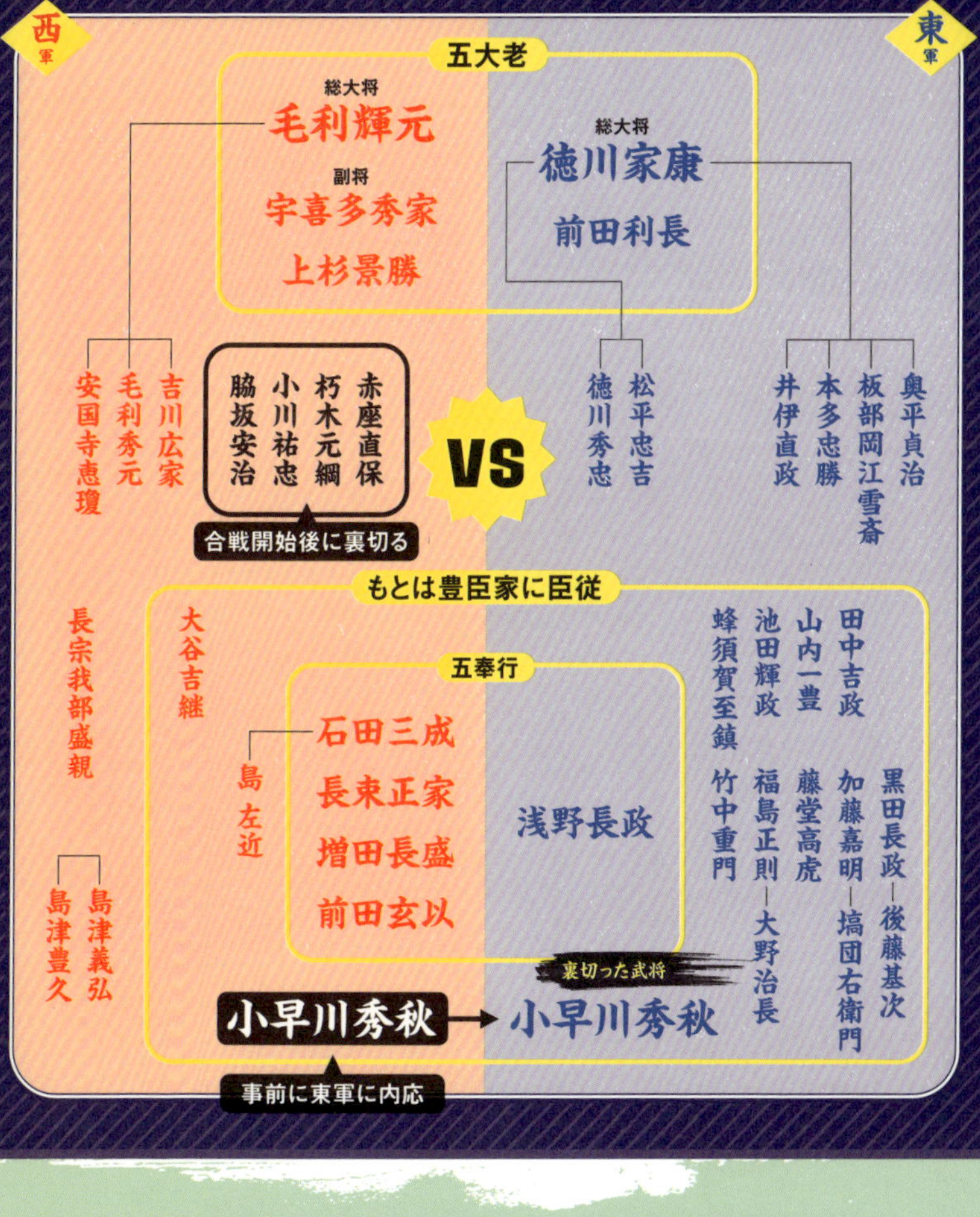

て各武将が動いていく（主な出来事はＰ200参照）。

総勢15万超の兵が関ヶ原に集結した天下分け目の戦い

慶長5年（1600年）9月15日、関ヶ原にて東西主力の戦闘が行われた。西軍は隊を長く広げた鶴翼《かくよく》の陣《じん》で迎え撃つ。鶴翼の陣は、自軍の部隊を敵に対して左右に長く配置し、鶴が翼を広げたような陣形になる。さらに東軍の後方を西軍の毛利秀元《もうりひでもと》隊、吉川広家《きっかわひろいえ》隊が囲うように陣取り、状況は西軍有利に見えた。しかし、西軍の総大将・毛利輝元の姿はなく、大坂城に残ったままだった。

東軍の井伊直政《いいなおまさ》隊や福島正則《ふくしままさのり》隊が西軍の宇喜多秀家隊に向けて発砲し、

東軍進軍路

EASTERN ARMY'S ROUTE

東海道を使って西を目指す徳川家康軍と、中山道を使って西を目指す徳川秀忠軍の動き。徳川秀忠軍は道中、真田氏と争って関ヶ原に遅れたといわれる。

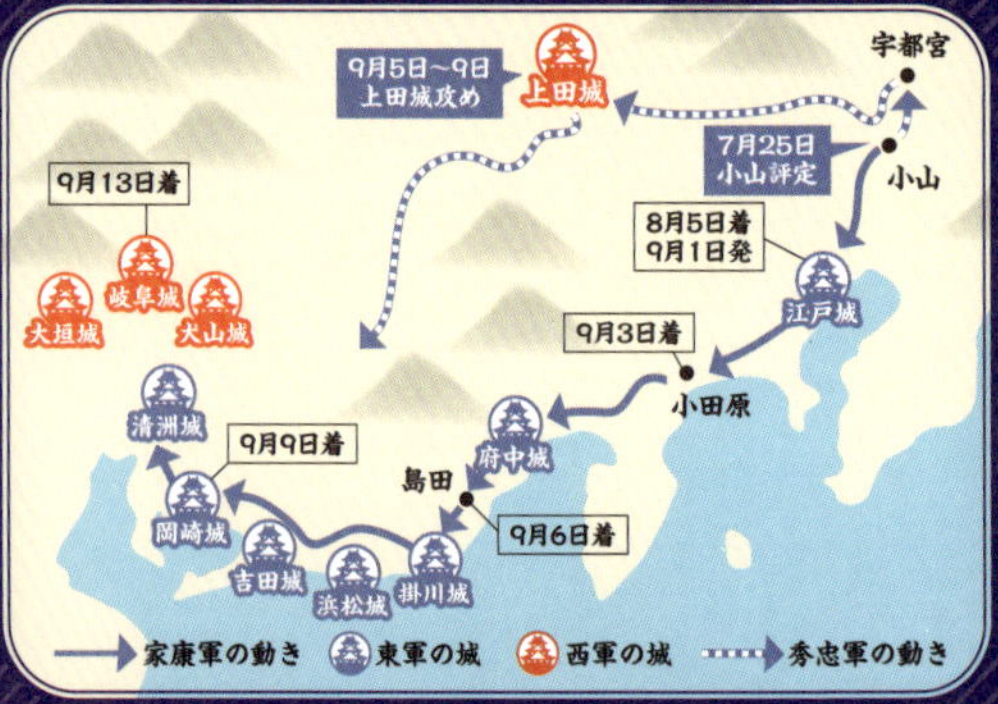

西軍進軍路

WEST ARMY'S ROUTE

畿内を中心とする西軍の動き。伏見城や大津城を攻め、東を目指す西軍。西軍総大将の毛利輝元は大坂城に入ったものの、そこでとどまった。

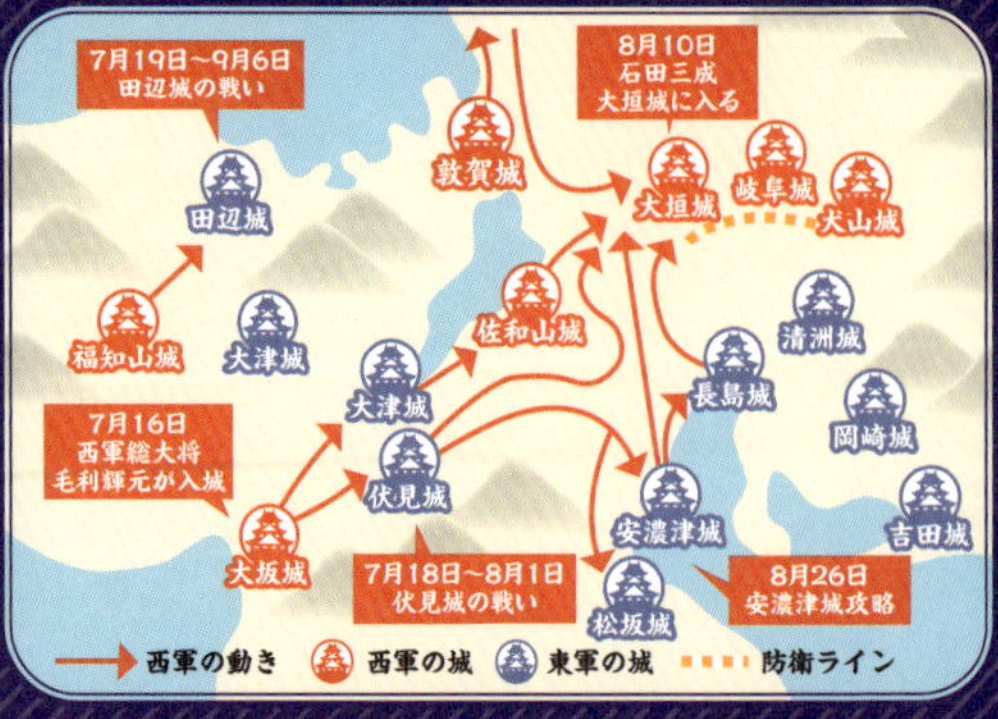

戦いの火蓋が切られる。東軍は西軍・小早川秀秋と内通し、秀秋の隊が裏切ることになっていた。しかし、いつまで経っても秀秋は動かない。痺れを切らした徳川家康が秀秋のいる松尾山に向かって鉄砲を撃つと、これに驚いた秀秋は西軍を裏切って東軍の味方となり、西軍に攻撃を開始した（この砲については否定する説もある）。

砲を合図に、小早川秀秋の隊1万5000の兵を筆頭に、脇坂安治《わきざかやすはる》、朽木元綱《くつきもとつな》、小川祐忠《おがわすけただ》などが東軍に寝返っていく。翼を広げるように隊を散らした鶴翼の陣は瞬く間に崩壊。また、家康の本陣の後ろにいた西軍・毛利秀元隊は静観したままで、これは前にいる西軍・吉川広家が動かなかったことが理由とされている。

総大将・毛利輝元不在の西軍の陣

BATTLE

合戦地
BATTLEFIELD

美濃国の関ヶ原（現在の岐阜県不破郡関ケ原町）。西軍は左右に広がるように陣を組んだ。東軍の後方には毛利秀元隊や吉川広家隊が陣取っていて、陣形だけ見れば西軍有利に見えた。しかし、小早川秀秋隊を中心に南の隊が次々と東軍に寝返ってしまう。

合戦の経過

<table>
<tr><th></th><th>西軍</th><th>東軍</th></tr>
<tr><td>6月18日</td><td></td><td>徳川家康は会津の上杉景勝討伐のため伏見城を発ち、江戸へ向かう。</td></tr>
<tr><td>7月12日</td><td>豊臣三奉行(前田玄以・増田長盛・長束正家)が広島にいた毛利輝元宛に「大坂御仕置之儀」のための大坂入りを要請。</td><td></td></tr>
<tr><td>7月15日</td><td>毛利輝元は広島を出発。宇喜多秀家や三奉行(前田玄以・増田長盛・長束正家)、石田三成らが豊臣秀頼のため決起。関ヶ原合戦で西軍となる面々が徐々に固まっていく。</td><td></td></tr>
<tr><td>7月19日</td><td>毛利輝元が大坂城に入城する。</td><td>徳川秀忠が江戸から上杉景勝のいる会津に向けて出陣する。</td></tr>
<tr><td></td><td colspan="2">伏見城を西軍が攻撃する(「伏見城の戦い」)。</td></tr>
<tr><td>7月21日</td><td></td><td>徳川家康が江戸から会津に向け出陣。しかし、毛利輝元と石田三成の決起の報告が入る。</td></tr>
<tr><td>7月26日</td><td>毛利輝元隊2万の兵が瀬田と守山の間で陣取る。</td><td>東軍側の諸大名が西進を開始。徳川家康も上洛を決める。</td></tr>
<tr><td>8月1日</td><td colspan="2">伏見城が落城。城を預かっていた徳川家康家臣・鳥居元忠が討たれる。</td></tr>
<tr><td>8月22日</td><td colspan="2">東軍の諸大名が清洲周辺に集結する。同日、木曽川を渡った東軍・池田輝政の部隊が西軍・織田秀信勢と戦う。池田輝政が勝利(「河田木曽川渡河の戦い」「米野の戦い」「竹ヶ鼻城の戦い」)。</td></tr>
<tr><td>8月23日</td><td colspan="2">東軍・福島正則などの隊が織田秀信の居城・岐阜城を攻めて織田秀信は降伏。救援に駆け付けた西軍・石田三成、島津義弘の隊も撃退する(「岐阜城の戦い」)。</td></tr>
<tr><td>9月1日</td><td></td><td>徳川家康が江戸城から出陣。東海道から美濃へ向かう。</td></tr>
<tr><td>9月5日</td><td colspan="2">東軍・徳川秀忠に降伏した真田昌幸・信繁が一転して抗戦を表明(「第二次 上田合戦」)。徳川秀忠隊は足止めされる。</td></tr>
<tr><td>9月7日～</td><td colspan="2">近江の大津城主・京極高次の寝返りにより、城は西軍に攻められる(「大津城の戦い」)。</td></tr>
<tr><td>9月7～14日</td><td></td><td>徳川家康は9日に岡崎、10日に熱田、13日に岐阜と軍勢を進める。</td></tr>
<tr><td>9月12日</td><td colspan="2">西軍が包囲していた丹後の田辺城が開城。籠城していた細川幽斎が城を明け渡す(「田辺城の戦い」)。</td></tr>
<tr><td>9月14日</td><td>小早川秀秋が関ヶ原の南西にある松尾山城に入城。石田三成、島津義弘、小西行長らも関ヶ原へ。</td><td>関ヶ原への地に続々と集結する。</td></tr>
<tr><td>9月15日</td><td colspan="2">関ヶ原にて東西主力の戦闘が行われ、東軍が勝利(「関ヶ原の戦い」)。</td></tr>
<tr><td>9月17日</td><td>石田三成の佐和山城が落城。</td><td></td></tr>
<tr><td>9月25日</td><td>毛利輝元が大坂城から退去する。</td><td></td></tr>
<tr><td>9月27日</td><td></td><td>徳川家康が大坂城に入城し、豊臣秀頼に戦勝を報告。</td></tr>
<tr><td>10月1日</td><td>安国寺恵瓊、小西行長、石田三成の3名が京都・六条河原にて斬首。</td><td></td></tr>
</table>

形は一気に崩れて、総勢15万を超える天下分け目の戦いは6時間ほどで決着した。

ちなみに、一次資料『松平家乗宛石川康通・彦坂元正連署書状』ではこう書かれている。9月15日の午前10時ごろ、家康隊は関ヶ原に移動して合戦に挑んだ。先手の井伊直政・福島正則隊に東軍各隊が続いて敵陣に攻め掛かったとき、小早川秀秋、脇坂安治、小川祐忠・祐滋《すけしげ》父子が裏切る。午後2時頃には戦闘が終了。勝利した家康はその日のうちに近江国の佐和山に着陣した。また、慶長12年(1607年)頃の二次資料『関ヶ原合戦双紙』も似たような内容で、家康は首実検を行って兵士に休息を与えたあと、同日に石田三成の居城だった佐和山城《さわやまじょう》を包囲した、とある。このことから、天下分け目の戦いは一刻(約2時間)ほどで勝負が決まったものと思われる。

この戦で東軍が勝利し、のちに征夷大将軍に就任した徳川家康は、慶長8年(1603年)に江戸幕府を誕生させ、天下統一を果たした。

合戦■豆知識

西軍から東軍に寝返ったのは小早川秀秋だけではない。東軍に内通していたのは、伊予今治7万石の大名・小川祐忠や、秀吉から豊臣姓を授かった朽木元綱、秀秋の与力・赤座直保、脇坂安治、吉川広家といった数千から数万の兵を動かす大名たちであった。さらに毛利秀元、長宗我部盛親といった、陣地で形勢をうかがい続けた隊も多々あり、徳川家康の根回しの巧みさがよく分かる合戦である。「戦の勝敗は支度段階でほぼ決している」とよく耳にするが、家康にとっての支度がいつから始まっていたのか…。それは合戦から14年前の天正14年(1586年)10月、大坂城で豊臣秀吉に臣従することを表明したときからではないかと想像する。

※1 初名は木下辰之助。以降、木下秀俊、羽柴秀俊、小早川秀俊と名乗り、小早川秀秋と名乗るのは慶長2年(1597年)から。ここでは小早川秀秋で統一

※2 当時は羽柴秀吉。天正14年(1586年)に豊臣という新しい姓を天皇から授かり、豊臣秀吉と名乗るようになる。ここでは豊臣秀吉で統一

※3 処罰のひとつで、所領や城・屋敷の一部を削減すること

※4 大名の領地をほかに移すこと、国替え

合戦結果

勝 東軍

小早川秀秋、脇坂安治、朽木元綱らの裏切りがあり、東軍が勝利。通説では紆余曲折がある壮絶な戦となっているが、実際は東軍が圧勝したものと思われる。

YUKIMURA'S EYE

小早川秀秋が臆病者として描かれる理由

「関ヶ原の戦い」での裏切り者の筆頭格はやはり小早川秀秋である。豊臣家で何不自由なく育ち、まだ若かった秀秋。おそらく戦略なども部下任せであった。好条件を提示する黒田孝高の嫡男・黒田長政《くろだながまさ》ら徳川派の調略を受け、早くから離反の機を探っていたと思われる。その機が、西軍と東軍が相対する「関ヶ原の戦い」だった。

ドラマや映画で見る小早川秀秋といえば、優柔不断で弱々しく、大将として頼りない臆病な青年として描かれることが多い。それは「関ヶ原の戦い」をドラマティックに演出するために思える。小早川の寝返りの遅さが強く扱われるようになったのが正徳3年（1713年）成立の『関原軍記大成』という軍記物である。「辰の時（午前8時ごろ）に始まった戦闘は巳午（9～13時）になっても勝敗が決しなかった。黒田長政の手引きで裏切る手筈であった小早川隊が動かないのを不審に思った徳川家康は、様子見のため小早川隊の陣に向け銃撃を行うが、それでも変化は表れない。しかし、藤堂高虎《とうどうたかとら》に内通していた脇坂とともに小川・朽木・赤座の各隊が大谷隊に攻めかかると小早川隊もこれに続く」、この一文である。これによって秀秋のドラマが誕生した。

裏切りを約束している秀秋が動かないため、東軍は劣勢に陥ってしまう。徳川陣営から砲撃されて、秀秋はビビって西軍を裏切り、東軍が大逆転の勝利。そんなストーリーを作りたいから、秀秋は臆病な将の扱いになってしまったのだろう。

即座に裏切って西から東へ？
肝が据わった男だったのでは

さて、秀秋はそんな人物だったのだろうか？　少年の頃は蹴まりや舞に興味を持っていたと記録に残るが、養父は関白なので、坊っちゃんに育てられたに決まっている。『小早川家文書』などによると、養子に出される前後から素行が悪くなっていったとある。豊臣秀頼が生まれて、自分はお払い箱のように小早川家に入れられたと考えても不思議ではない。秀秋は「関ヶ原の戦い」の2年後、22歳で亡くなるが、死因はアルコール依存症による内臓疾患（肝硬変）との説が有力だ。曲直瀬《まなせ》玄朔《げんさく》の『医学天正記』に、秀秋に大量の飲酒による黄疸があると記録されていて、ほぼ間違いないと思われる。関ヶ原でもアルコール依存症かそれに近い状況だったと想像でき、素行の悪さも相まって、秀秋は松尾山に着陣時も、なんなら合戦時も酔っ払っていたのではないか。

秀秋が使用した有名な陣羽織「陣羽織《じんはおり》 猩々《しょうじょう》緋《ひ》羅紗《らしゃ》地《じ》違《ちがい》鎌《かま》模様《もよう》」がある。背中に「違《ちが》い鎌《かま》」をあしらったもので、「諏訪明神に五穀豊穣を願う」という思いが込められている。戦場に赴く武士の場合、どちらかといえば鎌は武器であり、武勇を誇示する意味合いが強いはず。それを尋常ではない大きさで描いている。小早川家の家紋は「左三つ巴紋」なので、秀秋の陣羽織とは異なる。つまり、大胆な「違い鎌」は秀秋が考案したと思われる。優柔不断で弱々しく、臆病な青年とは考えにくい。

合戦が始まってすぐ、若くて血気盛んな秀秋は早々に西軍を裏切って、天下分け目の戦いはドラマティックな展開のない東軍の圧勝劇だったのでは。そう想像してしまう。

あとがき

現在、一般的に浸透している歴史上の通説は、どのように形成されたのか？

まず、時の将軍・公卿《くぎょう》・僧・武将らが実際に書いた古文書を筆頭に、
『兼見卿記《かねみきょうき》』『高白斎記《こうはくさいき》』などに代表される日記などが一次資料として評価され、
史実を形成するもととされています。
そこに、『信長公記《しんちょうこうき》』『甲陽軍鑑《こうようぐんかん》』『陰徳太平記《いんとくたいへいき》』『太閤記《たいこうき》』などの
二次資料と呼ばれる軍記物の内容をあてがうことで、
今に残る合戦の通説が形成されているのです。

つまり、重要なことは〝**真実など誰も知ることはできない**〟ということ。
まえがきでもお話ししましたが、〝**歴史に絶対はない**〟のです。

この本を通じて一番伝えたかったことは、〝**歴史のロマン**〟に浸ってほしいという点。
「YUKIMURAはこう言っているけど、自分はこうだと思う」
それでよいのです。みなさんご自身の根拠をもとに、
自由に想像することが歴史を楽しむことなのですから。

しかし、本書の執筆を通して、面白い真実を見つけました。

織田信長

それは、大きい裏切りを誰よりも多く受けた武将が、〝織田信長〟であったということ。
既存の秩序や権益、そして制度を武でもって変えようとしたとき、
それは武でもって抵抗を受けることになります。信長はそれほどまでに
大きなことを成そうとしていたということなのでしょう。
戦国史随一の知名度と人気を誇る武将には、
やはりそれだけの理由があるのです。

最後に、版元のKADOKAWA様、
監修していただいた小和田哲男先生、
イラストを描いていただいた史環様、
資料収集・図版デザインの作成にご尽力いただいた
関係者のみなさんに心から感謝いたします。
何より、この本を手に取ってくださったみなさん、
本当にありがとうございました。

参考文献

弘前市立弘前図書館／おくゆかしき津軽の古典籍／為信の離反
https://adeac.jp/hirosaki-lib/text-list/d100010/ht030550

弘前市立弘前図書館／おくゆかしき津軽の古典籍／戦国時代の「石川城（石川大仏ヶ鼻城）」
https://adeac.jp/hirosaki-lib/text-list/d110010/ht030050

国立国会図書館デジタルコレクション／諏訪市史 上巻（原始・古代・中世）
https://dl.ndl.go.jp/ja/pid/9572217/1/524

国立国会図書館デジタルコレクション／佐賀藩の総合研究：藩制の成立と構造
https://dl.ndl.go.jp/ja/pid/9574646

関ケ原町歴史民俗学習館 https://rekimin-sekigahara.jp/

岐阜関ケ原古戦場記念館 https://sekigahara.pref.gifu.lg.jp/

一般社団法人宮島観光協会 https://www.miyajima.or.jp/history/miyajimahistory.html

黒田基樹『「豊臣大名」真田一族』（洋泉社）

妹尾豊三郎『尼子氏関連武将辞典』（ハーベスト出版）

乃至政彦『謙信越山』（ワニブックス）

柴裕之『青年家康 - 松平元康の実像 -』（KADOKAWA）

かみゆ歴史編集部『戦国時代最強図鑑』（学研プラス）

日本史の謎検証委員会『最新研究でここまでわかった 戦国時代通説のウソ』（彩図社）

川口素生『図説 戦国時代なるほど辞典』（PHP研究所）

歴史の謎研究会『日本人が知らない意外な真相！ 戦国時代の舞台裏大全』（青春出版社）

丸茂潤吉『戦国武将の大誤解』（彩図社）

黒田基樹『戦国北条氏と合戦』（戎光祥出版）

盛本昌広『戦国合戦の舞台裏 兵士たちの出陣から退陣まで』（洋泉社）

小和田哲男『知識ゼロからのCGで読む戦国合戦』（幻冬舎）

渡邊大門『本能寺の変に謎はあるのか？』（晶文社）

柴裕之，景山まどか，サイドランチ『マンガでわかる明智光秀』（池田書店）

海音寺潮五郎『悪人列伝3』（文藝春秋）

河合正治『安芸毛利一族』（吉川弘文館）

香川正矩，松田修，下房俊一『陰徳太平記：上・中・下』（教育社）

妹尾豊三郎『雲陽軍実記』（ハーベスト出版）

福田源三郎『越前人物志：中・下』（玉雪堂）

山口重松『我が郷土村上を語る』（村上郷土研究グループ）

桐野作人『関ヶ原 島津退き口 ―敵中突破三〇〇里』（学研プラス）

笠谷和比古『関ヶ原合戦と大坂の陣』（吉川弘文館）

光成準治『関ヶ原前夜 西軍大名たちの戦い』（NHK出版）

光成準治『関ヶ原前夜における権力闘争―毛利輝元の行動と思惑―』（日本史部会）

宮川尚古『関原軍記大成』（国史研究会）

伊東潤，乃至政彦『関東戦国史と御館の乱 上杉景虎・敗北の歴史的意味とは？』（洋泉社）

福島克彦『畿内・近国の戦国合戦』（吉川弘文館）

魚澄惣五郎『西宮市史 第1巻』（西宮市役所）

桑田忠親『桑田忠親著作集』（秋田書店）

笹沢左保『軍師竹中半兵衛』（KADOKAWA）

水藤千代造『高島村史』（吉備高島聖蹟顕彰会）

伊勢久信『国東武将物語 下』（森書房）

恩田浩孝『座禅院昌尊の生涯　日光山の終焉と上三川 今泉家』（随想舎）

大久保彦左衛門『現代語訳 三河物語』（筑摩書房）
今谷明，天野忠幸『三好長慶』（宮帯出版社）
天野忠幸『松永久秀　歪められた戦国の“梟雄”の実像』（宮帯出版社）
花ヶ前盛明『新編 上杉謙信』（新人物往来社）
花ヶ前盛明『上杉謙信のすべて』（新人物往来社）
谷口克広『織田信長合戦全録：桶狭間から本能寺まで』（中央公論新社）
岡本八重子『新説 戦乱の日本史 37号　美濃国盗り物語』（小学館）
柴辻俊六『真田昌幸』（吉川弘文館）
今吉忠義『戦国の終焉 －伊集院源次郎忠真物語－』（本多企画）
馬部隆弘『戦国期細川権力の研究』（吉川弘文館）
戦国史研究会『戦国期政治史論集 西国編』（岩田書院）
小和田哲男『戦国合戦事典 – 応仁の乱から大坂夏の陣まで』（PHP研究所）
戦国合戦史研究会『戦国合戦大事典』（新人物往来社）
中山義秀『戦国武将録』（KADOKAWA）
森本繁『戦史ドキュメント 厳島の戦い』（学研Ｍプラス）
山本浩樹『戦争の日本史12 西国の戦国合戦』（吉川弘文館）
宮島敬一『浅井氏三代』（吉川弘文館）
栗岩英治『素描上杉謙信』（村及町研究所）
桧谷昭彦，江本裕『太閤記』（岩波書店）
トーマス・コンラン『大内義隆の遷都計画』（山口県地方史学会）
池内昭一『竹中半兵衛のすべて』（新人物往来社）
石井進『中世の法と政治』（吉川弘文館）
齋藤慎一『中世東国の領域と城館』（吉川弘文館）
高橋克彦『天を衝く - 秀吉に喧嘩を売った男 九戸政実』（講談社）
安部龍太郎『冬を待つ城』（新潮社）
台明寺岩人『島津家の謀略 伊集院忠棟、忠眞の非業の死』（南方新社）
中村孝也『徳川家康文書の研究・中巻』（吉川弘文館）
荒木祐臣『備前藩宇喜多・小早川・池田史談』（日本文教出版）
武田氏研究会『武田氏年表 信虎・信玄・勝頼』（高志書院）
平山優『武田氏滅亡』（KADOKAWA）
堀越祐一『豊臣五大老・五奉行の実像』（国立情報学研究所）
江田郁夫，簗瀬 大輔『北関東の戦国時代』（高志書院）
岡谷繁実，北小路健，中澤恵子『名将言行録 現代語訳』（講談社）
吉田龍司『毛利元就「猛悪無道」と呼ばれた男』（新紀元社）
笠谷和比古『論争 関ヶ原合戦』（新潮社）

画像資料提供

P.042,068『大内義隆画像』（東京大学史料編纂所所蔵模写）
P.050『伊達稙宗画像』（仙台市博物館）
P.088,106『上杉謙信［輝虎］画像』（東京大学史料編纂所所蔵模写）
P.094『斎藤龍興画像』（東京大学史料編纂所所蔵模写）
P.174『徳川家康画像』（東京大学史料編纂所所蔵模写）

著者 **YUKIMURA**

歴史研究家。戦国時代の合戦を紹介するYouTube「YUKIMURA CHANNEL」を運営。自らの足を使った徹底取材、緻密に練られた構成や脚本、そこから導き出した独自解説を発信している。1本の動画の平均再生時間は60分超。まるで映画のようなクオリティが評判を呼び、チャンネル登録者数は20万人を超える（2024年12月現在）。

監修 **小和田哲男**

1944年、静岡市生まれ。早稲田大学大学院文学研究科博士課程満期退学、文学博士。静岡大学名誉教授。専門は戦国時代史。講演活動や歴史番組の解説・時代考証でも広く活躍している。著書は『北政所と淀殿』（吉川弘文館）、『甲陽軍鑑入門』（角川ソフィア文庫）など多数。YouTube「戦国・小和田チャンネル」も運営。

強《つよ》い武将《ぶしょう》ほど恨《うら》んでいた！
裏《うら》切《ぎ》り合戦《かっせん》図鑑《ずかん》

2025年 1月30日　初版発行

著者　YUKIMURA
監修　小和田《おわだ》 哲男《てつお》
発行者　山下 直久
発行　株式会社KADOKAWA
〒102-8177　東京都千代田区富士見2-13-3
電話　0570-002-301（ナビダイヤル）
印刷所　TOPPANクロレ株式会社
製本所　TOPPANクロレ株式会社

本書の無断複製（コピー、スキャン、デジタル化等）並びに
無断複製物の譲渡及び配信は、著作権法上での例外を除き禁じられています。
また、本書を代行業者等の第三者に依頼して複製する行為は、
たとえ個人や家庭内での利用であっても一切認められておりません。

●お問い合わせ
https://www.kadokawa.co.jp/（「お問い合わせ」へお進みください）
※内容によっては、お答えできない場合があります。
※サポートは日本国内のみとさせていただきます。
※Japanese text only

定価はカバーに表示してあります。

©YUKIMURA 2025　Printed in Japan
ISBN 978-4-04-606907-8　C0021